Explorando o discurso da criança

Alessandra Del Ré
Luciane de Paula
Marina Célia Mendonça
(organizadoras)

Explorando o discurso da criança

editoracontexto

Montagem de capa e diagramação
Gustavo S. Vilas Boas

Preparação de textos
Tatiana Borges Malheiro

Revisão
Fernanda Guerriero Antunes

Dados Internacionais de Catalogação na Publicação (CIP)
(Câmara Brasileira do Livro, SP, Brasil)

Explorando o discurso da criança /
organizadoras Alessandra Del Ré, Luciane de Paula, Marina Célia Mendonça. – São Paulo : Contexto, 2014.

Vários autores.
ISBN 978-85-7244-857-4

1. Análise do discurso 2. Crianças – Linguagem 3. Linguagem – Aquisição 4. Linguística I. Del Ré, Alessandra. II. Paula, Luciane de. III. Mendonça, Marina Célia.

14-04031 CDD-401.41

Índice para catálogo sistemático:
1. Análise do discurso : Comunicação : Infância e linguagem : Linguística 401.41

2014

EDITORA CONTEXTO
Diretor editorial: *Jaime Pinsky*

Rua Dr. José Elias, 520 – Alto da Lapa
05083-030 – São Paulo – SP
PABX: (11) 3832 5838
contexto@editoracontexto.com.br
www.editoracontexto.com.br

Sumário

Prefácio 7
Marianne Cavalcante

Apresentação 11

A inscrição dialógica da criança pequena:
evolução, diversidade e heterogeneidade 15
Anne Salazar-Orvig

Diversão partilhada, humor e ironia 35
Alessandra Del Ré
Aliyah Morgenstern
Christelle Dodane
Heitor Quimello

Riso e prosódia 55
Christelle Dodane
Jérémi Sauvage
Fabrice Hirsch
Melissa Barkat-Defradas
Alessandra Del Ré

Argumentação e explicação 85
Alessandra Jacqueline Vieira
Selma Leitão

O uso do plural nominal por crianças monolíngues e bilíngues 107
Rosângela Nogarini Hilário
Márcia Romero

Bilinguismo e referência 125
Paula Bullio
Rosângela Nogarini Hilário
Rafaela Giacomin Bueno
Alessandra Del Ré

Aquisição/aprendizagem de língua estrangeira 145
Patrícia Falasca
Amanda de Oliveira Silva
Cibele Krause-Lemke

Aquisição da escrita e gêneros do discurso 163
Natalia Grecco
Marina Célia Mendonça

Discurso reportado em manuscritos escolares 179
Eduardo Calil
Catherine Boré
Kariny Amorim

A narrativa: espaço de jogo, experiência(s) e reflexão 199
Frédéric François

Os autores 231

Prefácio

É com alegria que tenho o privilégio de prefaciar esta obra, intitulada *Explorando o discurso da criança*, a convite da querida Alessandra Del Ré, que assina a organização com Luciane de Paula e Marina Célia Mendonça.

É uma oportunidade ímpar de conhecer a diversidade e o vigor das pesquisas envolvendo o discurso da criança na Linguística contemporânea e, ao mesmo tempo, perceber as articulações produtivas entre grupos que vêm se firmando no cenário das pesquisas acerca da linguagem da criança, como o NALingua e o COLAJE, coordenados, respectivamente, por Alessandra Del Ré (Unesp) e Aliyah Morgenstern (Sorbonne), cujos frutos resultaram nesta coletânea.

De modo direto ou indireto os autores aqui presentes partilham do compromisso de pôr em pauta a relação da criança na/com a linguagem, tendo como marca duas características fortes: o viés dialógico e os *corpora* bilíngues. É nesse espírito que o livro vai se delineando, mostrando a força da abordagem dialógica já no capítulo abre-alas da coletânea: "A inscrição dialógica da criança pequena: evolução, diversidade e heterogeneidade", da autora Anne Salazar-Orvig. Tomados por esse viés explicitamente bakhtiniano, seguem os outros capítulos do livro, como "Aquisição/aprendizagem de língua estrangeira", das autoras Patrícia Falasca, Amanda de Oliveira Silva e Cibele Krause-Lemke; "Bilinguismo e referência", de Paula Bullio, Rosângela Nogarini Hilário, Rafaela Giacomin Bueno e Alessandra Del Ré; "O uso do plural nominal por crianças monolíngues e bilíngues", de Rosângela Nogarini Hilário e Márcia Romero.

A partir do texto de Salazar-Orvig, que explora a gênese dialógica da criança, todos os demais enveredam pelos matizes do dialogismo observado em lócus diversos: aprendizagem/aquisição de língua estrangeira (LE); bilinguismo; aquisição do plural, entre outros. Falasca, Silva e Krause-Lemke mostram que a perspectiva bakhtiniana, aplicada às questões de aquisição/aprendizagem de LE, possibilita um saber singular. O foco está na dinâmica interativa que rege a sala de aula de LE e como os participantes se fazem sujeitos nesse processo eminentemente dialógico, sejam eles crianças ou adultos.

Já Bullio, Hilário, Bueno e Del Ré exploram um tema caro à teoria linguística que diz respeito à referência – mais especificamente, as expressões referenciais e seu papel no diálogo com foco nos pronomes pessoais. As autoras trabalham com dados de uma criança bilíngue (francês/português do Brasil) – um diferencial na sua análise, visto que as pesquisas recentes brasileiras sobre a temática, por exemplo, têm privilegiado crianças monolíngues em uma perspectiva benvenistiana (Silva, 2008; Ferreira Júnior et al, 2011).

Observando as marcas de plural em contextos discursivos na interação mãe-criança, Hilário e Romero desenvolvem uma longa pesquisa explorando os processos e as categorias de plural presentes nas produções de três crianças, coletadas ao longo de dez meses – uma brasileira (MEL, de 2 anos e 2 meses a 2 anos e 11 meses), uma francesa (MAD, de 1 ano e 11 meses a 2 anos e 9 meses) e uma franco-brasileira (MAR, de 2 anos e 5 meses a 3 anos e 2 meses) –, em situações cotidianas (refeição, banho, jogos diversos, leitura etc.). Um trabalho de fôlego, tendo em vista a extensão do *corpus* e o grau de detalhe das análises e categorias levantadas. Não será então o momento de indagarmos acerca da necessidade de mais estudos morfológicos de cunho discursivo, como este, em Aquisição da Linguagem?

Ainda nesse bloco dialógico-discursivo, mas tendo como objeto o riso/humor, pouquíssimo explorado nas pesquisas e, portanto, extremamente desafiador e bem-vindo, há os capítulos: "Diversão partilhada, humor e ironia", dos autores Alessandra Del Ré, Aliyah Morgenstern, Christelle Dodane e Heitor Quimello; "Riso e prosódia", de Christelle Dodane, Jérémi Sauvage, Fabrice Hirsch, Melissa Barkat-Defradas e Alessandra Del Ré. Tais capítulos nos possibilitam promover articulações acerca do papel tanto processual quanto desenvolvimental do humor/riso na/para a linguagem da criança.

Del Ré, Morgenstern, Dodane e Quimello argumentam que, para se chegar à gênese do humor, parte-se "da hipótese de uma aparição precoce na produção linguageira infantil". Seus resultados mostram a presença de divertimento partilhado e jogos lúdicos desde os 24 meses; aos 30 meses, risos escatológicos, entre outros elementos. A partir desse levantamento, chegam às premissas do humor que vão compor o discurso humorístico-irônico infantil: iniciativa da criança, movimentos discursivos, conivência, marcas de divertimento, atenção conjunta, descontinuidade, intencionalidade.

Em Dodane, Sauvage, Hirsch, Barkat-Defradas e Del Ré, a proposta é salientar uma propriedade fundamental do riso – seu componente acústico. Aqui são explorados os aspectos articulatórios e acústicos do riso, por meio da análise de dados de três crianças francesas entre 12 e 36 meses. Para isso, discutem como a estrutura acústica do riso se transforma e mostram que sua variação se dá em função da idade e do contexto discursivo. Os autores trabalham com diversos índices acústicos, tais como duração total do riso, proporção de vozeamento, picos de frequência (mais alta e mais baixa), dentre outros. Além desse enfoque comparativo, fazem também uma análise qualitativa a partir de um estudo longitudinal, mostrando os processos de diferenciação do riso, ao longo do tempo.

Seguindo a tendência de surpreender e consolidando vigorosa pesquisa sobre a argumentação, tem-se "Argumentação e explicação", de Alessandra Jacqueline Vieira e Selma Leitão. O capítulo explora como as ocorrências dos *porquês* argumentativos e explicativos na fala da criança podem possibilitar uma melhor compreensão dos mecanismos linguísticos utilizados por ela na aquisição do argumentar e do explicar.

A partir daí, uma nova vereda se abre, e o livro passa a transitar pelas articulações do escrito e da escrita, em "Aquisição da escrita e gêneros do discurso", de Natalia Grecco e Marina Célia Mendonça, e na robustez de "Discurso reportado em manuscritos escolares", de Eduardo Calil, Catherine Boré e Kariny Amorim.

Grecco e Mendonça colocam em evidência a produção escrita infantil em contexto escolar, focalizando a individualidade – isto é, as marcas da subjetividade inscritas na cadeia enunciativa – como ponto central do texto do aprendiz. As autoras promovem, assim, um deslocamento no olhar sobre a produção textual escolarizada.

Calil, Boré e Amorim trazem um rico trabalho comparativo, com um minucioso *corpus* de alunos brasileiros e franceses, e mostram diversidades de cunho quantitativo e qualitativo, tais como narrativas mais longas nos manuscritos brasileiros e forte presença de discurso relatado. No viés qualitativo, o estudo mostra diferenças na variedade e na natureza lexical dos verbos introdutores.

A obra é finalizada com o excelente "A narrativa: espaço de jogo, experiência(s) e reflexão", de Frédéric François, um grande privilégio! Aqui, tomando como lócus o texto, François permanece com suas inquietudes nos fazendo (re)pensar acerca da natureza do texto: o que faz dele um texto, qual o seu estatuto, como se constitui dialogicamente, como o texto se faz/se constitui a partir de sua leitura. Logo, o sentido não está nas palavras escritas, mas no que fazemos com elas.

Antes de concluir este prefácio, não posso deixar de falar da segunda característica marcante destas páginas, a presença de *corpora* bilíngues (português brasileiro e francês), em grande parte de seus capítulos, o que possibilita a compreensão também dos aspectos *inter* e *intra*culturais que atravessam o processo discursivo da criança e torna, assim, a obra ainda mais interessante! Ganhamos nós, leitores; ganha a pesquisa sobre a linguagem da/na criança. Que venham mais livros como este!

Marianne Cavalcante

Bibliografia

Ferreira Júnior, J. T.; Cavalcante, M. C. B.; Azevedo, N. D. A natureza da dêixis pessoal na aquisição de linguagem: uma abordagem enunciativa. *Caleidoscópio*. São Leopoldo, Unisinos, n. 2, v. 9, 2011.

Costa Silva, C. L. *A criança na linguagem*: enunciação e aquisição. Campinas: Pontes, 2008.

Apresentação

Este livro pretende trazer para os estudos em Aquisição outro olhar para a linguagem da criança: a partir dos trabalhos de Bakhtin e do Círculo, tratamos de questões como gênero, diálogo, alteridade, subjetividade, humor, bilinguismo, ensino e aprendizagem, entre outros.

Trata-se de uma obra que dialoga com um trabalho anterior, *A linguagem da criança: um olhar bakhtiniano* (Contexto, 2014), mas que traz especificidades que a fazem singular. Se no outro livro os dados da linguagem infantil aparecem como pano de fundo de uma reflexão teórica, aqui voltamo-nos para alguns aspectos de uso da linguagem pela criança em diferentes contextos – familiar e escolar. São diversas situações de interação verbal entre crianças e adultos, crianças e crianças, em que se observam, por um lado, o fato da concordância nominal, o uso do porquê, dos pronomes e, por outro, atividades como o jogo, a escrita, a argumentação, a brincadeira, a narrativa.

O foco na linguagem da criança permanece, ainda que sob os óculos bakhtinianos. Trata-se de estudos que estão sendo desenvolvidos no seio do grupo GEALin/NALingua (CNPq), em Aquisição da Linguagem, e que ganham olhares não apenas de especialistas na área da aquisição, no Brasil e no exterior, mas, sobretudo, de pesquisadores que se dedicam aos estudos de Bakhtin e do Círculo, seja na produção dos próprios textos, seja na leitura atenta que fazem enquanto membros do comitê científico. Além disso, destacamos mais dois diálogos frutíferos que tecem a teia em que se ancora esta obra: com o grupo COLAJE (Genèse et mutations de la communication langagière chez le jeune enfant: approches multimodales et pluridisciplinaires – Gênese e mutações da comunicação linguageira na criança pequena: abordagens multimodais e pluridisciplinares) e com os grupos de pesquisa brasileiros SLOVO (Grupo de Estudos do Discurso – Unesp-Araraquara) e GED (Grupo de Estudos Discursivos – Unesp-Assis) centrados nos estudos bakhtinianos.

Outra característica desta obra é a participação autoral que nós, organizadoras, imprimimos a ela, harmonizando os textos, contribuindo para seus acabamentos, dando maior precisão aos termos que são caros às áreas que aqui fazemos dialogar, enfim, trazendo elementos que a diferenciam da maioria de trabalhos desse gênero. Trata-se de um modo dialógico de refletir a aquisição da linguagem, o que vai totalmente ao encontro de nossos pressupostos, de nossos objetivos neste livro.

Com vistas a esse acabamento dos capítulos, no que diz respeito à controversa atribuição da autoria dos escritos do Círculo, não entramos na discussão empreendida na área; partimos do pressuposto de que os escritos produzidos pelos intelectuais que o compõem resultam de reflexões conjuntas, dialógicas, amplamente discutidas e que não se fecham em uma proposta totalizante. Adotamos, por vezes, a expressão Círculo de Bakhtin, remetendo aos autores do Círculo e as suas obras; por vezes Bakhtin e o Círculo, tomando a tessitura dos textos como algo realizado de maneira coletiva – esse procedimento, ademais, visa manter as especificidades dos autores dos diferentes capítulos, na leitura responsiva que realizam das obras do Círculo, bem como na leitura que fazem da discussão sobre a autoria dessas obras.

Ainda com relação à harmonização dos textos, destacamos que, ao longo dos capítulos, será feita menção a crianças cujos dados pertencem aos grupos NALingua e COLAJE. Esses bancos de dados são compostos por registros feitos desde o nascimento, mensalmente, durante uma hora, uma vez por semana, em sua residência, em situação de interação natural com seu meio. Trata-se de crianças de classe média, que moram em São Paulo e Paris, e que serão acompanhadas até completarem 7 anos. Elas são identificadas pelas três primeiras letras de seus nomes e a referência à pesquisadora que participa da situação de comunicação aparece como OBS. Além disso, os dados desses grupos seguem um mesmo formato de transcrição, disponíveis no sítio Child Language Data Exchange System, http://childes.psy.cmu.edu/ (CHILDES), ambos adaptados do original, em inglês, pelos respectivos grupos, para o português e o francês. No caso dos dados franceses, além da linha ortográfica, eles também contam com a transcrição fonética. Assim, embora tenham sido originalmente adotadas as transcrições feitas com o auxílio do programa computacional CLAN, tendo como referência as normas de transcrição CHAT, para esta publicação, a fim de possibilitar uma leitura mais fluida dos excertos, optamos por retirar os símbolos utilizados nessas transcrições.

A utilização destas ferramentas (CHAT, CLAN) nos trabalhos em Aquisição da Linguagem traz à tona uma discussão atual – embora nem sempre explícita nos trabalhos da área – em torno do uso de dados qualitativos e/ou quantitativos. No livro já referenciado, que antecede a presente obra, a questão que envolve as duas abordagens é tratada de modo a se colocarem os holofotes na importância da realização de estudos qualitativos – sobretudo quando se tem um aporte teórico como o bakhtiniano, o discursivo – e, ao mesmo tempo, de se mostrar o mútuo enriquecimento que as abordagens podem conseguir se, de fato, houver uma complementaridade entre elas, conforme assinalado em um dos capítulos do supramencionado livro também organizado por nós. Neste livro, essa discussão é colocada em prática em alguns dos capítulos, nos quais identificamos justamente uma tentativa de conciliação dessas abordagens. Todavia, mais que isso, esta obra se caracteriza pela reflexão de estudos prático-teóricos que reflete uma perspectiva em construção e pretende contribuir com a compreensão das produções ativas das crianças, entendidas como sujeitos que devem ser vistos, lidos e ouvidos, uma vez que apresentam discursos/linguagem em formação, a partir dos quais podemos vislumbrar questões sociais caras à nossa sociedade. Ainda que os nossos olhos sejam "adultos", experimentar novamente a liberdade de ser criança por meio de seus discursos e verificar como somos vistos por esses sujeitos e nos relacionamos com eles é fundamental. E é essa a experiência que queremos dividir/multiplicar com todos: saborear os discursos das crianças, nossos outros-eus ativos.

Enfim, entregamos um livro que apresenta uma abordagem diferente acerca da Aquisição da Linguagem, se considerarmos o que encontramos na bibliografia na área, em especial no Brasil. Com o enfoque discursivo e pragmático que imprimimos nesta abordagem, esperamos poder contribuir para outras pesquisas na área, visto que o campo se revela fértil e ainda está por ser explorado. Aproveitando a imagem, oferecemos também ao leitor o deleite de "explorar", no sentido intuitivo e de jogo mesmo, a linguagem da criança, que se revela aqui, como não podia deixar de ser, rica e surpreendente.

Alessandra Del Ré
Luciane de Paula
Marina Célia Mendonça

A inscrição dialógica da criança pequena: evolução, diversidade e heterogeneidade

Anne Salazar-Orvig

Gostaria de apresentar, neste capítulo,* alguns resultados e observações provenientes de uma pesquisa em andamento sobre o desenvolvimento de condutas dialógicas em crianças pequenas, realizada a partir de um *corpus* longitudinal. Trago para este trabalho os dados de fala de uma criança, DAN, caçula de uma família bilíngue espanhol-francês, que utiliza quase exclusivamente o francês. Os dados que serão citados dizem respeito mais especificamente a quatro sessões realizadas durante um período de nove meses: 1 ano, 5 meses e 20 dias (1 ano e 6 meses); 1 ano, 8 meses e 22 dias (1 ano e 9 meses); 2 anos; 2 anos e 3 meses. Essa etapa cobre, para o menino, desde a passagem dos enunciados com uma só palavra ao começo da sintaxe adulta.

Se o diálogo for considerado não somente como um processo interacional, mas também, e sobretudo, como a participação na construção de um espaço discursivo, de um espaço comum de significações, o momento em que a criança começa a falar será também aquele em que são colocados em prática os fundamentos da troca verbal. Eu diria mais: não se pode apreender um sem o outro. Segundo uma concepção dialógica e funcional da Aquisição da Linguagem, a criança se apropria da língua e dos usos linguísticos por meio de práticas linguageiras** e, em particular, como postula Bakhtin (1984), através de sua entrada em diferentes gêneros (François, Hudelot e Sabeau-Jouannet, 1984; François, 1993). Além disso, essa entrada nos gêneros discursivos, entre os quais se pode pensar no relato, na explicação, na argumentação, dá-se, para crianças, na e através da relação dialógica. Há, portanto, uma relação de dupla implicação ou de duplo envolvimento, como diria François, entre a atividade de linguagem, que sustenta a aquisição linguística,

* N.O.: O original em francês do presente texto encontra-se publicado na *Revue Tranel (Travaux neuchâtelois de linguistique)*, 38/39, 7-24, 2003. Este capítulo foi traduzido por Paulo Santos, e sua revisão técnica foi feita por Adail Sobral, Alessandra Del Ré e Luciane de Paula.

** N.O.: Do francês, *pratiques langagières*. Pode ser traduzido igualmente como "práticas de linguagem".

e o desenvolvimento das competências dialógicas específicas que permitem à criança participar do processo conjunto de construção de um discurso.

Quando começa a dizer suas primeiras palavras, a criança pequena já tem certo número de habilidades no domínio da comunicação: respeita e sabe produzir a alternância dos turnos de fala; pode concentrar-se e manter uma atenção conjunta sobre um objeto específico; possui um considerável repertório de atos comunicacionais, até mesmo de protoatos de linguagem. Já no plano do diálogo verbal, ela apresenta certa imaturidade, a qual não pode ser explicada unicamente pelo estágio de suas competências linguísticas.

Essa imaturidade diz respeito à participação na construção conjunta de um discurso e, mais exatamente, às relações de continuidade. Mc Tear (1985) e Ninio e Snow (1996) nos fazem lembrar que as crianças pequenas frequentemente deixam as intervenções de seus interlocutores sem resposta, manifestando assim sua baixa sensibilidade ou sua não aculturação em relação às chamadas obrigações interlocutivas. Snow (1977) considera que as trocas entre adultos e crianças pequenas têm o aspecto de verdadeiras conversações somente porque o adulto promove um encadeamento dentro do discurso da criança, e não devido a uma reciprocidade interlocutiva. Bloom, Rocissano e Hood (1976) mostraram que, antes dos 2 anos, os enunciados das crianças raramente (entre 10% e 28%) estabelecem continuidade temática com o enunciado precedente do adulto. Assim, é mais fácil para a criança fazer uma pergunta sobre um objeto de discurso novo do que sobre um objeto de discurso previamente compartilhado com o interlocutor. Perto dos 3 anos, essa taxa de continuidade aumenta consideravelmente, situando-se entre 39% e 53% dos enunciados.

Essa continuidade temática repousa grande parte das vezes em extensões, com a criança apoiando-se no discurso do adulto para construir o seu novo enunciado. Desenvolvimento sintático e desenvolvimento dialógico encontram-se, assim, expressivamente ligados. Por explorarem os recursos que o diálogo lhes fornece, as crianças constroem enunciados mais complexos.

Essa constatação vai ao encontro de outras observações realizadas nos primeiros estágios das condutas verbais infantis. Autores (Bloom, 1973; Scollon, 1979; Veneziano, Sinclair e Berthoud, 1990) que se interessam pelas produções de enunciados com duas palavras há muito vêm destacando que, antes de encadear duas palavras em um só turno de fala, a criança associa duas palavras em dois turnos de fala diferentes, dando lugar ao que Scollon chama de "construções verticais". Esses autores – especialmente Veneziano (1997a e 1997b) – insistiram na importância do encadeamento dialógico nesse processo. Na verdade, entre os dois enunciados da criança, é frequentemente constatada uma intervenção do adulto, que retoma, reformula ou produz uma expansão do enunciado dela. O diálogo aparece aqui também, portanto, como um fator de mediação da produção sintática infantil. Ao mesmo tempo, percebe-se como se desenvolvem concomitantemente a construção discursiva, a sintaxe e a inscrição dialógica da criança.

Neste capítulo, interessa-me, em especial, a dimensão dialógica do desenvolvimento da criança – não me deterei nos desenvolvimentos linguísticos concomitantes. Além disso, colocarei algumas questões sobre as condições nas quais ocorre essa aquisição.

Da descontinuidade à continuidade

Vemo-nos, portanto, como diria Halliday (1979), diante da questão de saber qual é o caminho que percorre a criança a fim de assumir uma parte ativa no processo da construção conjunta de um discurso. Na análise de Bloom, Rocissano e Hood (1976), os enunciados da criança são considerados em sua relação de adjacência e de continuidade temática, independentemente de seu modo de inscrição em uma troca ou do papel que desempenham na dinâmica da progressão dialógica. Entretanto, uma intervenção infantil pode estar em descontinuidade por diversas razões, especialmente por deixar o enunciado do adulto sem resposta, criando, assim, uma ruptura, ou por constituir uma iniciativa e dirigir o diálogo em direção a novos objetos de discurso.

Frequência de rupturas

Meus dados confirmam parcialmente as observações feitas por Mc Tear (1985) e Ninio e Snow (1996). De acordo com esses autores, a criança pequena apresenta uma tendência a deixar o discurso do interlocutor sem resposta. Todavia, para avaliar essa questão não basta contabilizar as trocas truncadas. Como evidenciou Vincent (1995), as trocas familiares entre adultos caracterizam-se por uma proporção importante de descontinuidade: a troca canônica em dois momentos está longe de ser a mais frequente. No caso da criança analisada aqui, aliás, as intervenções verbais por vezes receberam respostas não verbais adaptadas: gestos, vocalizações, risos, choros. Portanto, a fim de avaliar esse fenômeno, é necessário distinguir resposta não verbal e ausência de reação a uma intervenção que solicita ou espera uma resposta.

(1) 2 anos e 3 meses: *DAN e seu pai brincam com diversos veículos.*	
PAI: c'est quoi ça?	o que é isto?
DAN: etapatinɛt.	é um patinete.
PAI: ah bon! et ça?	certo! e isto?
DAN: ɛ ma mamã.	é minha mamãe.
PAI: c'est ta maman?! qu'est-ce qu'elle fait ta maman?	é a sua mamãe?! o que a sua mamãe está fazendo?
DAN: ʃe { }[1] ʃɛʁe ãʒus "{??} chercher en chose".	bucá cois{??} "buscar na coisa"

Nesse exemplo, DAN deixa a pergunta de seu pai ("O que a sua mamãe está fazendo?") sem resposta, levanta-se e sai em busca de algo que não tem ligação nem com o tema dos carros nem com o de sua mãe. Trata-se de um flagrante caso de ausência de reação. No exemplo seguinte, porém, a resposta não verbal satisfaz a obrigação aberta pelo enunciado do interlocutor.

(2) 2 anos e 3 meses: *DAN e o pai brincam com pequenos tratores.*	
PAI: avec le volant. fais tourner avec le volant	com o volante. gire com o volante
[DAN fait tourner les roues]	**[DAN gira as rodas]**

Com 1 ano e 6 meses, a criança apresenta ao mesmo tempo uma preferência pelas respostas não verbais e uma porcentagem de ruptura bastante significativa. As duas porcentagens diminuem de maneira bem expressiva ao longo dos meses que seguem. Assim, parece que a criança inscreve-se cada vez mais em trocas de natureza verbal, o que acontece de duas maneiras complementares: por um lado, ela substitui cada vez mais frequentemente uma resposta não verbal por uma resposta verbal (ou acompanha sua resposta não verbal de uma resposta verbal); por outro lado, ela leva mais em conta enunciados de seus interlocutores, respondendo verbalmente a eles. Assim, a afirmação de que essas condutas de ruptura caracterizam o modo de implicação dialógica da criança pequena confirma-se apenas no início da linguagem infantil. Depois, por volta dos dois anos, as rupturas tornam-se um pouco mais frequentes.

Inscrição da criança na troca

Afinal de contas, como se dá a inscrição da criança na troca, entendida como a unidade mínima do diálogo? Ela costuma tomar a iniciativa? Ou participa na segunda ou terceira posição em seu desenrolar? Observemos o exemplo seguinte:

(3) 2 anos e 3 meses: *DAN brinca em seu quarto com carrinhos que tira de uma cesta. Ele pega uma bicicleta.*	
DAN: a! vejo kase. ve ve ve vejo.	a! bici quebo bi bi bi bici.
OBS: ah il est cassé.	ah ela quebrou.
DAN: pœpa tasiʁ "peut pas t'asseoir".	nã po senta "não pode se sentar"
OBS: non? il est pas cassé?	não? não quebrou?
DAN: pœpatasiʁ.	nã po senta.
OBS: on peut pas s'asseoir? [DAN pose le vélo]	não se pode sentar? [DAN larga a bicicleta]
DAN: nõ {oke}[2] pœpa taswaʁ.	nã po sentá.

Esse trecho mostra a diversidade de posições ocupadas pela criança: inicialmente, ela começa uma primeira troca [vejo kase. ve ve ve vejo], introduzindo um novo objeto de discurso; depois, inicia uma segunda troca, mudando a perspectiva sobre o objeto [pœpa tasiʁ] ao explicar que a bicicleta está quebrada; em seguida, ela se coloca em situação de reação, replicando às intervenções do adulto: [pœpa tasiʁ] e [nõ {oke} pœpa taswaʁ].

Une-se a esses dois tipos de movimento aquele em que a criança prossegue o seu turno de fala sem introduzir novos elementos de conteúdo: nesse caso, é possível chamá-los de acréscimos monologais.

(4) 2 anos e 3 meses: *DAN mostra um objeto de cerâmica.*	
DAN e bi isi daʁd "E bille ici regarde"	é bo aqui ó "é uma bola aqui olha"
OBS c'est un trou?	é um buraco?
DAN wi. se i bij.{seteija} isi. "oui. c'est l bille. c'était là ici"	sim. é bo {tavaí}aqui "sim, é uma bola. estava aí aqui"

A figura 1* mostra que nesse aspecto também há uma evolução considerável da criança nos nove meses considerados.

Figura 1: Distribuição das iniciativas (I), das reações dialogais (R) e dos acréscimos monologais (A) para o conjunto dos enunciados da criança.

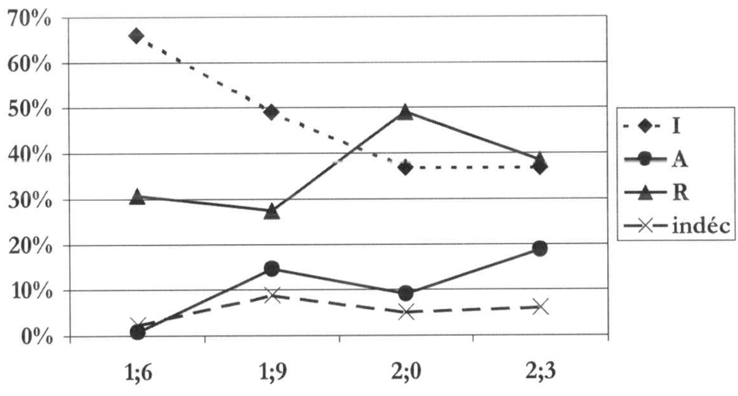

Essa figura permite a observação de que a criança produz cada vez mais acréscimos dentro de um mesmo turno de fala, o que constitui uma maneira de enriquecer o diálogo.[3]

Contudo, o mais notável é a evolução no que diz respeito à ligação entre iniciativas e reações. Com 1 ano e 6 meses, a criança produz, na maioria das vezes, as iniciativas e bem menos reações dialogais. A parte das iniciativas tem uma queda expressiva com a idade, até chegar a 36% aos 2 anos e 3 meses. A importância dessa mudança leva-

* N.T.: "indéc" é uma redução da palavra "indécidable", em francês, quando não é possível decidir a categoria.

me a pensar que tal modificação da ligação entre iniciativas e reações constitui um aspecto-chave do desenvolvimento dialógico.

Os resultados podem parecer paradoxais à luz de certo estereótipo do diálogo adulto-criança. Na verdade, há, na literatura, uma tendência que considera a troca típica do diálogo adulto-criança aquela em que o adulto – mais especificamente através de perguntas – tem a iniciativa da troca, enquanto a criança fica mais na situação de responder. Porém, só existe tal paradoxo devido a um mal-entendido a respeito do modelo de troca adulto-criança, proveniente do âmbito institucional (escola, creche). A realidade do diálogo em família é bem diferente. Na verdade, as trocas que se desenrolam ao longo das diversas atividades e dos focos de interesse da criança são fundamentalmente heterogêneas. Mais especificamente, a criança é levada a fazer comentários sobre o mundo, a fazer pedidos, a solicitar verbalizações, denominações ou explicações do adulto, e não apenas responder às suas perguntas.

Ao mesmo tempo, a posição do adulto no âmbito dessas trocas familiares é muito variável. Algumas vezes, em situações muito concentradas em uma só atividade, como a leitura ou alguns jogos (como se nota nos exemplos 1 e 2), ele estrutura a troca; outras vezes, como se nota no exemplo 3, ele se coloca, pelo contrário, à disposição da criança, atendendo a seus pedidos e suas interpelações, interrogando-a a respeito do que diz.

Assim, uma grande porcentagem de iniciativas não representaria um indício de maturidade dialógica. Pelo contrário, o fato de a criança aprender a se inscrever cada vez mais e melhor no contexto de uma troca verbal em curso não está relacionado à maneira pela qual esse processo foi iniciado, pelo seu interlocutor ou por ela mesma. O que também nos leva a questionar as modalidades do desenvolvimento dialógico das crianças é o fato de que aquelas que apresentam problemas no desenvolvimento da linguagem caracterizam-se por uma pequena proporção de iniciativas.

Todavia, as modalidades dessa inscrição estão igualmente sujeitas a uma evolução. Na verdade, mesmo quando a criança adquire o hábito de seguir o outro durante a troca verbal, espera-se, ainda assim, que ela possa gerar certa continuidade temática (Slama-Cazacu, 1966; 1977), ser capaz de prosseguir em um mesmo tema e, da mesma forma, mantê-lo. Essa capacidade se manifesta diferentemente se consideradas a extensão das trocas – e, por conseguinte, os movimentos de reação –, ou as relações entre trocas – e, por conseguinte, as iniciativas.

Os movimentos de reação

Com efeito, as intervenções que aparecem sob a forma de reações não têm o mesmo valor do ponto de vista da construção do discurso. Segue uma proposta para seu reagrupamento em cinco grandes categorias:

a) as respostas ou réplicas induzidas pela intervenção do adulto, nas quais a criança não contribui com nada além do que é solicitado pelo seu interlocutor:

(5) 2 anos e 3 meses	
PAI: t'as un tracteur encore ici?	você tem mais um trator aqui?
DAN: **wi**.	**sim.**

b) perguntas metadiscursivas, ou seja, pedidos de repetição, de confirmação de uma interpretação ou até mesmo de esclarecimento:

(6) 2 anos e 3 meses: *DAN e seu pai conversam sobre onde colocar um boneco.*	
DAN: e akoʃe dejɛʁ. "e accrocher derrière"	e penduia atai. "é pendurar atrás."
PAI: ou là, d'ailleurs sur le sur le marchepied là tu vois?	ou aqui, que tal no no degrau, aqui, você tá vendo?
DAN: **ɛ̃?**	ah?
PAI: sur le marchepied là.	no degrau aqui.
DAN: **isi?**	**aqui?**
PAI: oui.	sim.
DAN: **maʃəpje?**	**degau?**
PAI: {sur le marchepied là/un marche pied oui}	{no degrau aqui/no degrau sim}

c) o conjunto de confirmações que não se realizam por simples profrase, mas que são expressas geralmente por repetições:

(7) 2 anos e 3 meses	
PAI: non? tu préfères derrière?	não? prefere atrás?
DAN: vœ dejɛʁ "veux derrière"	qué atás.
PAI: d'accord.	certo.
DAN: wi **dejɛʁ.**	**sim atás.**

d) reações advindas do polo expressivo e que se manifestam geralmente por meio de interjeições:

(8) 2 anos: *LAU, irmã de DAN, pegou o boné dele.*	
LAU: DAN regarde j'ai ça.	DAN, veja estou com isso.
DAN: a ma a ma a ma! "à moi"	me me me! "meu"
OBS: LAU! tu penses pas que tu es en train de l'embêter là?	LAU! você não acha que está perturbando ele?
DAN: **ɛ̃ ɛ̃ !** [plaintif']	**hã hã** [choroso]

e) expansões dialogais introdutoras de novos elementos de significação na troca:

(9) 1 ano e 9 meses: *DAN perde um pequeno objeto que tinha nas mãos.*	
DAN: o! o! e paki!	ó ó fo imboia
MÃE: ¿se fué? si c'est parti? oui	foi embora? sim, foi embora? sim
DAN: aju "cayó" [pour "tombé"]	aiu "caiu"*

A tabela 1 mostra os índices de distribuição, em função da idade, dos cinco tipos de intervenção reativa.

Tabela 1: Distribuição dos tipos de reação de acordo com a idade.

Idade	Expansão	Confirmação	Metaquestão	Reação induzida	Expressiva
1;6	15,38%	15,38%	0,00%	51,28%	17,95%
1;9	18,60%	11,63%	4,65%	41,86%	23,26%
2;0	11,54%	9,62%	27,56%	46,79%	4,49%
2;3	12,17%	12,17%	16,52%	59,13%	0,00%

A proporção de certas categorias, como a das respostas induzidas ou das confirmações, quase não varia ao longo do tempo. As reações induzidas constituem, de longe, o movimento de reação mais importante, o que permite pensar que os mecanismos de base da interlocução estão bem estabelecidos. Claro que com a condição de que a criança responda.

As reações de tipo expressivo diminuem significativamente ao longo do desenvolvimento da linguagem da criança, o que era previsível e está em consonância com a diminuição das reações não verbais.

A presença de questões metadiscursivas, por outro lado, caracteriza as trocas depois de 1 ano e 9 meses. Essa presença pode ser interpretada como o indício de uma nova etapa na inscrição dialógica, especificamente a da busca da intercompreensão pela criança: mais do que deixar de responder, a criança solicita a repetição da intervenção do adulto, além de propor-lhe sua própria interpretação. Assim, ter-se-ia aqui a necessidade de haver certa consciência do fato dialógico.

É possível, no entanto, propor outra interpretação do recurso a perguntas e que também corresponde à apropriação, pela criança, de um recurso interativo: como se pode perceber no exemplo 6, esse tipo de pergunta permite à criança ganhar tempo, sem que ela tenha a necessidade de responder imediatamente ao enunciado do adulto, e introduz um tempo de latência sem, no entanto, romper com o vínculo interlocutivo.

* N.T.: A criança diz "caiu" em espanhol ao invés de dizer isso em francês.

A frequência desse tipo de encadeamento poderia inclusive estabelecer uma estratégia interativa específica de DAN em seu envolvimento dialógico.

De qualquer maneira, esses movimentos de questionamento evidenciam a participação não só em um espaço intersubjetivo, mas também em um espaço discursivo. Através desse procedimento, a criança e o adulto vinculam de modo explícito as significações que circulam na troca, contribuindo assim para assegurar uma verdadeira intercompreensão.

Além disso, mesmo que a importância das expansões não aumente proporcionalmente com o tempo, a sua evolução permite compreender o enriquecimento dos posicionamentos dialógicos da criança.

Enquanto com 1 ano e 6 meses e 1 ano e 9 meses esses acréscimos correspondem principalmente a reformulações ou a oposições ao enunciado do interlocutor, a partir de 2 anos começam a surgir explicações, comentários e argumentos:

(10) 2 anos		
PAI:	pourquoi tu vas pas sur le pot?	por que você não vai no penico?
DAN:	evaj vaje.	evai vae. "eu vou vou"
PAI:	tu vas y aller bientôt.	você vai daqui a pouco.
DAN:	a?	hum?
PAI:	tu vas y aller bientôt.	você vai daqui a pouco.
DAN:	**e pa e pipi.**	**e não e pipi.**
PAI:	ya pa des pipi?	não tem pipi?
DAN:	a?	hum?
PAI:	sur le pot ya pas des pipi?	no penico não tem pipi?
DAN:	nɔ.	não.
PAI:	ah ça c'est ennuyeux, quand tu es sur le pot ya plus de pipi.	é muito chato isso, quando você está no penico não tem mais pipi.

Esse encadeamento é interessante considerando-se vários aspectos. Por um lado, a criança responde à pergunta do pai com uma promessa, mostrando, assim, que a interpreta mais como uma reprimenda que como uma pergunta. Todavia, em um segundo momento, após ter solicitado que o pai repetisse sua reformulação, DAN apresenta uma justificativa para sua conduta [e pa e pipi]. O prolongamento da troca não diz respeito apenas às perguntas metadiscursivas, mas está associado também às mudanças de perspectiva que a criança introduz em seus movimentos dialógicos.

Surge a necessidade de um novo equilíbrio entre continuidade e descontinuidade. À manutenção da interlocução se une a capacidade, por parte da criança, de produzir variações sobre um mesmo tema.

A evolução das iniciativas

A capacidade de participar da construção efetiva do sentido no diálogo manifesta-se, do mesmo modo, na evolução das iniciativas observadas nas quatro sessões selecionadas para este capítulo.

Entre as iniciativas de troca, é possível distinguir: as iniciativas absolutas (IABS), ou seja, aquelas que introduzem novos temas; as iniciativas relativas (IREL), que introduzem subtemas ou mudanças de gênero; as iniciativas correspondentes à reintrodução de objetos de discurso previamente mencionados (IREI); ou ainda simples reiterações de iniciativas precedentes (IREP). De maneira geral, sua distribuição não parece variar muito com a idade, conforme apresentada na tabela 2.

Tabela 2: Distribuição das iniciativas de acordo com a idade.

	IABS	IREL	IREI	IREP
1;6	16,87%	20,48%	9,64%	53,01%
1;9	30,26%	31,58%	21,05%	17,11%
2;0	32,20%	27,97%	18,64%	21,19%
2;3	33,03%	42,20%	9,17%	15,60%

É importante ressaltar o fato de que, com 1 ano e 6 meses, a criança produz sobretudo iniciativas por repetição: ela reitera insistentemente seus pedidos. Tais repetições acabam sendo importantes nas outras sessões, ainda que em proporções bem inferiores.

O que diferencia as outras três sessões não é a porcentagem de iniciativas absolutas, mas a porcentagem das reintroduções à distância e as iniciativas relativas. Com o tempo, o número de repetições, de reiterações imediatas ou a distância diminui consideravelmente. É possível perceber nessa evolução um novo indício da diversificação dos posicionamentos dialógicos da criança.

Caso sejam consideradas as iniciativas relativas, que ultrapassam 40% aos 2 anos e 3 meses, pode-se observar uma evolução qualitativa muito significativa. Com 1 ano e 6 meses, as iniciativas limitam-se quase que exclusivamente a pedidos e apelos no campo temático em questão. As denominações aparecem somente em duas retomadas.

Eis um dos casos:

(11) 1 ano e 6 meses	
PAI: pourquoi (t'as xxx) tes chaussures là? [Il s'accroupit derrière DAN et lui noue les lacets des chaussures]	por que seus sapatos (estão [incompreensível]) aqui? [Ele se agacha atrás de DAN e amarra o calçado]
DAN: nɔ̃.	Não.
PAI: non?	não?
DAN: papa!	pai!
PAI: quoi DAN?	o que DAN?
DAN: {ʃosy}	**(pato) "sapato"**
PAI: les chaussures oui. zapatos!	os sapatos sim. sapatos!*

Com 1 ano e 9 meses, trata-se essencialmente de predicativos com relação aos objetos de discurso previamente colocados.

(12) 1 ano e 9 meses: *DAN aponta para a janela em que a luz da lâmpada está refletida.*	
DAN: ti jaji. "ici lumière."	qui lui. "aqui luz."
OBS: ¡ah la luz! [DAN fait un mouvement de la main]	ah a luz! [DAN faz um movimento com a mão]
DAN: epati aji. "est partie."	fobóia a lui. "foi embora a luz."
OBS: est partie [aji]?	foi embora a luz?

A nova intervenção da criança, juntamente com a manutenção do tema, constitui, assim, uma contribuição suplementar na construção do discurso acerca de determinado objeto.

Aos 2 anos, destaca-se uma variedade maior: ao lado dos predicativos simples, surgem comentários e variações sobre um mesmo tema:

(13) 2 anos	
DAN: loa ewɛje? loa wɛje?	la ontaéia? ontaéia? "LAU onde está ela"?
OBS: LAU?	LAU?
DAN: wi.	sim.
OBS: elle est en train de dessiner avec Julian, tu veux qu'on aille les voir?	ela está desenhando com Julian, quer ir ver?
DAN: mamã waje?	mam ã ontaéa? "mamãe onde está ela?"

Aos 2 anos e 3 meses, enfim, confirma-se a capacidade que tem a criança de produzir mudanças de gênero sem modificar o tema. Os predicativos começam a se complexificar, especialmente no que diz respeito à caracterização dos objetos:

* N.T.: Na primeira vez o pai enuncia em francês e, em seguida, em espanhol.

(14) 2 anos e 3 meses: *DAN mostra o assento de um trator.*	
DAN: {X} a bonom dedã {siʁ}.	um boneco dentu. "um boneco dentro."
OBS: tu peux mettre dedans.	você pode colocar dentro.
PAI: vas y tu peux mettre un bonhomme. [DAN regarde son père]	vai você pode colocar o boneco dentro. [DAN olha para o pai]
DAN: isi se a bonom dətatœʁ se a bonom dətatœʁ isi.	aqui é um boneco de tatô... é um boneco de tatô... aqui "é um boneco de trator"

E é sobretudo nesse momento que surgem os pedidos de explicação:

(15) 2 anos e 3 meses	
DAN: § tune vojã?	vira voan? "volante"
PAI: oui on tourne le volant pour conduire oui et ça fait tourner les roues.	sim, viramos o volante para dirigir sim e isso faz as rodas girarem.
DAN: pukwa:?	pu quê?

Desse modo, desenvolvem-se, ao longo dos meses, algumas condutas discursivas, pondo em evidência diferentes gêneros, que permitem à criança tornar-se um parceiro ativo na construção do diálogo.

Desenvolvimento das condutas dialógicas: rumo à continuidade e à diversidade

Uma importante transformação no âmbito das competências dialógicas ocorre no momento em que a competência linguística se instaura. Em uma provável relação de reciprocidade, o desenvolvimento das estruturas sintáticas e do léxico vem acompanhado não apenas da capacidade da criança de produzir turnos de fala mais longos, mas, sobretudo, de sua capacidade de ajustar ainda mais suas intervenções à construção de um espaço discursivo comum. Assim, ao longo do tempo, a criança produz menos enunciados em ruptura, inscrevendo-se na continuidade com o discurso já produzido, assegurando o vínculo das significações compartilhadas e, enfim, contribuindo para a evolução dos temas por meio de mudanças de ponto de vista e de gênero.

Diversidade e heterogeneidade

Não obstante, o desenvolvimento não pode ser considerado uma evolução simples ou linear que vá diretamente da descontinuidade à continuidade, da homogeneidade à diversidade dos subtemas e dos gêneros. As condutas da criança apresentam grandes contrastes nas diferentes idades contempladas e se inscrevem em uma realidade longe de ser homogênea.

É possível constatar, a partir das primeiras sessões, algumas modalidades de comportamento dialógico muito diferentes entre si, a depender do tipo de sequência diante da qual se está. São provavelmente muitos os fatores a considerar: a ligação com o referente, o tipo de pergunta feita pelo adulto, mas também o caráter mais ou menos familiar da atividade. É conhecido o papel que desempenham os formatos (Bruner, 1984; Marcos, 1998) como mediadores privilegiados na aquisição da linguagem e, por conseguinte, no diálogo.

Todavia, esses formatos – em pequena ou grande escala – articulam momentos privilegiados, rotineiros ou, pelo menos, bastante focalizados, em um conjunto de interações que se desenvolvem no seio da vida familiar e que são bem mais heterogêneos. Desde muito cedo, a criança é confrontada não só com um modelo de diálogo como também com uma diversidade de gêneros dialógicos que, por sua vez, se diferenciam não apenas pelos modos de encadeamento e pelos estilos interativos, mas também por relações distintas com o extralinguístico e por níveis diferentes de convergência da atenção dos interlocutores.

Corre-se, assim, o risco de tomar como a realidade das trocas as situações privilegiadas pelos estudos de Aquisição da Linguagem. Isso não significa que situações muito focalizadas, como as que a literatura descreve, não sejam naturais ou habituais; pelo contrário! É necessário, porém, situá-las no contexto do desenrolar da vida cotidiana, como mostram algumas observações feitas no contexto do meu *corpus*.

Diversidade e imbricação das sequências

Se nos ativermos ao registro de 1 ano e 6 meses, é possível constatar que, dentre as 15 sequências levantadas, apenas quatro apresentam uma focalização permanente dos interlocutores sobre um objeto – fotos, um boneco –, sobre uma atividade conjunta – brincadeira com uma caixa de fita cassete ou uma longa negociação entre DAN, querendo colocar seu casaco para sair com a mãe, e a pessoa que tenta consolá-lo e explicar-lhe que ele não pode sair com ela.

O restante das sequências, portanto a maior parte dos registros, é constituído de sequências heterogêneas de transição, de discursos não estabilizados sobre objetos, de negociações das relações interpessoais e de proposições de atividade que acabam não tendo resultado. Acima de tudo, as sequências se cruzam, imbricam-se, e o diálogo não fica unicamente centrado na criança que está sendo gravada. Segue, como exemplo, o momento que precede a preparação da sequência em que o foco é a foto:

(16) 1 ano e 6 meses: *LAU, a irmã, implica com DAN, e ele vai na direção da sua mãe.*	
MÃE: ¡esta LAU que te hace! [Daniel pleure, un peu forcé]	o que a LAU fez pra você? [DAN chora, um pouco forçado]
MÃE: ¿por qué lloras gordo?	por que você tá chorando gordinho?
DAN: [mama)! ma!] [plantif] [Il tend ses bras. La mère le prend dans ses bras]	mã mã mã [choroso] [Ele estende os braços. A mãe o pega no colo]
MÃE: vamos a ir con LAU ¿sabes? a ver al doctor tu te vas a (estar/quedar) con Anne y con papá ¿si?	vamos sair com LAU, ok? vamos ao médico você vai ficar com Anne e papai, tudo bem?
DAN: {ma ane}	{eu ane}
DAN: ma a mamã. [légèrement plaintif]	eu a mã "eu da mamãe" [ligeiramente choroso]
MÃE: ¿si?	certo?
DAN: a mamã! [idem]	da mamãe! [choroso]
MÃE: mmm? [DAN lève la tête vers sa mère sans la regarder vraiment puis se penche derrière son épaule]	hum? [DAN levanta a cabeça na direção da mãe sem olhá-la de fato e depois inclina a cabeça sobre os ombros da mãe]
MÃE: Ven [le père parle depuis la cuisine]	Venha [Da cozinha, o pai começa a falar]
PAI: faut l'faire manger?	tem de dar comida pra ele?
MÃE: no::n pas tout d'suite! non essaye de le faire manger à midi quand même pasque:: [DAN regarde devant lui (la porte?)]	não agora não! não, de qualquer modo, tente dar comida a ele ao meio-dia porque:: [DAN olha para a frente (para a porta?)]
PAI: comment?	como?
MÃE: a midi:. moins l'quart	quinze pro meio-dia.
MÃE: (vas/vamos) a jugar un (ratito/poquito) [très doucement] ¿ah?	vai/vamos brincar um pouco? [bem baixinho] vamos brincar um pouco?
DAN: [toux très brève?] ah [regarde sa mère, sourit] [Il cherche à attraper un manteau et/ou à toucher/ouvrir Le verrou de la porte d'entrée]	[tosse um pouco?] ah [olha para a mãe, sorri] [Ele procura pegar um casaco e/ou tocar/abrir a tranca da porta de entrada]
MÃE: no deja esto (ven) [Mère va vers le salon]	não, deixe isso, venha [A mãe se dirige para a sala de estar]
DAN: ma.mo [plus chantonné] (awa ane) [sa main est tendue vers l'entrée, il l'agite]	mi.mã [cantarolando] (awa ane) [com a mão estendida em direção à entrada, ele a agita]
MÃE: § ah § [effort en s'asseyant] [Arrivée de LAU qui tend un chèque à sa mère, la mère donne une photo à DAN]	ah [esforço ao se sentar] [Chegada de LAU, que estende um cheque para a mãe, a mãe dá uma foto a DAN]
LAU: Maman!§ §ça c'est pour A.B.C.	Mamãe! isso é para A.B.C.[4]

DAN: {kiki/pipi!} [en regardant la photo]	{kiki/pipi!}* [olhando para a foto]
MÃE: (¿qué hay ahi?) [DAN cherche à attraper le chèque]	o que tem aí? [DAN tenta pegar o cheque]
MÃE: eso no (espérate)	isso não, espere!

A sequência tem início quando a MÃE entra em cena para tentar consolar DAN. Ao dizer "*vem*" (venha), ela esboça a proposta de brincadeira que fará mais adiante. Nesse momento, porém, o PAI interrompe o diálogo e inicia uma curta conversa com a MÃE a respeito da refeição. Depois desse parêntese, durante o qual DAN parece não tomar parte na comunicação, sua MÃE propõe uma brincadeira. DAN aceita, mas se interessa também pelo que acontece próximo à porta de entrada. No momento em que a atividade focalizada está para começar, aparece a sua irmã com um cheque para pagar o pediatra. A MÃE então tenta ao mesmo tempo iniciar o comentário sobre a imagem e impedir DAN de pegar o cheque.

Esse trecho ilustra bem a maneira como, na comunicação familiar, diferentes trocas acabam interligadas. As sequências acerca de determinado tema constituem momentos de estabilização dentro de um conjunto que é, por definição, inconstante e heterogêneo.

Com efeito, não há apenas atividades ou sequências interligadas. Nesse trecho, misturam-se igualmente diferentes fios de continuidade, em especial diversas interpretações sobre o sentido que circula. Na verdade, aos fios condutores das variadas intervenções da mãe mistura-se o da criança, que começa por um apelo, um pedido de consolo imediato, mas, ao mesmo tempo, possivelmente, pede para a mãe ficar (pois já sabe que ela tem que sair). No momento em que a mãe anuncia a sua partida, acontece um mal-entendido: DAN parece inicialmente retomar o enunciado da mãe "[ma ane] *moi avec Anne*" (eu com Anne) em oposição a "[ma a mama] *moi avec maman*" (eu com mamãe), sem que a mãe realmente tenha uma reação, ou ao menos sem que ela se oponha a isso. A mãe propõe em seguida uma brincadeira, e DAN parece interpretar o envolvimento dela como uma resposta a seus pedidos precedentes: "[mamo]", provavelmente do espanhol "vamos", forma infantil recorrente, especialmente "[awa ane], *au revoir anne*" (tchau Anne), como se a presença da observadora fosse sinônimo de separação de sua mãe.

O prosseguimento da sequência mostra-nos outra hipótese: a criança começa a atuar com dois fios de continuidade simultâneos, comentando a foto e tentando, ao mesmo tempo, pegar o cheque.

* N.T.: A criança produz uma onomatopeia: "kiki" (piu piu) para imitar o barulho dos passarinhos.

Que contexto para a criança?

Paralelamente à imbricação das sequências, a criança é confrontada com a heterogeneidade do espaço discursivo. Outras observações que se encontram nesse *corpus*, a respeito de outros momentos do desenvolvimento da criança, confirmam minha suposição de que não se pode ter uma visão homogênea da continuidade discursiva, e menos ainda no âmbito da comunicação familiar, na qual diferentes situações acabam acontecendo ao mesmo tempo. O que a criança faz a respeito dessas diferentes fontes de sentido? Como ela as administra? Ou, para dizer de outra maneira, qual é o contexto apropriado para uma criança de menos de 2 anos e meio de idade desenvolver a fala? Os momentos em que a criança não está sendo a destinatária direta do discurso dos adultos parecem-me uma boa ocasião para observar esses fenômenos.

Como mostra o exemplo 16, a criança pode deixar o diálogo suspenso enquanto a atenção de sua mãe estiver sendo solicitada por outro interlocutor. Porém, ao se reintegrar no diálogo, seguindo o chamado da mãe, a criança retoma imediatamente seu próprio fio condutor. Todavia, nessa posição de terceiro, ela não se desliga completamente do que está sendo dito, como mostra o seguinte trecho:

<table>
<tr><td colspan="2">(17) 1 ano e 6 meses: Enquanto a mãe e a irmã conversam, DAN, ainda no colo da mãe, brinca com um boneco, sem dar sinais de estar acompanhando a conversa. Além disso, sua mãe se prepara para escutar música.</td></tr>
<tr><td>LAU: c'est ma (xxx) c'est ma cassette NON NON NON!
[DAN lève les yeux brièvement puis retourne à sa manipulation de la figurine]</td><td>é minha [incompreensível] fita cassette NÃO NÃO NÃO!
[DAN levanta brevemente os olhos e depois volta a brincar com o boneco]</td></tr>
<tr><td>LAU: oh mais moi j(e) veux voir mon film!
[DAN lève la tête, regard sérieux devant lui]</td><td>oh, mas eu eu quero ver meu filme. [DAN levanta a cabeça, com o olhar sério]</td></tr>
</table>

A posição do menino é digna de atenção. Ele cedeu seu lugar de interlocutor privilegiado da mãe e parece envolvido em uma atividade não verbal. Contudo, não parece estar totalmente alheio a essa troca verbal. Por meio dos movimentos da cabeça e de olhares, manifesta que está receptivo aos acontecimentos do diálogo, fazendo parte dele como participante não ratificado (Goffman, 1988).

Essa posição pode ser modificada no decorrer do diálogo. DAN, particularmente, reage de modo mais imediato quando se sente envolvido, como se vê na sequência da situação anterior.

(18) 1 ano e 6 meses	
MÃE: [à LAU] anda busca tu chompa [***DAN regarde*** *sa soeur, l'air* ***sérieux****. LAU court vers sa chambre, DAN la suit du regard. Il descend du canapé, sa mère l'aide. Il court en direction de la chambre*]	[para LAU] vá buscar teu casaco [***DAN olha*** *para a irmã com um ar de* ***seriedade****. LAU corre na direção do quarto, DAN a segue com o olhar. Ele desce do sofá com a ajuda da mãe e corre na direção do quarto*]
DAN: (ijo!) "abrigo"	(ijo!) "casaco"

Inicialmente, DAN reage ao enunciado da mãe – que não foi dirigido a ele – e, em um segundo momento, ao fato de a irmã ter saído para procurar o casaco. Essa situação adquire sentido para ele a partir de diversas fontes verbais e não verbais. Contudo, no que diz respeito a seu envolvimento ou sua indiferença em relação a essa interação específica, sua reação nos faz ter uma ideia do complexo estatuto de funcionamento das significações que circulam no diálogo familiar. As significações relevantes para a criança não são necessariamente aquelas a ela diretamente endereçadas. A criança, talvez o segundo filho ainda mais, encontra-se muitas vezes nessa dupla posição de implicação e de não implicação. Ela pode, através de sua atividade e de sua atitude corporal, manifestar certa indiferença, mas se trata de uma indiferença parcial, uma vez que, simultaneamente, registra os discursos e as ações dos outros.

Foi só um pouco mais tarde, no meu *corpus*, aos 2 anos de idade de DAN, que foi constatado outro modo de reação que implica uma forma de inscrição dialógica mais direta.

(19) 2 anos: *DAN aponta na direção da janela.*	
DAN: o o ja. [pour lui?] a va ʃeʃe §XX§	o o ja. [para ele] a va pocurá "vai procurar"
LAU: ¿on va bientôt? à Montclus, tu sais Anne?	em breve nós vamos para Montclus, você sabe Anne?
OBS: mmm oui	aham sim
LAU: y aura ma copine Sarah Nounette	com minha amiga Sarah Nounette
OBS: oui je sais	sim, eu sei
LAU: on va aller voir Louise	vamos ver Louise
OBS: Louise aussi vous allez voir?	Louise também vocês vão ver?
LAU: oué	sim
DAN: {a/ɛ}ma	{a/ɛ}eu
OBS: toi aussi?	você também?
DAN: we	sim

Nesse momento, DAN, que parece a princípio absorto com algo fora da conversação, põe-se a acompanhar a troca entre a irmã e a observadora, até que finalmente começa a fazer parte dela sem ter sido chamado. Esse tipo de conduta provavelmente assinala a possibilidade de a criança participar espontaneamente de contextos interlocutivos mais complexos em situações em que anteriormente ficava um tanto acanhada.

Heterogeneidade do espaço discursivo

Todos esses diferentes exemplos suscitam questões sobre a natureza do espaço discursivo que se constrói ao longo das trocas em família. Não há motivo para considerar as sequências focalizadas como os únicos momentos em que a criança aprende a dialogar, nem os encadeamentos homogêneos como o único lugar de continuidade e de expressão de uma construção discursiva conjunta. A criança manifesta muito cedo sensibilidade à complexidade das redes de significação tecidas no decorrer dessa diversidade de trocas. As interações dos outros, em especial, não constituem somente um mero pano de fundo para a atividade da criança, mas fazem parte de contexto ativo ou pertinente para a atividade interativa.

Ao mesmo tempo, devido a essa heterogeneidade, os riscos de mal-entendidos, compreensões errôneas e desencontros são provavelmente mais importantes do que sugere a literatura. Logo, não se pode pensar no desenvolvimento do diálogo como linear e unidirecional. Aprender a dialogar é também aprender a participar desses contatos imperfeitos e a jogar com os riscos da construção do espaço discursivo.

Correlativamente, parece que as sequências sobre as quais se efetua a maior parte das observações a respeito do desenvolvimento do diálogo e da linguagem infantil constituem-se espécies de ilhas de estabilidade em um conjunto mais instável, mais heterogêneo e bem mais complexo. Algumas questões permanecem, desse modo, em aberto: em quais contextos a criança se apropria das propriedades do diálogo? Quais são as competências específicas a que cada tipo de situação dá origem? Em outros termos, o que acontece com as crianças que apresentam problemas no desenvolvimento da linguagem? As características de sua inscrição dialógica seriam, entre outras coisas, a consequência de uma dificuldade de administrar ou de se inscrever nessa heterogeneidade?

Notas

1 Entre as chaves colocamos todas as transcrições das quais não temos certeza.

2 {oke} poderia corresponder ao "porque" espanhol ("*porque*").

3 Abordaremos este aspecto do desenvolvimento dialógico mais adiante.

4 No lugar do nome do pediatra.

Bibliografia

BAKHTIN, M. *Esthétique de la création verbale*. Paris: Gallimard, 1984.

BLOOM, L. *One word at a time*. The Hague: Mouton, 1973.

BLOOM, L.; ROCISSANO, L.; HOOD, L. Adult-Child Discourse: Developmental Interaction between Information Processing and Linguistic Knowledge. *Cognitive Psychology*, 8, 1976, pp. 521-52.

BRUNER, J. Contexts & formats. In: MOSCATO, M.; PIÉRAULT-LE BONNIEC, G. (éd.). *Le langage. Construction et Actualisation*. Rouen: Université de Rouen, 1984, pp. 69-79.

FRANÇOIS, F. *Pratiques de l'oral. Dialogue, jeu et variations des figures du sens*. Paris: Nathan pédagogie, 1993.

FRANÇOIS, F.; HUDELOT, C.; SABEAU-JOUANNET, E. *Conduites linguistiques chez le jeune enfant*. Paris: PUF, 1984.

GOFFMAN, E. La situation négligée. In: WINKIN, Y. (éd.). *Les moments et leurs hommes*. Paris: Seuil, 1988, pp. 143-49.

HALLIDAY, M. A. K. Development of texture in child language. In: MYERS, T. (ed.). *The development of conversation and discourse*. Edinburg: Edinburg University Press, 1979.

MARCOS, H. *De la communication prélinguistique au langage. Formes et fonctions*. Paris: L'Harmattan, 1998.

MCTEAR, M. *Children's conversation*. Oxford/ New York: Basil Blackwell, 1985.

NINIO, A.; SNOW, C. *Pragmatic Development*. Boulder: Westview Press, 1996.

SCOLLON, R. A real early stage: an unzippered condensation of a dissertation on child language. In: OCHS, E.; SCHIEFFELIN, B. (ed.). *Developmental pragmatics*. New York: Academic Press, 1979, pp. 215-27.

SLAMA-CAZACU, T. Le dialogue chez les petits enfants. Sa signification et quelques-unes de ses particularités. *Bulletin de psychologie*, 247 XIX, 8-12, 1966, pp. 688-97.

______. Les échanges verbaux entre enfants, et entre adultes et enfants. In: BRONCKART, J. P. et al. (éd.). *La genèse de la parole*. Paris: PUF, 1977, pp. 179-229.

SNOW, C. The development of conversations between mothers and babies. *Journal of Child Language*, 4, 1977, pp. 1-22.

VENEZIANO, E. Echanges conversationnels et premières acquisitions langagières. In: BERNICOT, J.; CARON-PARGUE, J.; TROGNON, A. (éd.). *Conversation, interaction et fonctionnement cognitif*. Nancy: Presses Universitaires de Nancy, 1997a, pp. 91-123.

______. Processus conversationnels et constructivisme dans les débuts du langage. *CALAP*, 15, 1997b, pp. 99-113.

VENEZIANO, E.; SINCLAIR, H.; BERTHOUD, I. From one word to two words: repetition patterns on the way to structured speech. *Journal of child language*, 17, 1990, pp. 633-50.

VINCENT, D. Du dialogue au soliloque: des interactions plus ou moins conversationnelles. *Cahiers de Linguistique Française*, 16, 1995, pp. 53-68.

Diversão partilhada, humor e ironia

Alessandra Del Ré
Aliyah Morgenstern
Christelle Dodane
Heitor Quimello

O presente capítulo propõe-se a explorar o discurso da criança, aproximando os trabalhos em aquisição e o pensamento dialógico, a partir de um estudo sobre o discurso humorístico e irônico na linguagem infantil.

Dá-se aqui prosseguimento à procura da gênese do humor na criança (Del Ré, 2002, 2003, 2005, 2011; Del Ré, Morgenstern, 2010), partindo da hipótese de uma aparição precoce na produção linguageira infantil. Serão apresentados, portanto, novos resultados obtidos a partir de nosso *corpus* brasileiro, pertencente ao grupo NALingua, que trabalha em colaboração, especificamente nessa temática, com o grupo COLAJE (França).

Em um primeiro momento, apresentamos definições de humor contidas em alguns dicionários, chamando a atenção para certos aspectos importantes para o que consideramos como sendo o humor na linguagem da criança. Em seguida, por meio de uma breve síntese de trabalhos que trataram da emergência do humor na criança, situamos a nossa posição teórico-metodológica (*corpus*, categorias de análise etc.). Apresentamos, adiante, exemplos de produções de uma criança (GUS, de 24 a 42 meses), mostrando um percurso que vai da diversão partilhada à produção de enunciados humorísticos e irônicos. Insistindo na importância do contexto de produção do humor no ambiente que cerca a criança e que servirá de base para o que ela produzirá em seguida, expomos os resultados aos quais chegamos até o momento, além de uma espécie de "lista de ingredientes necessários" para a composição do humor infantil. Mas será que algumas definições de humor que encontramos em dicionários apontam para elementos dessa "lista"?

Como definir humor?

Apresentamos a seguir definições de três dicionários (*Houaiss*, *Larousse*, *TLFi*) em especial, que trazem aspectos que consideramos fundamentais para se entender o humor produzido pelas crianças:

- Derivação por extensão de sentido: comicidade em geral; graça, jocosidade; expressão irônica e engenhosamente elaborada da realidade; espírito. Derivação por metonímia: faculdade de perceber ou expressar tal comicidade (*Houaiss*, 2001).
- Estado de espírito que ressalta o caráter cômico, ridículo, absurdo ou insólito de certos aspectos da realidade (*Larousse*).[1]
- Estado de espírito zombador que chama a atenção, com distanciamento, de aspectos agradáveis ou insólitos da realidade (*TLFi*).[2]
- Tipo de situação, de um acontecimento que, ainda que represente um inconveniente, pode provocar riso (*Larousse*).[3]

Como se pode constatar (observar), há vários e diferentes aspectos a serem considerados no humor (cômico, ridículo, absurdo, insólito, distanciamento, riso) que se apresentam interligados. Apesar de necessitarem de um tratamento particular por suas diferentes nuances (Del Ré, 2011), por uma questão de foco para este capítulo, tratamos deles apenas como elementos que compõem, de um modo geral, o discurso humorístico.[4]

Mas, no que se refere ao humor produzido pela criança, poderia ser dito que ele tem o mesmo estatuto que o humor adulto? As mesmas características? Por todas as particularidades que reconhecemos na fala da criança em processo de aquisição da linguagem, somos levados a acreditar que não. Dessa forma, mostramos como esses aspectos podem ser encontrados no discurso infantil, para, em seguida, verificar em que medida ele se diferencia do humor adulto.

A infância do humor

Se existem muitos trabalhos sobre o humor adulto (Possenti, 1991, 1998 etc.; Travaglia, 1989, 1990), os trabalhos sobre o humor na criança são bastante raros. Com exceção feita ao trabalho de Figueira (2000), a maior parte dos estudos existentes baseia-se em uma perspectiva psicológica (Freud, 1905; Aimard, 1988; Bariaud, 1983; Feuerhahn, 1993; Garitte, 2005; Carrausse, 2009).

Alguns desses autores, assim como nós, se perguntaram sobre a emergência do humor na criança, mas as respostas evocam uma diversidade de pontos de vista: para Aimard (1988) e Carrausse (2009), a criança de 3 meses já está no caminho do humor ("pré-humor"), visto que ela já é capaz de reconhecer a voz e o rosto das pessoas que a cercam, criando um contexto que propiciará o surgimento do humor. Segundo Garitte (2005), uma forma de humor escatológico está presente no discurso da criança entre 2 e 3 anos de idade. Bariaud (1983) diz que antes dos

4 anos a criança não pode explicitar o sentimento do que é engraçado; por isso, a autora realiza um estudo com crianças a partir dos 7 anos de idade. Finalmente, Figueira (2000) constata que, na maior parte dos episódios por ela analisados, a criança a partir dos 2 anos não parece ter a intenção de fazer rir e propõe que a produção de enunciados humorísticos estaria ligada a uma atividade metalinguística. Tal fato a leva a distinguir as produções de humor com e sem intencionalidade: quando não há sinais de haver intenção (consciente), por parte da criança, com a alteração linguística produzida em sua fala, i.e., quando a criança é indiferente ao efeito produzido por sua inovação, a autora afirma tratar-se então de um dado anedótico – e não de um dado humorístico.

Trazendo algumas questões levantadas por esses autores, como a ideia de intenção sugerida por Figueira, e em conformidade com alguns deles em relação à hipótese de um aparecimento precoce do humor, que envolve igualmente o escatológico, propusemos uma tipologia dos diferentes tipos de humor produzidos por crianças entre 4 e 6 anos (Del Ré, 2011). Constatamos que, de fato, ao contrário do que propôs Bariaud, por exemplo, a partir dos 4 anos (precocemente), já é possível encontrar produções que levam em consideração o distanciamento, o contexto, a conivência e o presumido entre os interlocutores, um conjunto de elementos desencadeados por diferentes condutas linguageiras (explicação, jogos de linguagem etc.) que tornam a situação divertida, engraçada.

Diante disso, nos perguntamos então se seria possível encontrar dados ou traços desse humor em crianças mais novas; o que motivou a iniciar um novo projeto de estudo intercultural com crianças brasileiras e francesas, a partir dos 11 meses de idade. Ao perseguir as primeiras manifestações de humor em gravações realizadas periodicamente (uma vez ao mês, desde o nascimento da criança), verificamos que era possível identificar a emergência desse humor em produções que suscitam o divertimento partilhado logo que a criança começa a falar (Del Ré, Morgenstern, 2010). Ainda com poucos meses de vida, a criança parece estar à procura de um divertimento "a dois" ou "a três", procura esta que, pouco a pouco, toma a forma de uma intencionalidade partilhada (Tomasello et al., 2005) entre os interlocutores. Voltaremos mais adiante a essa questão.

O ponto de partida teórico

O humor só pode se exprimir e encontrar seu verdadeiro sentido na sua relação com o outro e em algumas relações sociais. A partir da concepção da instauração do humor em dois momentos, inicialmente pela sinalização de uma compreensão partilhada e, em seguida, pelas produções linguageiras, mostraremos como a criança passa do estado de divertimento partilhado à produção de humor em um primeiro momento, isto é, quando e como ela produz enunciados que aos poucos ganham essa intencionalidade em relação ao outro e é bem-sucedida. Em algumas dessas produções humorísticas feitas pelas crianças, nos deparamos igualmente com as que identificamos como sendo irônicas e que, por sua peculiaridade e seu refinamento, acreditamos que mereçam um espaço para discussão, ainda que, neste momento, nosso objetivo seja apenas apontar alguns caminhos.

Para conduzir tal estudo, partimos de um referencial teórico ancorado nos trabalhos de Bakhtin e do Círculo (Bakhtin, 1988, 1997, 1999) e em autores que, de alguma forma, trataram do processo de aquisição da linguagem e com os quais se pode estabelecer um diálogo, a saber, Vygotsky (2008), Bruner (2004, 2007), Anne Salazar-Orvig (1999, 2010a, 2010b) e François (1984, 1989, 2009, 2006).

Tal perspectiva nos permite considerar na análise dos dados elementos que estão intimamente ligados à produção linguageira, como a enunciação e a modificação do contexto pelo elemento "humor". Consideramos, igualmente, a formação sócio-histórica da linguagem, o encadeamento e os movimentos discursivos, os elementos verbais e não verbais, a situação de comunicação, o dialogismo, o sujeito, os gêneros do discurso e a alteridade.[5]

Para se pensar todas essas questões, tomamos como ponto de partida uma noção de língua concebida aqui enquanto materialidade viva, veículo de significações ideológicas e estabelecida histórica e socialmente. Só é possível entendê-la no fluxo da comunicação verbal (dialógica) como algo que se constitui continuamente dentro da corrente comunicativa (Bakhtin/Voloshinov, 1988). Ela é revestida de enunciados de natureza social e dialógica, que carregam significados socialmente construídos e, portanto, nunca são neutros. E, considerando que todo enunciado é resposta a outro enunciado, o discurso, onde ele figura, é apropriação, reformulação e reiteração da fala do outro. Essa concepção de língua que coloca foco na interação (sócio)verbal permite aperfeiçoar, diferenciar e aprimorar qualquer conteúdo ideológico. Os signos que compõem essa língua não só possibilitam descrever o mundo, mas também interpretá-lo sob formas variadas. Ou seja, só podem ser compreendidos em sua natureza plurívoca. Nesse sentido é que se diz que as significações são construídas pelos homens, histórica e socialmente.

É importante que se diga que, embora o objetivo maior de Bakhtin e dos demais autores do Círculo fosse propor reflexões sobre a linguagem, e não discorrer sobre o processo de aquisição de língua materna, acreditamos que as ideias por eles propostas podem, com propriedade, estar disponíveis para se pensar sobre as questões que se colocam para a área, visto que ao estudar a linguagem da criança, seja pelo discurso humorístico ou por qualquer outro recorte que façamos dela, estamos tratando da linguagem humana (François, 2006).

Atenção conjunta, atenção partilhada, intencionalidade partilhada e teoria da mente

Os estudos em Aquisição da Linguagem têm mostrado cada vez mais a necessidade de se levarem em conta diferentes aspectos desse processo e, ao mesmo tempo, ressaltam a dificuldade de observá-los de um único ponto de vista. Trata-se de um processo que envolve questões de natureza biológica, neuronal, cognitiva, sociocultural, entre outras. Alguns objetos de estudo, dada a sua natureza, explicitam mais ou menos tais relações. Esse parece ser o caso do humor. A análise dos dados humorísticos produzidos pelas crianças tem nos levado a uma impossibilidade de dissociação entre o discursivo e o cognitivo. O pivô dessa reflexão está no elemento intencionalidade observado nesses dados; por essa razão, pela multiplicidade de definições que ele pode evocar, requer certas explicações.

De acordo com Tomasello (2005), os bebês de 6 meses de idade interagem com objetos (seguram, manipulam) e pessoas, em rituais diádicos (a dois), como levantar os braços para que o adulto o pegue no colo – comportamento muito próximo, segundo ele, ao dos chimpanzés. Por volta dos 9 meses, novos comportamentos e relações se apresentam. Pela primeira vez pode-se falar em *atenção conjunta* em relação ao que os bebês e os adultos olham; a relação passa a ser triádica (criança, adulto e objeto) e em engajamento conjunto, na medida em que a criança participa durante mais tempo da interação social em torno de um mesmo objeto. Por volta de 1 ano de idade, a grande revolução: os bebês são capazes de compreender que as pessoas que os cercam são, como eles próprios, seres intencionais. Temos de um lado, assim, a criança que aprende a mostrar alguma coisa ao outro observando o adulto, compreendendo o objetivo comunicativo de seu gesto, e, de outro, o adulto tentando levá-la a compartilhar sua atenção em relação a alguma coisa, um objeto; é a partir desse exercício que a criança tentará reproduzir, em seguida, o ato comunicativo intencional do adulto (compartilhar o símbolo). Pouco após os 12 meses, as crianças começam a aprender por imitação a mostrar as coisas; elas aprendem a convenção cultural de apontar, suas significações intencional e atencional. O desenvolvimento da comunicação linguística, simbólica, especificamente humana, intersubjetiva, se ancora na cognição social: a atenção conjunta, o ato de apontar, a alternância de papéis subjazem a uma compreensão das intenções comunicativas. Entre 12 e 18 meses, há o desenvolvimento da compreensão de diferentes tipos de intencionalidade partilhada, implicando a interação colaborativa e a comunicação simbólica. A noção de intenção em Tomasello está ligada ao fato de, ao se ver alguém executando movimentos com um pano sobre uma janela, por exemplo, pensar-se que ele está limpando a janela, e não simplesmente que faz movimentos circulares na superfície dessa janela.

> A primeira etapa acontece na idade de um 1 ano, quando as crianças aprendem que as pessoas são agentes intencionais; essa aquisição abre para elas novas capacidades de aprendizagem cultural e lhes permite acessar a intencionalidade partilhada. Esta etapa inicial é a mais importante considerando que ela proporciona às crianças pequenas participarem de atividades culturais, por exemplo a comunicação linguística e o faz de conta, utilizando símbolos partilhados cuja dimensão convencional/normativa/reflexiva marca o início da compreensão das coisas mentais. O domínio do conceito de crença e a participação na intencionalidade coletiva que manifestam as crianças de 4 anos – que lhes permite dar sentido a fenômenos como o dinheiro ou o casamento – são o resultado de vários anos passados a trocar seus pontos de vista com o *autrui* e a participar em discursos reflexivos balizados de atitudes proposicionais. (Tomasello et al., 2005)

E ainda:

> Pela imitação, uma pessoa flui, desliza em uma outra. Um deslizamento imaginário pelo qual o eu se constrói (cf. Barteau 2008) e se torna possível pelo tipo especificamente humano de intersubjetividade. Esta se desenvolve, segundo Tomasello et al. (2005), da atenção partilhada à intencionalidade partilhada; seu motor é a *motivação em compartilhar experiências físicas, as percepções, as intenções e os objetivos em relação aos outros* – um *desejo* do outro. Nos turnos de imitação, a criança e o adulto tomam e retomam cada um a voz do outro, jogos de formas, de perspectivas, de percepção e de significações. Além disso, a forma vocal convida a criança a fluir nela, torna mais fácil seu deslizamento, e assim o acesso aos primeiros atos de linguagem (Bruner, 1975). (Barteau, 2008: 17)

De acordo com Baron-Cohen (1995), antes dos 9 meses, dois módulos estão ativos na mente da criança: um detector de intencionalidade (ID) e um detector de direção do olhar (EDD). Esses dois módulos, segundo essa perspectiva, produzem representações diádicas. Por volta de 11 meses, a criança começa a adquirir algumas palavras graças ao mecanismo de atenção conjunta espontânea que lhe permite seguir o olhar do adulto. A partir de 18 meses, o mecanismo de atenção partilhada (SAM) é ativado: a criança segue o olhar do adulto e, em seguida, opera um vaivém entre o adulto e o objeto, produzindo representações triádicas.[6] O módulo da teoria da mente (ToMM) é instaurado a partir dessas representações triádicas, que lhe servem de *input*.

Proposta inicialmente pelos psicólogos Premack e Woodrulf, em 1978, em um artigo intitulado "Does the chimpanzes have a theory of mind?", a teoria da mente serviu de base para uma série de trabalhos, sobretudo nas áreas da Psicologia Cognitiva e da Educação, e, mais recentemente, o termo tem procurado explicar alguns fenômenos, como o autismo. Mas, no que se refere às patologias, há muitas controvérsias.

A teoria da mente propõe uma habilidade de se atribuir, a outra pessoa e a si próprio, crenças, conhecimentos ou estados mentais, sejam eles verdadeiros ou falsos. Trata-se da capacidade de interpretar ou antecipar ações de outros indivíduos. A teoria da mente liga-se à ideia de intencionalidade: para se ter uma teoria da mente, tal qual proposta pelo autor, seria preciso saber que os indivíduos possuem um comportamento determinado por objetivos (intencionalidade) e também um ponto de vista diferente do nosso em relação ao mundo. A teoria da mente serviria para compreender os outros e, se possível, controlá-los. É importante destacar no pensamento desses autores resultados de pesquisas que apontam para o fato de ser própria do ser humano a capacidade de atribuir intenções (conhecer a mente do outro a fim de fazer predições). Ainda destacamos dessa perspectiva a hipótese forte de que a consciência de si pelo reconhecimento do outro[7] está ligada à capacidade de pensar (representar) sobre o próprio pensamento. Baron-Cohen (1995) acredita que antes dos 4 anos a teoria da mente é incompleta ou inexistente na criança, visto que ela ainda não seria capaz de manter esse distanciamento para atribuir intenções e reconhecer no outro possibilidades de pontos de vista diferentes do seu.

Apesar de todas as controvérsias que trabalhos como os anteriormente descritos podem gerar, interessam-nos, antes, os processos cognitivos relatados e a noção de "intenção" que trazemos para este capítulo. O termo intencional é aqui entendido na relação que se estabelece entre a intenção partilhada (Tomasello et al., 2005) e a teoria da mente.

Acreditamos que a intencionalidade seja uma peça-chave para se acessar o humor (e a ironia) – e é isso que tentamos mostrar nos exemplos a seguir. Sendo assim, persistindo em nossa busca pela gênese, em trabalhos já desenvolvidos por nós (Del Ré, 2003/2011, 2010) perguntamo-nos:

- É possível falar em humor na linguagem da criança com menos de 4 anos de idade? Se sim, de que tipos são esses enunciados?
- Quais são as marcas de emergência desse humor e de que forma elas são verbalmente expressas pelas crianças?
- Há alguma relação entre as produções humorística e irônica? Se sim, qual a sua natureza?

O *corpus*, o tratamento dos dados

Para responder a essas questões e recuperar as produções de divertimento partilhado e de humor/ironia infantil, visto que a criança pode produzir enunciados que são divertidos para nós, adultos, mesmo sem ter tido a intenção de nos fazer rir, podemos nos apoiar em suas próprias marcas de divertimento (riso, sorriso...) para identificar os enunciados que nos interessam analisar.

Assim, no momento da seleção dos enunciados, no mínimo, precisamos de marcas de divertimento da criança ou de um dos pais, ou dos dois. Se, no humor adulto, essas marcas não estão sempre presentes, ao contrário, a observação dos fatos linguísticos de que dispomos nos permite afirmar que elas são mais frequentes (ou necessárias?) na produção humorística da criança.

Para a discussão que propomos aqui, trazemos o resultado da análise dos dados[8] de uma criança brasileira (GUS – Grupo NALingua/CNPq) em situações de interação natural com seus pais. Trata-se, portanto, de um estudo qualitativo, que busca na singularidade a explicação para os fatos de linguagem (Del Ré, Hilário, 2014).

Desse *corpus* mais amplo, fizemos um recorte para este trabalho que vai dos 24 aos 42 meses de idade. Para cada uma das quatro gravações, selecionamos todas as sequências que compreendiam no mínimo um riso/sorriso, da criança ou do adulto, seguido de um enunciado. No total, foram analisados 60 enunciados de GUS. Com base nesses dados, é possível observar no quadro a seguir que o número de produções no caminho do humor vão aumentando com a idade:

GUS	Enunciados
24 meses	6
30 meses	12
36 meses	19
42 meses	27
Total	**64**

A partir de nosso referencial teórico e dos dados com os quais fomos confrontados, para além do divertimento partilhado, chegamos à elaboração de sete categorias que são analisadas e que compõem o que chamamos de humor. Assim, para que haja humor é necessário observar:

1) De quem é a *iniciativa* de produção do enunciado humorístico; se da criança ou do adulto. Verificamos em um primeiro momento algumas produções de iniciativa adulta, motivo pelo qual acreditamos que suas condutas linguageiras, de um modo geral, servem de referência para a criança.

2) *Marcas de divertimento:* podem ser o riso, um sorriso, manifestações mais enfáticas como dar saltos de excitação etc. Foi, então, a partir dessas marcas não verbais – associadas a produções verbais que se sucederam – que pautamos nossa busca nos enunciados infantis.
3) O *movimento discursivo* deve criar uma verdadeira ligação entre a situação e um enunciado ou ainda entre dois enunciados de dois interlocutores diferentes ou do mesmo locutor, a partir do momento em que seu interlocutor se torna cúmplice do diálogo.
4) Para que a *conivência* (Salazar-Orvig, 2003) seja criada, é preciso que a assimetria entre o adulto e a criança não seja ativada e que haja um saber partilhado, uma atmosfera propícia à cumplicidade.
5) Para a *descontinuidade*, é preciso que haja uma ruptura em relação ao diálogo em curso. Essa ruptura provoca em geral um sentimento de estranhamento, de surpresa (Freud, 1969), que é liberado pelas marcas de divertimento.
6) Para a *atenção conjunta*, é preciso que o alvo do qual se fala seja partilhado (visualmente, mentalmente).
7) No que se refere à *intencionalidade*, interessa-nos mostrar que a criança tem a intenção de divertir o outro (seu interlocutor) e a si próprio. Trata-se do último elemento a aparecer nesse percurso da criança, que vai do divertimento partilhado ao humor discursivo infantil.

Humor para adulto rir...

Em um primeiro momento, observamos as produções que são engraçadas apenas para os adultos; elas não têm adesão da criança porque ainda são muito elaboradas em termos de conhecimentos de mundo. Trata-se, portanto, de uma produção humorística que se baseia em enunciados infantis, e, ao se apoiar nessas produções, o pai ou a mãe podem deslocá-la para outro contexto que só outro adulto poderá compreender.

Exemplo 1: O pai pergunta a GUS (2 anos e 6 meses) se ele sabe com o que se parece um carrinho que está brincando naquele momento, e a criança responde prontamente "Sarney", o que faz rir o pai e o pesquisador presente.

O carrinho de GUS tem bigodes como assim como o ex-presidente brasileiro Sarney, daí a brincadeira. Obviamente, se trata da fala do pai no discurso do filho, visto que a criança ainda não tem conhecimento dos presidentes, das críticas que podem estar por trás desse tipo de brincadeira etc. Não identificamos, portanto, *conivência* na relação em termos de saber partilhado – embora haja uma atmosfera propícia para o aparecimento de humor no diálogo – nem marcas de divertimento ou intenção por parte da criança. Talvez, por se tratar de uma pergunta recorrente do pai, GUS já tenha notado o efeito que ela tem nos adultos, o que nos levaria a pensar em uma intenção de divertir o outro quando ele dá esse tipo de resposta. Contudo, de qualquer forma, resta a dúvida e, certamente, todo o conhecimento de mundo pressuposto/presumido para a real eficácia dessa produção não existe. Embora a produção em si tenha sido de GUS, a iniciativa de propor a produção do enunciado foi do pai, que sabia o que a criança responderia, visto que ele próprio havia ensinado seu filho a estabelecer essa relação – cômica, para ele, pai.

Nessa mesma linha de produções das quais só os adultos acham graça, temos os enunciados que são de fato produzidos pela criança, por iniciativa própria – e não como no caso anterior em que o pai a induz a responder a partir de uma pergunta que ele propõe e para a qual ensinou a resposta –, mas não parece ter havido intenção por parte dela em suscitar o riso no outro. É o que podemos chamar de *produções ingênuas* e que também apareceram em trabalho anterior, realizado com crianças de 4 a 6 anos (Del Ré, 2011), em grande proporção.

Exemplo 2: O pai pergunta a GUS (2 anos e 11 meses) quem deu um dos carrinhos com que ele está brincando. Ele diz que foi o Matteo, e o pai pergunta então onde ele mora, certo de que GUS responderia o local correto. Mas, para a surpresa do pai e da mãe, que, além da pesquisadora, também participava da situação, ele responde "no centro da cidade", o que, pelo caráter inesperado da produção, faz todos os que estão a sua volta rirem muito. GUS acaba por sorrir diante da explosão de risos que causou, mas fica claro na filmagem que ele não entendeu a razão da graça.

Como no exemplo anterior, não temos marca de real divertimento por parte da criança diante de sua própria produção. Talvez houvesse um conhecimento partilhado sobre o local onde seu amigo, Matteo, morava mas ele tenha se esquecido, pois sua produção não parece ter sido enunciada com o objetivo de fazer as pessoas rirem.

No caminho do humor...

O que se vê nas situações anteriormente descritas é algo que parece levar a criança a produzir esse tipo de enunciado, principalmente se considerarmos a fala dirigida a ele pelo pai, alguém com um grande senso de humor e cujos enunciados estão repletos de jogos de linguagem, independentemente de seu interlocutor (a criança, a esposa, os amigos). Nesse meio, a criança vai confrontando questões com as quais terá de lidar para poder efetivamente participar das situações de comunicação: adquirir mais conhecimento de mundo, vislumbrar no outro uma intenção, atribuir ao outro o desejo de criar aquele tipo de situação.

Nesse caminho, observamos sequências de risos entre adultos e crianças que se baseiam em jogos de sons, jogos de dar nome, entre outros. É importante ressaltar que não se trata de observar um caminho "evolutivo" em que elementos vão se somando gradualmente com a idade. Não há uma fórmula a ser ensinada de passos que devem ser dados para que essas produções aconteçam: são as diferentes possibilidades que o diálogo espontâneo proporciona à criança que traçarão esse caminho. Os ingredientes necessários para que esse humor se instaure não aparecem em uma ordem específica, pois dependem dos interlocutores, das situações, dos contextos etc. Isso significa que pode haver elementos que vão aparecer antes, outros depois, mas é a combinação deles a chave para o que chamamos de "verdadeiro humor", aquele que será totalmente compartilhado pelos interlocutores envolvidos no diálogo. É um desses caminhos que ilustramos a seguir por meio de GUS.

Exemplo 3: Aqui a situação é completamente *lúdica*, há uma troca na interação entre pai e criança que passa por um jogo de sons em que o adulto exagera a pronúncia da vibrante múltipla da palavra "carrão", atribuindo uma entonação e uma prosódia que dão o tom da brincadeira.

Nessa situação, GUS (2 anos) retoma a brincadeira do pai e vice-versa, em um jogo em que prevalece a atmosfera, a vontade de compartilhar. Não há, portanto, nenhum tipo de ruptura no que se refere à continuidade do diálogo; e a intenção – se houver, por parte da criança – é de permanecer nesse jogo, mas não parece haver *intenção* de fazer o outro rir, trata-se pura e simplesmente de um divertimento compartilhado.

Vejamos outro exemplo.

Exemplo 4: O pai de GUS (2 anos e 11 meses) lhe pergunta o nome de um dos carrinhos com os quais está brincando, mas a criança não se lembra. O pai tenta ajudá-lo a se lembrar; GUS tenta, mas não consegue, ele erra em todas as tentativas e isso faz os dois, adulto e criança, rirem.

Nesse episódio podemos identificar quase todos os elementos (seis dos sete anteriormente mencionados, a saber: de quem é a iniciativa, as marcas de divertimento, o movimento discursivo, a conivência, a descontinuidade e a atenção conjunta), com exceção da *intencionalidade*, já que não houve necessariamente intenção por parte da criança em fazer o pai rir. Ela estava tentando se lembrar do nome do carro, esse era o seu objetivo. O fato de a situação ter se tornado motivo de riso para os dois foi um acaso.

O mesmo não acontece em situações em que o tema escatológico é o objeto do riso. Nesse caso, em geral, a criança não consegue a adesão do adulto e produz esse tipo de enunciado, muitas vezes, ciente de que não deveria fazê-lo. Estamos no domínio da *transgressão*, de um comportamento inadaptado em relação ao que o adulto espera dele e isso parece fazer a criança rir. Vejamos essa situação no episódio a seguir.

Exemplo 5: Mãe e criança estão na sala, a mãe se lembra de que há uma foto de um gato que ela quer mostrar à pesquisadora e pede a GUS (2 anos e 6 meses) para procurá-la. Nesse momento, a criança ordena à pesquisadora: "Venha procurar a foto comigo", rindo.

A *transgressão* manifesta por uma inversão de papéis – já que, normalmente, cabe ao adulto dar as ordens – causa uma ruptura, uma descontinuidade no diálogo e na situação, o que faz GUS rir. A pesquisadora não toma isso como um "desacato", antes como uma brincadeira, embora não ria. Mas será que podemos dizer que houve por parte da criança intenção em conseguir adesão do outro? A resposta é negativa se pensarmos nos elementos linguísticos, em si, enunciados; apesar de o riso da criança abrir uma possibilidade de ela ter sido irônica, levantar uma dúvida e amenizar a situação.

Ainda nesse caminho do humor infantil, notamos outro tipo de situação bastante comum entre crianças, também identificada no *corpus* com crianças entre 4 e 6 anos (Del Ré, 2011), a *autocongratulação*. A criança pode se autocongratular demonstrando que tem orgulho de si, de algo que tenha feito ou dito, o que produz nela e/ou no adulto o riso.

Exemplo 6: A mãe pede a GUS (2 anos e 6 meses) para colocar a comida no prato do cachorro. Ele o faz e, logo na sequência, grita muito orgulhoso de si: "GUS-TA-VO!".

Isso faz todos à volta da criança rirem (mãe e pesquisadora) pela inesperada reação: ele fica muito feliz por ter conseguido executar a tarefa de dar comida para o cachorro, mas não se pode dizer que houve *intenção* dele em produzir algo que fizesse o outro rir. Temos, portanto, além da iniciativa da criança, um movimento discursivo que permite o desenrolar desse diálogo, *conivência* entre os interlocutores, *atenção conjunta* para a situação (a comida a ser dada ao cachorro), *descontinuidade* causada pela inesperada autocongratulação da criança; mas não houve uma marca de diversão por parte dela – apenas felicidade – ou intenção.

Premissas do humor

O exemplo anterior mostra-nos um caminho percorrido, mas que ainda necessita de alguns passos: no caso, a *intencionalidade* e as *marcas de divertimento*. No episódio a seguir, veremos a *mise en place* da *intencionalidade* em uma situação totalmente cotidiana e corriqueira. Mãe e criança estão na sala, brincando, e GUS (2 anos e 6 meses) quer que sua mãe coloque um filme na televisão para ele assisti-lo:

Exemplo 7:

[...]

(1) MÃE: você quer assistir o filme do macqueen tirando sujeira?

(2) GUS: é [pausa] pega o disco do macqueEEEnnn [começa olhando para a câmera e fala o final da palavra olhando para a mãe]

(3) OBS: [ri]

(4) MÃE: [sorri] lembra que você estragou o disco do macqueEEEnnn [imitando GUS, zombando]? lembra que você estragou? que o macqueen fica pulando o disco toda hora porque você estragou? né? [olha para a OBS e diz] ele arranca os filmes da capa e sai andando [rindo]

(5) GUS: ô ma/ô mamãe pega o disco do macqueEEEnnn [ele está olhando para o móvel da sala e quando fala o final da palavra vira-se para câmera]

(6) OBS: [ri novamente]

[...]

Quando retorna da escola, em geral, GUS costuma pedir à mãe para colocar um filme na televisão. Trata-se de algo que ele gosta de fazer. Normalmente, sua mãe tenta distraí-lo para que ele se divirta de outra forma, oferece outros brinquedos etc. Nesse episódio, GUS quer assistir ao DVD do MacQueen (*Carros*, Disney) e sua mãe tenta explicar que não dá porque ele está sujo e danificado. Não se sabe se a primeira vez nessa gravação em que GUS exagera no alongamento do final da palavra MacQueen é algo que ele já teria feito em outro momento que não temos registrado. Aparentemente, trata-se da primeira vez, já que isso parece causar surpresa na mãe também, uma descontinuidade no diálogo, algo inesperado que provoca o riso. Mas o que nos interessa é o segundo enunciado em que ele repete o procedimento de alongamento: ciente da reação que sua produção suscitara na pesquisadora e na mãe, ele retoma o enunciado e olha para a câmera, como se estivesse procurando a adesão. E, mais uma vez, consegue, com a pesquisadora. Com a mãe, que percebeu a "manobra" da criança, o diálogo continua, mas ela muda de assunto, pede a GUS para contar uma história para a pesquisadora.

Dos sete elementos elencados anteriormente para se considerar a produção como sendo humorística, faltariam, a princípio, as *marcas de divertimento*. Considerando nosso ponto de vista inicial de que para a criança esse seria um elemento importante, não estaríamos, então, diante de um enunciado humorístico. Entretanto, se considerarmos que nós, adultos, não necessitamos dessas marcas para a caracterização do discurso humorístico, poderíamos levantar a hipótese de que talvez a criança pudesse estar começando a se "desprender" dessa marca; talvez ela começasse a deixar de ser importante. De qualquer forma, não há meios de confirmá-la. O que importa é que a manifestação de todos os outros elementos, incluindo-se o de *intencionalidade*, faz desse tipo de produção algo que se aproxima do humor – se de fato não a considerarmos efetivamente humorística.

Humor... e ironia!

O próximo episódio dura cerca de cinco minutos. GUS (3 anos e 6 meses) está fazendo inalação porque está gripado. Ele agita os braços como se estivesse espantando a fumaça que sai do inalador e diz:

Exemplo 8:

(1) GUS: [ininteligível] esse fedor [rindo]. [olha para o pesquisador; diz isso mais duas vezes até que seu nariz começa a escorrer e ele quer tirar o inalador. Seu pai pede para ele mantê-lo e diz que vai limpar seu nariz. Ele limpa]

(2) PAI: põe [o inalador] para terminar

(3) GUS: uhn [pausa] uma delícia [espanta novamente a fumaça, sorri, fala com uma entonação diferente, tipicamente irônica]

(4) OBS: [ri]

(5) GUS: [ri logo em seguida, junto com a OBS, olhando para o pai]

(6) OBS: deve ser bom mesmo pra respirar, né?

(7) GUS: delícia, delícia! [espanta novamente a fumaça]

[...]

No início desse episódio, GUS diz o tempo todo que o vapor da inalação cheira mal e faz um movimento de dissipar a fumaça do aparelho. Quando, no turno 3, ele enuncia "uma delícia", sorrindo, com uma prosódia típica, sua produção nos leva a interpretar tal fala como sendo irônica. Vemos assim, além de todos os outros seis elementos que enumeramos anteriormente, uma vontade/*intenção* deliberada de fazer rir o outro e, igualmente, temos as marcas de diversão partilhada, o riso da criança e dos adultos.

É a partir do último exemplo que encontramos também o gancho para entender esse enunciado "uma delícia" como produção de ironia, pois como tal necessita, sobretudo, de uma intenção deliberada. É verdade que a intenção irônica não está ligada a fazer rir o outro, como nos aponta Brait (2008: 13) ao reconhecer que, para o estudo da ironia, se revela uma "necessidade de localizar com maior precisão a natureza e as funções de determinadas manifestações que, sendo de humor, não parecem necessariamente estar a serviço do riso, embora essa seja uma consequência inevitável". A intenção irônica está relacionada antes à deliberada vontade de veicular no discurso posições incongruentes. Sendo assim, enquanto a intenção humorística parece se direcionar para o *efeito* que um *ato de significar*[9] causará na relação dialógica entre o locutor e o(s) interlocutor(es), a intenção irônica se direciona para o próprio ato de significar, podendo a ironia servir a diversos efeitos, entre eles o humorístico.

O grande problema que se impõe para um estudo que busque delimitar as noções de *humor* e *ironia* surge com a inseparabilidade entre a intenção para com o efeito de um ato de significar e a intenção para com o ato de significar. *Grosso modo*, é impossível separá-las plenamente. Se pensarmos, por exemplo, sobre cada uma das sete categorias expostas anteriormente como necessárias para se falar em produção de humor, veremos que elas são interdependentes. Qualquer intenção cujo objetivo é o efeito humorístico liga-se necessariamente a uma intenção que vise ao ato de significar, e essa ligação, ao desenvolver-se nas práticas sociais, vai configurando as possibilidades de suas constituições. Ou seja, ainda que um falante tenha uma intenção irônica sem intenção humorística, para determinada produção, ele não pode evitar que o efeito dessa produção venha a ser o riso do outro. Do mesmo modo, qualquer intenção humorística é passível de se ligar com um ato de significar que possua uma configuração irônica, isto é, que veicule certa descontinuidade ou incongruência.

No caso do enunciado produzido por GUS, temos como incongruência a incompatibilidade da enunciação "uma delícia" com a situação de inalação que, na verdade, desagradava à criança. Assim, o enunciado "uma delícia", que "percebemos como pertencente a um gênero do discurso marcado por sua expressão típica" (Bakhtin, 1997: 309), sofre uma inflexão irônica. Bakhtin explica que "os gêneros do discurso, de uma maneira geral, prestam-se facilmente a uma modificação da inflexão – o triste passa a ser alegre –, mas daí resulta algo novo (por exemplo, o gênero de epitáfio engraçado)" (Bakhtin, 1997: 312). Essa inflexão, esse deslocamento, tem como resultado a alteração da entonação expressiva que teria o enunciado "uma delícia" se este fosse pronunciado em uma situação típica, o que pode ser constatado na prosódia da fala de GUS. Nesse exemplo, o que estamos chamando de *ato de significar*, em relação à ironia, seria a própria entonação expressiva do enunciado em questão, entendendo que esta não se restringe às configurações da prosódia, mas situa-se de uma forma mais ampla no discurso, como pudemos notar com a compreensão da inflexão do gênero discursivo.

Ao entendermos que a ironia está fundamentalmente relacionada com a *intencionalidade*, compreendemos também o porquê de a produção irônica ser verificada posteriormente, em relação a outras produções no "caminho humorístico" da criança, ainda que esta seja, na verdade, bastante precoce.

Para refletir

Uma abordagem dialógico-discursiva nos permitiu identificar as premissas do humor e da ironia na produção de enunciados de GUS. Em termos de generalização, não se pode dizer que esse seja o caminho de todas as crianças, mas ele nos dá algumas pistas desse percurso. A análise dos dados de outras crianças brasileiras e francesas, atualmente em desenvolvimento, certamente nos ajudarão a melhor traçar esse caminho.

Vimos que, inicialmente, aos 24 meses, há muitos mais casos de divertimento partilhado e jogos lúdicos na fala de GUS; em seguida, temos os risos do escatológico que aparecem, para então observarmos, aos 30 meses, as premissas do humor e, aos 36 meses, os elementos que vão compor o discurso humorístico-irônico infantil.

Nesse caminho, os componentes do humor discursivo vão sendo instaurados na relação dialógica com o outro: em um primeiro momento, o adulto toma a iniciativa, há menos conhecimento de mundo partilhado, ingenuidade nas produções, falta de intencionalidade por parte da criança, até que, finalmente – cada criança encontrando o seu percurso para chegar à composição dos elementos –, nos deparamos, no discurso da criança, com sete ingredientes que comporão o humor infantil:

- iniciativa da criança
- movimentos discursivos
- conivência
- marcas de divertimento
- atenção conjunta
- descontinuidade
- intencionalidade

sendo este último, em princípio, a peça-chave para o "coroamento" da produção. Em princípio, porque talvez essa intencionalidade possa nem sempre estar presente se considerarmos que o efeito humorístico pode surgir de um ato discursivo cuja intenção inicial não era essa. Por exemplo, as produções que denominamos ingênuas e para as quais parece não ter havido intenção da criança em fazer o adulto rir, mas que teve esse efeito devido à ruptura, à descontinuidade que seu ato causou no encadeamento discursivo. De qualquer forma, a análise dos dados realizada até este momento parece apontar para uma impossibilidade de se separarem os eixos discursivo e cognitivo.

Nesse sentido, retomando as definições que citamos no início deste capítulo e com base nos dados de GUS – os aqui mostrados, mas também outros que compõem seu *corpus* e que não puderam fazer parte deste capítulo –, podemos identificar o caráter cômico que ele emprega em suas produções, cada vez mais, de forma deliberada, o insólito da realidade que traz uma irrupção ao discurso,[10] e mesmo o distanciamento que lhe permitirá o deslocamento, a inflexão necessária para conseguir se expressar ironicamente.

Mas, para além desses elementos, o presente texto procurou explicitar o caminho percorrido na *mise en place* dos mecanismos – ao menos alguns deles – que estão por trás da elaboração dessas condutas humorísticas e/ou irônicas pela criança.

O que diferencia o humor adulto do infantil, além, claro, do nível de conhecimento de mundo (o que vai trazer diferenças nos tipos de enunciados produzidos – nas crianças, o escatológico; no adulto, a crítica social etc.), em termos de funcionamento discursivo, são as marcas de divertimento que, como dissemos, acreditamos servir, inicialmente, de referência para as produções das crianças – o adulto pode inferi-las, dispensá-las...

Finalmente, no que se refere à relação entre a produção humorística e/ou irônica da criança, se consideramos que a primeira conduta baseia-se no *efeito* que um *ato de significar* causará na relação dialógica entre o locutor e o(s) interlocutor(es), e que a segunda conduta se volta ao próprio ato de significar, onde estaria o elo entre as condutas e que faz com que, algumas vezes, as produções sejam humorísticas e irônicas? Não temos ainda elementos suficientes para uma resposta definitiva a essa questão, mas nossas reflexões iniciais apontam para a existência de uma intersecção entre os dois tipos de conduta pelo mecanismo que denominamos "descontinuidade". A ironia seria uma das formas de se chegar à descontinuidade, e o humor poderia se valer de outros atos discursivos; a ironia estaria ligada ao ato em si de significar, e o humor poderia ser efeito desse e de outros atos. De qualquer forma, são questões que ainda precisam ser mais exploradas.

Não trazemos, portanto, um fechamento para este tema, mas, antes, esperamos ter contribuído para as inúmeras discussões que dele podem surgir, auxiliando para que se desvendem – ainda que parcialmente – o processo de aquisição dessas produções humorística infantis.

Notas

[1] Tradução nossa.
[2] Tradução nossa.
[3] Tradução nossa.
[4] Para mais informações sobre os termos aparentados ao humor, consultar Del Ré, 2011.
[5] Tais reflexões teóricas empreendidas para a área de aquisição foram exploradas em trabalho anterior pelo grupo GEALin/NALingua (Del Ré, Mendonça, Paula, 2014).
[6] De acordo com o autor, a criança autista não manifesta espontaneamente essa atenção conjunta, o que bloquearia o aparecimento ou a ativação da atenção partilhada.
[7] Na perspectiva teórica assumida neste livro, o eu só existe em relação ao outro, à alteridade.
[8] Como consta da apresentação deste livro, os dados foram transcritos com base no CHAT/CLAN, a partir de uma adaptação feita para o português (Hilário et al, 2012); mas, para facilitar a leitura dos dados, os símbolos que compõem esse formato de transcrição foram eliminados.
[9] Estamos propondo este termo em sentido amplo, que pode compreender tanto a produção arquitetônica completa de um enunciado, seja ele verbal (oral ou escrito) ou não verbal (como gestos e sons extralinguísticos), quanto de suas partes decomponíveis, como a entonação expressiva de uma única palavra ou oração dentro de um enunciado, a escolha de um gênero do discurso etc.
[10] Algo inesperado que surge no discurso.

Bibliografia

Aimard, P. *Les bébés de l'humour*. Liège-Bruxelles: Pierre Mardaga, 1988.

Bakhtin, M.; Voloshinov, V. N. *Marxismo e filosofia da linguagem*. Trad. Michel Lahud e Yara Frateschi Vieira. 4. ed. São Paulo: Hucitec, 1988.

______. *Estética da criação verbal*. São Paulo: Hucitec, 1997.

______. *A cultura popular na Idade Média e no Renascimento*: o contexto de François Rabelais. Trad. Yara Frateschi Vieira. 4. ed. São Paulo: Hucitec, 1999.

Bariaud, F. *La genèse de l'humour chez l'enfant*. Paris: Presses Universitaires de France, 1983.

Baron-Cohen, S. *Mindblindness*: an essay on autism end theory of mind. Cambridge: MIT Press, 1995.

Barteau, M. C. Pour une notion de forme linguistique comme forme vécue. Une approche avec Jakubinskij, Vološinov et Vygotskij. *Cahiers de l'ILSL*, n. 24, 2008, pp. 5-28.

Brait, B. *Ironia em perspectiva polifônica*. Campinas: Editora da Unicamp, 2008.

Bruner, J. *Le développement de l'enfant*: savoir faire, savoir dire. Paris: PUF, 2004.

______. *Como as crianças aprendem a falar*. Trad. Joana Chaves. Lisboa: Horizontes Pedagógicos, 2007.

Carrausse, S. et M. L'enfance du rire. *Humoresque*, 30, 2009.

CNRS – Centre national de la recherche scientifique. Le Trésor de la Langue Française informatisé – TLFi. Disponível em: <http://atilf.atilf.fr/>. Acesso em: 8 abr. 2013.

Del Ré, A. Conivência e humor nas interações criança-adulto e criança-criança In: *Afinal, já sabem para que serve a Linguística?* São Paulo: SDI/FFLCH/USP, 2002, pp. 177-88.

______. L'explication et l'humour chez le jeune enfant. *La linguistique*, v. 39, 2003, pp.75-91.

______. Les conduites explicatives et métalinguistiques dans le discours humoristique enfantin. In: Colloque International en Sciences du Langage, Paris. *Actes du Colloque International en Sciences du Langage*. Paris, 2005, pp.113-6.

______. *A criança e a magia da linguagem*: um estudo sobre o discurso humorístico. São Paulo: Cultura Acadêmica, 2011.

Del Ré, A.; Hilário, R. N.; Mogno, A. S. Aquisição da linguagem: a singularidade, a recorrência, as generalizações. In: Del Ré, A.; Paula, L.; Mendonça, M. C. (orgs.). *A linguagem da criança*: um olhar bakhtiniano. São Paulo: Contexto, 2014.

Del Ré, A.; Morgenstern, A. To laugh or not to laugh: that is the question. Les premières manifestations de l'humour chez l'enfant. In: *IADA 2009 – Polyphony and Intertextuality in Dialogue*. Barcelona: University of Münster, v. 2., 2010, pp. 41-54.

Del Ré, A.; de Paula, L.; Mendonça, M. C. *A linguagem da criança*: um olhar bakhtiniano. São Paulo: Contexto, 2014.

Feuerhahn, N. *Le comique et l'enfance*. Paris: Presse Universitaires de France, 1993.

FIGUEIRA, R. A. Dados anedóticos: quando a fala da criança provoca o riso... Humor e aquisição da linguagem. *Língua e instrumentos linguísticos*, Campinas, v. 6, 2000, p. 27-61.

FODOR, J. A theory of the child's theory of mind. Folk Psychology. *Readings in mind and language*, Davies, Stone, T. Cambridge: Blackwell publishers LTD, 1995.

FRANÇOIS, F. O que nos indica a "linguagem da criança": algumas considerações sobre a "linguagem". In: DEL RÉ, A. *Aquisição da linguagem*: uma abordagem psicolinguística. São Paulo: Contexto, 2006.

______. Langage et pensée: dialogue et mouvement discursif chez Vygotsky et Bahktine. *Enfance 1-2*. Paris: PUF, 1989.

______. *Morale et mise en mots*. Paris: L'harmattan, 1994.

FRANÇOIS, F.; HUDELOT, C.; SABEAU-JOUANNET, É. Conduites linguistiques chez le jeune enfant. Paris: PUF, 1984.

FRANÇOIS, F. *Essais sur quelques figures de l'orientation*: hetetogénéité, mouvements et styles. Paris: Editions Lambert-Lucas, 2009.

FREUD, S. Os chistes e sua relação com o inconsciente. Trad. Jayme Salomão. In: *Edição standard brasileira das obras completas de Sigmund Freud*. v. VIII. Rio de Janeiro: Imago, 1969. (1. ed. 1905)

GARITTE, C. La scatologie qui fait rire des enfants. Rires scatologiques, *Humoresque*, n. 22, 2005.

HILÁRIO, R. N. et al. O CHAT e o CLAN como ferramentas metodológicas nos trabalhos em aquisição da linguagem. In: *Na língua do outro*: estudos interdisciplinares em aquisição de linguagens. São Paulo: Cultura Acadêmica, 2012, v. 1, pp. 329-48.

HOUAISS, A.; VILLAR, M. S. *Dicionário Houaiss da Língua Portuguesa*. Rio de Janeiro: Objetiva, 2001.

LAROUSSE. Disponível em: <http://www.larousse.fr/dictionnaires/francais-monolingue>. Acesso em: 8 abr. 2013.

PLARISSE CULTURAL. Grande Dicionário Larousse Cultural da Língua Portuguesa. São Paulo: Nova Cultural, 1999.

POSSENTI, S. Pelo humor na linguística. *D. E. L. T. A.*, v. 7, n. 2, 1991, pp. 491-519.

______. Fazendo as palavras render: o inconsciente é infantil? *Revista de Estudos da Linguagem* (UFBH), n. 2, 1994.

______. *Os humores da língua*: análises linguísticas de piadas. Campinas: Mercado de Letras, 1998.

PREMACK, D.; WOODDRULF, G. Does the chimpanzes have a theory of mind? *BeHav. Brain Sci.*, 1978.

SALAZAR-ORVIG, A. *Les mouvements du discours*: style, référence et dialogue dans des entretiens cliniques. Paris: L'Harmattan, 1999.

______. Eléments pour l'analyse de la connivence dans le dialogue. In: BONDI, M.; STATI, S. *Dialogue Analysis 2000. Selected papers from the 10th IADA Anniversary conference, Bologna 2000*. Tübingen: Niemeyer, 2003, pp. 339-50.

SALAZAR-ORVIG, A. et al. Dialogical beginnings of anaphora: the use of third person pronouns before the age of 3. *Journal of Pragmatics*, 42, 2010a, pp. 1842-65.

______. Dialogical factors in toddlers' use of clitic pronouns. *First Language*, 30(3-4), 2010b, pp. 375-402.

TOMASELLO, M. et al. Understanding and sharing intentions: the origins of cultural cognition. *Brain and Behavioral Sciences*, 28, 2005, pp. 675-91.

TOMASELLO, M.; RAKOCZY, H. Qu'est-ce qui rend la cognition humaine unique? Intentionnalité individuelle, partagée et collective. Résumé. Culture and Society: some viewpoints of cognitive scientists. *Intellectica*, 2007/2-3, n. 46-47.

TRAVAGLIA, C. L. Recursos linguísticos e discursivos do humor: humor e classe social na televisão brasileira. In: *Anais do 36º Seminário do Grupo de Estudos Linguísticos de São Paulo*. São Paulo: USP/GEL, 1989.

______. Uma introdução ao estudo do humor pela linguística. *D. E. L. T. A.*, v. 6, n. 1, 1990, pp. 55-82.

VYGOTSKY, L. S. *Pensamento e Linguagem*. 4. ed. São Paulo: Martins Fontes, 2008.

Riso e prosódia

Christelle Dodane
Jérémi Sauvage
Fabrice Hirsch
Melissa Barkat-Defradas
Alessandra Del Ré

Os seres humanos produzem um grande número de vocalizações não verbais.[1] Algumas são puramente fisiológicas, como a deglutição ou os roncos. Outras vão inserir-se na conversação para exprimir nossos sentimentos e regular a troca com nossos parceiros conversacionais. É o caso das interjeições, das onomatopeias, mas também dos bocejos, da tosse, do riso. Essas vocalizações não verbais são frequentemente ignoradas, pois são difíceis de serem classificadas. Elas não são completamente da alçada da linguagem nem dos gestos; no entanto, elas são produzidas pelo mesmo sistema fisiológico que a palavra.

Neste capítulo, iremos focalizar o riso, pois é um dos comportamentos não verbais que aparece com mais frequência na conversação. Por outro lado, o riso representa um dos componentes essenciais do humor, uma temática que nos interessa igualmente há certo tempo. Nas produções humorísticas, a distância entre as expectativas dos coenunciadores e o conteúdo expresso pode provocar uma emoção compartilhada por meio do riso que constitui uma descarga emocional. O riso é, com efeito, universalmente reconhecido como uma expressão de alegria. É comum a todos os seres humanos e aparece independentemente da cultura, da idade ou do sexo. Bakhtin (1970: 20) afirma que "todo mundo ri" e que o riso "é universal, atinge qualquer coisa e todas as pessoas". Os homens gostam de rir juntos, e o riso cria um laço social. Por muito tempo pensou-se que o riso era específico do homem. Assim, Aristóteles afirma em seu *Tratado das partes dos animais* que "o homem é o único animal que ri", e Rabelais, em seu *Gargântua* (1534), que "Melhor é rir do que de lágrimas escrever. Porque esse riso é próprio do homem".

Na realidade, o riso humano tem sua origem em um comportamento ancestral, presente em todos os grandes primatas (Darwin, 1872) e, sobretudo, nos chimpanzés (Davila-Ross et al., 2011). Ele estaria inscrito na evolução da espécie (Grammer, Eibl-Eibesfeldt, 1990; Nwokah et al., 1993). O riso parece ter um efeito similar em todos os hominídeos, permitindo, sobretudo, que se prolongue a brincadeira tanto entre as crianças (Rothbart, 1973) quanto entre os chimpanzés (Matsusaka, 2004). O riso produzido durante os jogos sociais permitiria aos jovens desenvolverem comportamentos de cooperação e de competição. Mas os grandes macacos são capazes de rir em situações muito mais limitadas que as dos seres humanos. Esse riso é, com efeito, suscitado quase exclusivamente por um contato físico ou pela espera desse contato durante as brincadeiras de perseguição, os combates ou as cócegas (Provine, 1996). Embora os seres humanos riam também quando sentem cócegas, a maior parte de seu riso aparece durante as conversações, na ausência de qualquer contato físico. Todavia, o riso dos grandes macacos é de natureza diferente do dos humanos (Provine, 1996). É produzido com muitas expirações, enquanto, no homem, é produzido com uma só expiração.

Essa interação do riso e da respiração evidencia uma limitação mais geral desses animais para a palavra. Tal limitação tem origem provavelmente na própria configuração do *tractus* vocal, que conserva uma configuração em diagonal entre os grandes macacos. A faringe desce em suave inclinação em direção à laringe, enquanto no adulto humano o conduto vocal forma um ângulo reto e a posição da laringe é mais baixa. O conduto vocal das crianças recém-nascidas é muito diferente do dos adultos e assemelha-se mais ao dos primatas (Kent, 1981; Lieberman et al., 1972), o que vai limitar a diversidade dos sons que ele poderá produzir (vocalizações nasalizadas). No entanto, a configuração do conduto vocal vai evoluir rapidamente para se aproximar progressivamente da configuração adulta, por volta dos 6 meses (Sasaki et al., 1977). Essas mudanças, permitindo o aumento da dexteridade motriz dos articuladores, vão contribuir para a diversificação das vocalizações da criança. Essa evolução anatômica explica por que o riso se diversifica com a idade entre os seres humanos, o que não acontece entre os primatas, que conservam ao longo de toda a sua vida um riso semelhante ao riso de crianças muito novas.

Fatores biológicos *versus* sociais

Se o riso humano evolui com a idade, nós podemos nos perguntar se essa evolução é principalmente condicionada por fatores fisiológicos ou sociais, ou, mais provavelmente, os dois ao mesmo tempo. Bakhtin afirma em seus *Carnets* (1984: 354) que "o riso necessita de um movimento corporal e exige uma significação humana, o que cria um dinamismo entre a natureza biológica do homem e seu intelecto". Seria possível reformular essa afirmação sob a forma de uma pergunta: no riso, qual é a parte da fisiologia e qual é a parte do indivíduo; o que é não controlável, por ser mecânico e biológico; e o que pode ser atribuído aos níveis intelectual e social? Certo número de pesquisas falharam ao mostrar uma diferença entre a estrutura acústica dos risos produzidos por surdos congênitos e indivíduos com audição normal (Makagon et al., 2008), salvo no que se refere aos parâmetros de intensidade e de duração (risos menos intensos e mais longos nos indivíduos surdos). Esses resultados seriam consistentes com o fato de que o riso dependeria unicamente da fisiologia humana. O riso seria um comportamento pré-programado modelado pela experiência individual. A emergência do riso dos bebês nascidos surdos e cegos (Black, 1984; Eibl-Eibesfeldt, 1989), que por causa de sua condição são incapazes de aprender um comportamento por meio de imitação, sugere que o riso seria fortemente ligado à biologia. Além disso, outros estudos mostram que existem diferenças entre o riso dos homens e o das mulheres (Bachorowski et al., 2001), dos adultos e das crianças (Tennis, 2009; Menezes, 2012) e, sobretudo, que os risos diferem no nível acústico em função do contexto social (Nwokah et al., 1994; La Pointe et al., 1990). O riso parece ter funções variadas e pode ser utilizado em situações muito diferentes durante a conversação (Vettin, Todt, 2004). Assim, ele ajudaria os interlocutores a regular sua conversa (Dunbar, 1996: 191; Seepersand, 1999) e poderia fornecer, com o sorriso, um *feedback* não verbal ao locutor (Brunner, 1979). Entre os adultos, foi mostrado que os indivíduos riem 30 vezes mais frequentemente com um parceiro do que quando estão sós (Provine, 1993). Segundo Mehu (2011) e Seepersand (1999), o riso poderia funcionar como uma recompensa que manteria o compromisso do locutor na interação verbal. Os risos podem igualmente incitar os ouvintes a falar mais e a fornecer mais informações pessoais. Eles afetam de maneira positiva o estado emocional dos interlocutores (Bachoroswki, Owren, 2001; Mehu, 2006), sobretudo quando são sonoros, muito vocalizados. No locutor, os risos elevariam a tolerância à dor graças a uma liberação de endorfina (Dunbar et al., 2012).

Aspectos articulatórios e acústicos do riso adulto

Dirigindo agora nossa atenção para a natureza fisiológica do riso, podemos notar que, assim como a fala, o riso é produzido por uma expiração forçada do ar que passa pelas cordas vocais. Trata-se de um reflexo, constituído de movimentos expiratórios interrompidos por impulsões inspiratórias (Habermann, 1965). Pike (1943) definiu o riso como uma articulação espasmódica, produzido por movimentos súbitos, fora do controle individual, como a tosse, o espirro, o soluço ou as eructações. Durante a emissão do riso, a laringe encontra-se em posição abaixada com cavidades de ressonâncias ampliadas (Luchsinger, Arnold, 1965). Segundo Provine e Yong (1991), o riso apresentaria uma assinatura sônica caracterizada por alguns traços prototípicos: ele se caracterizaria por vogais, chamadas igualmente de notas, que seriam interrompidas muitas vezes por uma oclusiva glotal (/ʔ/) ou por uma fricativa glotal, sonora ou não (/h/) (Edmonson, 1987). Trouvain (2003) define esse fenômeno como uma alternância de *patterns* não sonoros e sonoros assimiláveis a uma estrutura silábica consoante-vogal. Os elementos não sonoros seriam mais longos que os segmentos sonoros (Bickley, Hunnicutt, 1992). Cada nota teria uma duração aproximada de 75 ms (milissegundos) e seria repetida em intervalos regulares, todos de 210 ms (Provine, Yong, 1991). O pico de amplitude teria a tendência de ser localizado na nota inicial, seguido por um decréscimo, no qual as últimas notas são menos intensas do que as primeiras (Provine, Yong, 1991: 117). Mowrer et al. (1987) mostraram que os risos tinham uma duração média de 1330 ms e que eram constituídos em média por 7,16 sílabas. Mas observou-se muita variabilidade na duração dos risos, e os trabalhos de Bickley e Hunnicutt (1992) fornecem valores muito diferentes, com risos muito mais curtos, de uma duração média de 204 ms e um número de 4 sílabas em média.

No que se refere à qualidade das vogais, os trabalhos de Provine (1993) acerca de 1.500 risos mostraram que as sílabas /ha/ e /he/ eram as mais frequentes e que uma mesma vogal era utilizada em certo riso ("ha-ha-ha", mas não "ha-he-ha-he", por exemplo). Essa simplicidade estrutural do riso seria sugerida por sua reversibilidade. Um riso produzido inversamente continuará a soar da mesma maneira por causa de sua grande simetria temporal. No que concerne à frequência fundamental (doravante *fo*), Bickley e Hunnicutt (1992) mostraram que variava entre 100 e 155 Hz nos homens e entre 161 e 476 Hz nas mulheres. As avaliações de *fo* propostas por Provine (2003) são sensivelmente mais elevadas (246 Hz para os homens e 505 Hz para as mulheres). Além disso, a altura do riso é mais elevada que a da palavra, e os delineamentos de entonação são geralmente descendentes (Savithri, 2000). Essas observações também haviam sido feitas por Kori (1989), que acrescentava que a intensidade era mais elevada para os risos do que para as palavras. Certo número de estudos mostrou que existe muita variabilidade estrutural no riso, tanto interindividual (Rothgänger et al., 1998) quanto intraindividual (Hirson, 1995). Assim, o estudo de Bachorowski et al. (2001), realizado com uma população de 97 jovens adultos, mostra muito mais variabilidade no riso do que na palavra, especialmente no tocante à duração, às medidas de *fo* e às qualidades espectrais. As medidas de *fo* parecem, aliás, estar ligadas à duração dos risos, com os risos mais longos tendo uma altura mais elevada e uma maior variabilidade de *fo*. Contrariamente àquilo que afirmava Provine (1993), os risos sonoros não conteriam vogais como /e/ e /o/, mas, antes, vogais centrais.

Aspectos articulatórios e acústicos do riso na criança

Do ponto de vista do desenvolvimento, o riso é uma das primeiras vocalizações a se introduzirem depois dos gritos (McGhee, 1979). Ele precede a palavra e surge de maneira muito precoce e consistente entre os bebês de 4 a 6 meses (Sroufe, Waters, 1976; Grammer, Eibl-Eibesfeldt, 1990). Permanece relativamente imutável durante o primeiro ano de vida (Sroufe, Wunsh, 1972). Os primeiros risos são provocados por estímulos táteis vigorosos, como um beijo barulhento na barriga. Nessa idade, os risos não são sincronizados com o riso da mãe, mas o serão cada vez mais a partir dos 2 anos (Nwokah et al., 1994). Entre 4 e 6 meses, os bebês reagem a outros estímulos táteis e a estímulos auditivos de seu meio. Após os 6 meses, reagem a estímulos visuais e sociais mais sutis, como, por exemplo, o jogo de esconde-esconde (Sroufe, Wunsh, 1972). Essa tendência é reforçada aos 12 meses, com os risos provocados por incongruências, como quando um adulto mostra a língua ou finge beber a mamadeira do bebê. As crianças mais velhas riem igualmente por antecipação quando sua mãe beija sua barriga, o que mostra que, com a idade, o riso resulta de um comprometimento cognitivo cada vez mais sofisticado e de experiências cada vez mais variadas (Sroufe, Wunsh, 1972). Esse comprometimento cognitivo está ligado ao desenvolvimento da atenção conjunta (Tomasello et al., 2007) e da teoria da mente,[2] isto é, a capacidade de interpretar ou antecipar as ações das outras pessoas (Fodor, 1995).

No que diz respeito à natureza dos risos das crianças, a maior parte dos trabalhos focalizaram-se nas funções psicológicas (Foot et al., 1977; Sarra, Otta, 2001), e existem relativamente poucos estudos que exploraram suas propriedades acústicas (Nwokah et al., 1993; Tennis, 2009; Menezes, 2012). Nwokah et al. (1993) gravaram quatro crianças de 3 anos brincando com suas mães. Eles revelaram quatro tipos de riso: os risos de comentários, risinhos, os risos rítmicos e os risos agudos, cada um possuindo suas próprias características acústicas. O riso das crianças distingue-se do dos adultos por uma frequência elevada (em torno de 400-500 Hz) e o riso das mulheres tem uma *fo* média de 415 Hz, segundo os dados de Bachorowski et al. (2001). Os risos podem subir até 2.000 Hz e sua duração estende-se de 200 ms a 2 segundos, e as sílabas têm uma duração aproximada de 200 ms. Enfim, os contornos melódicos incluem mais delineamentos ascendentes, mas há uma grande variabilidade, especialmente nos risos rítmicos. Em outro estudo, Menezes (2012) comparou os risos de quatro crianças de 5 anos aos de quatro adultos com idade de 20 anos. Nesse estudo, os risos eram desencadeados por vídeos. As análises acústicas mostram que as vogais e as consoantes são mais intensas e menos variáveis nos adultos. Inversamente, as vogais são mais abertas e mais posteriores nas crianças. Como no estudo precedente, os risos das crianças têm uma altura mais elevada que os dos adultos. Segundo o autor, o sistema respiratório das crianças continua a se desenvolver até a idade de 7 anos, mas, mesmo após 7 anos, sua pressão subglótica permanece maior do que nos adultos (Kent, Tilkens, 2007). As crianças parecem, portanto, recorrer a uma estratégia compensatória, a fim de facilitar a sonoridade, na ausência de um sistema respiratório suficientemente desenvolvido, seja para os risos, seja para a palavra.

Embora o estudo de Tennis (2009) se aplique a crianças mais velhas, é interessante citá-lo por causa do tamanho da população utilizada e da comparação feita com jovens adultos. Nesse estudo, os risos de 150 crianças de 8 a 9 anos (75 garotas e 75 garotos) foram comparados aos risos de 150 jovens adultos entre 16 e 17 anos (75 garotas e 75 garotos). Os risos foram gravados em laboratório, durante as sessões de jogos de mesa. Também nisso as características do riso das crianças diferem significativamente das dos jovens adultos, em especial no que se refere às medidas de *fo*. De fato, as diferenças entre os sexos são bem mais marcadas depois da adolescência. Assim, entre os jovens adultos, a *fo* das jovens é muito mais elevada e mais variada do que a dos rapazes (Bachorowski et al., 2001). Nas crianças, não se nota essa diferença. As crianças produzem igualmente mais risos sonoros do que surdos, enquanto entre os jovens, os homens produzem muito menos risos sonoros que as mulheres (Bachorowski et al., 2001). A ausência de diferença entre os sexos nas crianças mostra que não há dimorfismo no nível das produções vocálicas. A diferença entre os sexos parece surgir durante a puberdade, por ocasião da descida da laringe entre os meninos (Fitch, Giedd, 1999). Os risos das crianças têm uma *fo* mais elevada (366 Hz entre os meninos e 426 Hz entre as meninas) do que a palavra (230 Hz entre os meninos e 246 Hz entre as meninas).

Os estudos de Nwokah et al. (1993) e de Menezes (2012) interessaram-se por crianças com idades, respectivamente, de 3 e 5 anos. De nosso conhecimento, não existem estudos consagrados a descrições acústicas do riso produzido por crianças mais novas. Além disso, há muito poucos estudos sobre a natureza dos risos espontâneos produzidos em conversação natural nos adultos, e ainda menos nas crianças.[3] A maioria dos risos é, de fato, registrada em laboratório e desencadeada por jogos, vídeos humorísticos (Bachorowski et al., 2001) ou mesmo cócegas; em alguns casos, os risos podem ser produzidos por atores (Szameitat et al., 2009).

Problemática e hipótese

Feitas essas considerações sobre o que a literatura fala sobre o riso do ponto de vista acústico, neste capítulo, nós nos propomos a descrever os risos de crianças francófonas com idade de 18 a 36 meses, em situação de interação natural com seu meio. Escolhemos esse recorte de idade porque ele corresponde a períodos tradicionalmente reconhecidos como determinantes no desenvolvimento linguageiro. Assim, a partir de 18 meses, a criança vai passar por uma verdadeira explosão lexical, durante a qual vai aprender de 4 a 10 novas palavras por dia; em seguida, vai entrar na sintaxe, combinando suas primeiras palavras mais ou menos aos 18 meses; e, a partir de 24 meses, começa a adquirir os diferentes marcadores gramaticais. A produção linguageira das crianças vai aperfeiçoar-se, em seguida, muito rapidamente, com frases cada vez mais complexas, contendo várias proposições (relativas, completivas...). Esse período é, portanto, fundamental na aquisição da linguagem, e pensamos que a diversificação e a complexidade crescente das produções linguageiras da criança vão ter repercussões na evolução do riso. A problemática de nosso estudo poderia, então, ser formulada da seguinte maneira: em qual nível de desenvolvimento da linguagem condiciona-se a estrutura acústica do riso? Para tentar responder a essa pergunta, apresentaremos, em um primeiro estudo, uma análise acústica dos risos de três crianças, registrados aos 18, 24, 30 e 36 meses em situação de interação natural com seu meio. Listamos apenas os resultados principais, pois os resultados detalhados já encontram-se descritos em trabalhos precedentes (Dodane et al., 2012; Sauvage et al., no prelo).

Em um segundo estudo, nós nos concentraremos nos risos de uma só criança de nosso *corpus*, analisando os risos não mais somente do ponto de vista acústico, mas em função de seu contexto de interação. O nível discursivo, isto é, o nível em que o sujeito se constitui sócio-ideologicamente em relação ao outro (Bakhtin, 1970, 1984, 1988), acrescenta-se aos níveis verbal e não verbal e permite-nos melhor apreender as especificidades dos diferentes risos produzidos pelas crianças. Com efeito, o riso só tem sentido na interação e em relação aos efeitos que vai ter sobre o outro. Segundo Bergson (1900), "nosso riso é sempre o riso de um grupo". Assim, para compreender o riso, "é preciso colocá-lo em seu meio natural, que é a sociedade; é preciso, principalmente, determinar a função útil, que é uma função social". Para Bakhtin (1983: 354), o riso tem um caráter social e coral. Ele aspira à comunidade e ao universal, "o riso só pode unir, não pode separar [...] ele instala a aproximação e a familiaridade". O riso é um componente importante das interações sociais, ele cobre muitas funções comunicativas e sentidos diversos, e existem diferentes tipos de riso (diversão, embaraço, social (Huber, Ruch, 2007)) e ele pode carregar emoções positivas (diversão, alegria, orgulho) ou negativas (medo, ansiedade).

Pareceu-nos, assim, indispensável reunir as abordagens quantitativa e qualitativa, a fim de melhor descrever os risos em função de seu contexto de aparição. De fato, como vimos anteriormente, se um grande número de estudos foi consagrado a uma descrição do tipo acústico e quantitativo do riso, existem muito menos pesquisas realizadas a partir de uma perspectiva discursiva e qualitativa, e ainda menos estudos que tentam conciliar os dois tipos de abordagens.[4] O paradigma quantitativo considera uma grande quantidade de dados e os submete a uma análise estatística, a fim de alcançar resultados confiáveis e replicáveis que permitam as generalizações e as predições das relações de causa e efeito (Haarman et al., 2002). Ele permite que se comparem dados obtidos em outros estudos e que se contribua para o acúmulo de conhecimentos sobre as características acústicas dos risos das crianças em relação aos risos dos adultos. Mas, limitando-se a uma abordagem quantitativa, corre-se o risco de tratar dos dados superficialmente; pois, afinal, desse ponto de vista, apenas os aspectos que mais chamam a atenção em termos de recorrência é que são descritos, apagando-se a singularidade dos resultados.

Quanto ao paradigma qualitativo, ele examina um dado fenômeno de maneira sistemática e detalhada. Concentra-se no contexto de produção desse fenômeno e no ponto de vista do sujeito e do ator. Contrariamente ao raciocínio hipotético-dedutivo próprio à abordagem quantitativa, ele adota uma abordagem exploratória, descritiva e indutiva, mais próxima dos dados, mas que, ao contrário da abordagem quantitativa, propõe outro tipo de generalização dos resultados (Del Ré, Hilário, Mogno, no prelo).

Pensamos que, na análise de um fenômeno como o riso, é muito interessante combinar as duas abordagens, embora não se trate de uma tarefa fácil. Quando se trata de discutir a questão metodológica que envolve os estudos do discurso, pela natureza do objeto, uma abordagem qualitativa impõe-se. Mas em se tratando dos estudos que envolvem a aquisição da linguagem, ainda que dentro de uma abordagem dialógico-discursiva, é possível pensarmos em uma complementaridade entre pesquisas qualitativas e quantitativas. A abordagem quantitativa nos permite produzir resultados comparáveis a outros estudos, e a qualitativa, recolocar nossos dados no discurso. É por essa razão que optamos por apresentar neste capítulo dois estudos: um primeiro quantitativo, sobre os risos de várias crianças, e um segundo que se concentra sobre os risos de uma só criança, mas concilia as abordagens quantitativa e qualitativa.

Metodologia

Corpus/participantes

Utilizamos os vídeos e as transcrições de três crianças francófonas do *corpus* COLAJE (Morgenstern, 2009; Morgenstern, Parisse, 2012),[5] dois meninos, Antoine (ANT) e Théophile (THE), e uma menina, Madeleine (MAD). Para este capítulo, fizemos um recorte do *corpus* trazendo dados dessas crianças entre os 12 e os 36 meses de idade.[6] Esse contexto é ideal para estudar os risos, porque eles aparecem com muita frequência durante as interações espontâneas entre a mãe e seu filho, em situação de brincadeiras e jogos (Fogel et al., 1997).

Como dissemos há pouco, a primeira questão a que queremos responder neste capítulo é se a estrutura acústica do riso se transforma em função da idade. Para fazer isso, selecionamos e analisamos gravações realizadas aos 18, 24, 30 e 36 meses, ou seja, quatro gravações por criança. Fizemos uma extração automática da totalidade dos risos anotados nas transcrições com o programa CLAN e, em seguida, exportamos os dez primeiros risos de cada transcrição para formato WAV, com a finalidade de analisá-los com o auxílio do programa Praat (Boersma, Weernink, 2009). Analisamos, portanto, acusticamente, 40 risos por criança, ou seja, um total de 120 risos. Vale ressaltar que selecionamos apenas os risos produzidos isoladamente, sendo que os risos recobertos por palavra foram excluídos de nossa análise. Todos esses risos eram produzidos de modo espontâneo durante sequências de jogos, atividades ou conversas com adultos ou crianças de seu meio.

Análises acústicas

As análises acústicas foram efetuadas com o programa de computação Praat. As produções foram reunidas em amostras de 44 kHz, 16 bits, e o contorno de *fo* foi extraído (100-1000 Hz) utilizando-se um método de autocorrelação (Boersma, 1993), depois pós-tratado (supressão dos saltos de oitava, suavização, interpolação). Cada riso foi anotado com a ajuda de um fichário de segmentação em cinco níveis. A figura 1 dá um exemplo, de alto a baixo: 1) da segmentação do riso em sua totalidade; 2) de sua segmentação em sílabas; 3) de sua segmentação em fonemas (VF para vogal fechada, VA para vogal aberta, VN para a vogal nasal, VC para vogal central, CO para consoante oclusiva, CF para consoante fricativa, CN para consoante nasal, CL para consoante líquida); 4) da etiquetagem dos valores de *fo* (inicial, máximo, mínimo e final); e 5) do contexto.*

Figura 1: Visualização do espectrograma de bandas largas (acima), do oscilograma (no centro) e diferentes anotações (embaixo) de um riso de MAD com 1 ano, 6 meses e 4 dias.

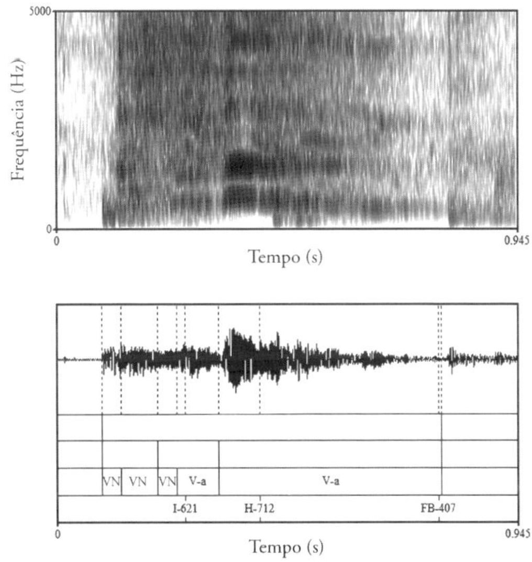

Uma vez a anotação feita, os 11 índices acústicos seguintes foram extraídos: a duração total do riso (em ms), a proporção da sonoridade (em %), a *fo* média (em Hertz), os dois pontos onde a frequência era a mais alta e a mais baixa, assim como

* N.T.: Na figura 1, I significa inicial; H, o ponto mais alto (*fo*); F, o ponto final; B, o ponto mais baixo (*fo*).

as frequências fundamentais inicial e final (em Hertz), o intervalo entre a frequência mais alta e a mais baixa (*f0* máx – *f0* mín) convertido em semitons – utilizando a seguinte fórmula de conversão: 40. log 10 (F2/F1) –, o número de sílabas, o número de fonemas e a intensidade relativa (relação da energia RMS em dB em relação ao pico de amplitude (Shi et al., 1998: 180)). Enfim, o tipo de melodia era codificado em função de suas diferentes inflexões:

Quadro 1: Codificação do contorno de *f0*, segundo Savithri (2000: 234).

Ascendente (A)	*f0* ascendente do início ao fim
Descendente (D)	*f0* descendente do início ao fim
Ascendente-Descendente (AD)	Subida de *f0*, seguida de uma descida de *f0*
Descendente-Ascendente (DA)	Descida de *f0*, seguida de uma subida de *f0*
Ascendente-Descendente-Ascendente (ADA)	Subida de *f0*, seguida de uma descida de *f0*, seguida de subida de *f0*
Descendente-Ascendente-Descendente (DAD)	Descida de *f0*, seguida de uma subida de *f0*, seguida de uma descida de *f0*
Simples (S)	Sem mudança de *f0* em função do tempo
Complexo	Mais de três inflexões da curva de *f0*

Estatísticas

Análises de variância (ANOVA) foram realizadas a fim de determinar o efeito da idade sobre cada um dos 11 índices acústicos estudados. Em um primeiro momento, apresentaremos os resultados que variam significativamente em função da idade e, em um segundo momento, os outros índices que variam em função do sujeito (reagrupados por parâmetros de intensidade de altura e de duração).

Análises contextuais

Se as características acústicas dos risos variam em função do contexto, uma das maiores dificuldades quando se trabalha com crianças tão novas (entre 18 e 36 meses) é interpretar corretamente o contexto de suas produções. De fato, o riso pode variar em função das situações de interação e da pessoa com a qual a criança interage. A análise que será feita é uma primeira tentativa de fazer a ligação entre essa dimensão discursiva e nossos dados acústicos. Para a levar a cabo, levantamos o contexto de aparecimento de cada um dos risos de MAD e os classificamos, tentando, em um primeiro momento, determinar se eles eram provocados por um acontecimento exterior (um ruído, uma cócega) ou pelo diálogo. Em um segundo momento, observamos se eram compartilhados ou não com aqueles que estavam à sua volta. Por exemplo, aos 18 meses, a babá está dando comida a MAD e toca suas costas com a mão, dizendo "Ta-ta-ta-ta", o que faz a criança rir e olhar alternadamente para sua babá e a observadora. Classificamos esse riso como um riso partilhado (com a babá e a observadora). Em outra sequência, MAD, com a mesma idade, corre sozinha no corredor, rindo e dando as costas à câmera. Classificamos esse riso como não partilhado, pois ela ri do que faz, sem querer necessariamente partilhá-lo com os adultos.

Estudo nº 1: estudo acústico do riso em três crianças francófonas

Entre os 11 índices acústicos estudados, só um varia significativamente com a idade, a intensidade relativa ($F(1,118) = 2,78$, $p < 0,05$).[7] Podemos constatar, com efeito, que a intensidade relativa aumenta progressivamente nas três crianças em função da idade. Observa-se uma interação significativa entre os fatores de idade e de sujeito ($F(1,118) = 3,97$, $p > 0,05$). Esse efeito da idade é particularmente observado em MAD ($F(1,40) = 929$, $p < 0,05$), enquanto é relativamente menor nas duas outras crianças (THE: ($F(1,40) = 0,54$; ANT: $F(1,40) = 1,21$), como podemos ver na figura 2. Observa-se igualmente uma homogeneização dos valores da intensidade relativa aos 30 e 36 meses nas três crianças, o que revela uma redução da variabilidade dos risos com a idade. Esses resultados são coerentes com o estudo de Menezes (2012), que mostra que a intensidade dos risos é mais forte nos adultos do que nas crianças e que sua variabilidade diminui com a idade.

Figura 2: Evolução da intensidade relativa em função da idade em cada uma das três crianças estudadas.

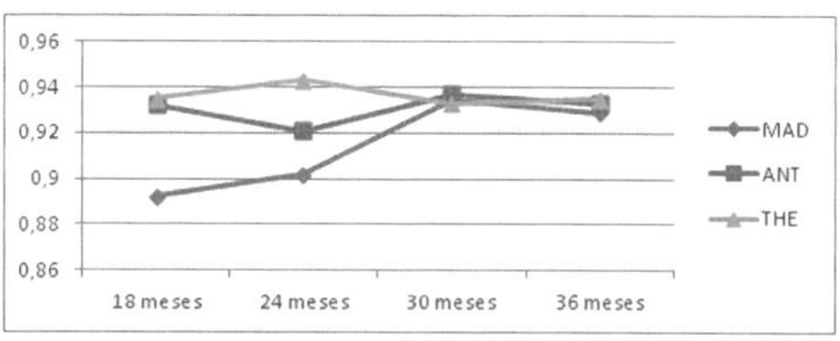

No que se refere aos contornos melódicos, observa-se um efeito significativo da idade na proporção de contornos AD ($F(1,120 = 5,87$ $p < 0,05$) e de contornos A ($F(1,12) = 0,00$ $p < 0,05$). De fato, observa-se uma maioria de contornos AD em todas as idades estudadas e sua proporção aumenta com a idade, como é possível constatar na figura 3. Após os contornos AD, os contornos mais frequentes são os contornos D (19%), A (8%), DA (4%), ADA (3%), DAD (1%) e complexos (5%). Não há nenhuma ocorrência de contornos simples.[8]

Figura 3: Evolução da proporção (em %) dos tipos de contorno de *fo* (A, D, AD, DA, ADA, DAD, simples, complexo) em função da idade em todas as crianças.

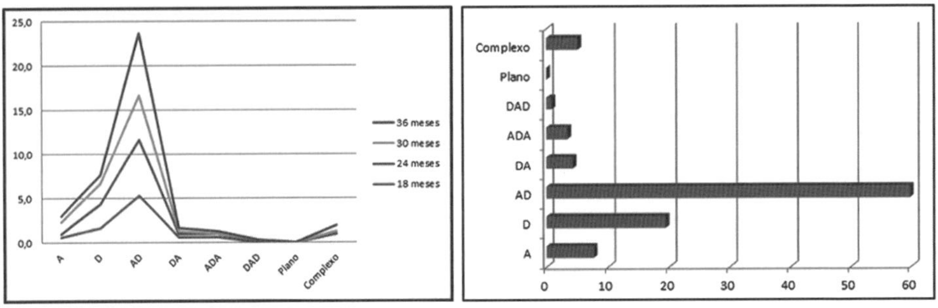

No que se refere aos outros parâmetros, embora a *fo* tenha tendência a baixar com a idade (de 390 Hz aos 18 meses a 364 Hz aos 36 meses), a diferença não é significativa. A *fo* média é mais elevada para MAD (411Hz) do que para os dois meninos (THE: 362 Hz; ANT: 395 Hz), o que contradiz os resultados de Tennis (2009), que não mostram diferença de altura entre os risos de crianças de 8 a 9 anos em função do sexo (contrariamente aos jovens adultos, de 16 a 17 anos). Por outro lado, observamos muita variabilidade entre as três crianças, que se exprime por um efeito significativo do sujeito em certo número de parâmetros (a *fo* média, a *fo* mais baixa, a *fo* mais alta). O intervalo entre a *fo* alta é muito mais elevado em THE (7,4 semitons) e MAD (7,6 semitons) do que em ANT (4,1 semitons).

Estudo nº 2: estudo de casos de risos de MAD

Análise acústica dos risos de MAD

Neste segundo estudo, vamos nos concentrar somente nos risos de MAD, a fim de ver como associar a uma análise acústica tradicional uma análise quantitativa e discursiva. Vamos, inicialmente, voltar às principais características acústicas dos risos de MAD (quadro 2).

Quadro 2: Valores médios dos 12 índices estudados em função da idade (18, 24, 30 e 36 meses) em MAD.

Idade	Duração (ms)	Média de *fo* (Hz)	% não sonoridade	*fo* de base (Hz)	*fo* alta (Hz)	Intervalo (semitons)	*fo* inicial (Hz)	*fo* final (Hz)	Nº de sílabas	Nº de fonemas	Duração/número (ms)	Intensidade relativa
18 meses	1062	431	20,84	337	523	7,55	381	395	5,54	8,18	202	0,89
24 meses	846	391	10,63	313	482	7,58	378	346	4,9	7,5	202	0,9
30 meses	1234	407	16,77	315	526	8,9	380	350	5,4	8,4	231	0,92
36 meses	660	393	25,89	327	475	5,81	370	395	2,9	3,8	254	0,93

Entre os índices estudados, o que varia mais fortemente em função da idade corresponde à intensidade relativa ($F(3,40) = 6,37$, $p < 0,05$, cf. figura 4), que aumenta em função da idade.

Figura 4: Evoluçao da intensidade dos risos (à esquerda) e da duração dos risos (à direita) em função da idade em MAD.

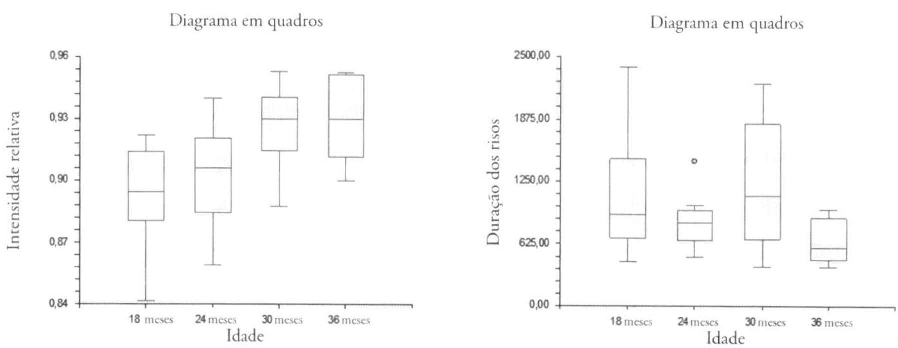

Observa-se, igualmente, um efeito significativo da idade na duração dos risos ($F(3,40) = 3,14$, $p < 0,05$), que tendem a diminuir com o tempo (mas essa diminuição não é constante). Esse resultado está adequado a dois outros índices que variam significativamente com a idade: o número de sílabas ($F(3,40) = 2,87$, $p > 0,05$) e o número de fonemas ($F(3,40) = 3,40$, $p > 0,05$), que tende a diminuir.

Figura 5: Evolução do número de sílabas (à esquerda) e do número de fonemas (à direita) em função da idade de MAD.

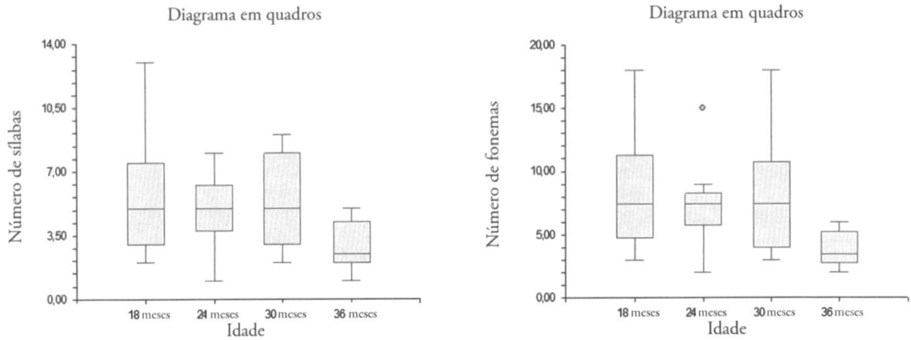

No que se refere aos contornos de *f*o, pode-se notar que os mais frequentes produzidos por MAD são os contornos de tipo AD e que essa proporção aumenta com a idade (figura 6). Em relação aos outros parâmetros, mesmo que seja possível observar que a *f*o média, a *f*o inicial, o intervalo entre o valor mais alto de *f*o e o valor mais baixo de *f*o, assim como a proporção de risos sonoros, que tendem a diminuir com a idade, o efeito da idade não é significativo.

Figura 6: Proporção dos diferentes contornos de *f*o nas diferentes idades de MAD.

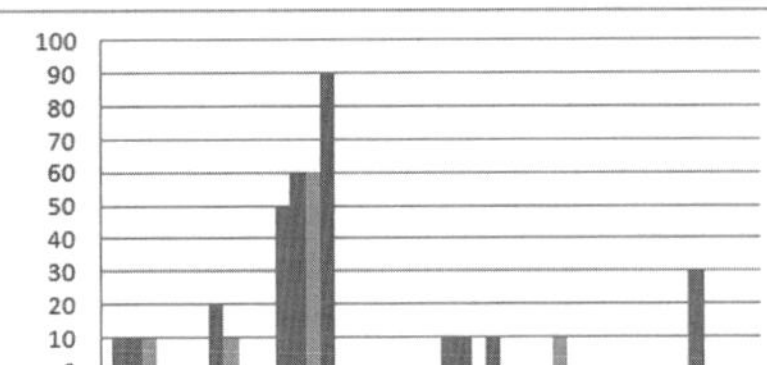

	A	D	AD	DA	ADA	DAD	Plano	Complexo
MAD 18 meses	10	0	50	0	10	0	0	30
MAD 24 meses	10	20	60	0	10	0	0	0
MAD 30 meses	10	10	60	0	0	10	0	0
MAD 36 meses	0	0	90	0	10	0	0	0

Análise discursiva dos risos de MAD

Os risos de MAD aos 18 meses

Aos 18 meses, observam-se diferentes tipos de riso. Alguns não são partilhados com aqueles que a cercam, porque é a criança que ri sozinha ou que exprime algo como uma brincadeira. A princípio, MAD está sentada no primeiro degrau da escada e balança o corpo levemente. Ela olha o vazio e começa a rir, sem razão aparente. Um pouco antes, a filha da babá começou a rir com a observadora. O riso de MAD parece ser produzido como eco do riso da outra menina, o riso é não partilhado, fechado e nasalizado. Em outra sequência, MÃE está fazendo MAD comer. Esta produz um riso que parece de impaciência, pois o alimento não chega com rapidez (riso nasalizado, não partilhado, boca fechada). Nessas duas situações, o riso de MAD é produzido com a boca fechada, com vogais nasais. Nas três sequências seguintes, MAD deixa o cômodo em que se encontra a observadora e parte correndo para outro cômodo, de costas para a câmera. Toda vez ela produz um riso muito longo (várias sílabas), muito sonoro e muito aberto (com vogais anteriores orais). Classificamos os risos como não partilhados, tendo se produzido durante a corrida. No entanto, o contexto do terceiro riso é um pouco diferente, pois MAD traz uma bolsa para sua mãe, que se encontra no outro cômodo, dizendo "Ta!". Aos 18 meses, MAD não produz ainda muitos enunciados interpretáveis, mas, sim, muitas protopalavras. Nessa sequência, o "Ta!" poderia ser interpretado como "Tome!".[9] Temos, portanto, um movimento protodiscursivo, algo que não acontecia nos exemplos precedentes, mas o riso não é partilhado pela mãe. A criança pode igualmente rir de alguma coisa que não estava destinada a fazê-la rir e que resulta de uma espécie de ruptura no diálogo. No outro exemplo, a babá dá comida a MAD, e uma das outras duas meninas avança com o dedo na direção de MAD falando de uma casa da babá, mas na verdade ela designa outra coisa a sua mãe e não se preocupa com MAD. Ela não tem a intenção de fazê-la rir. MAD crê que estavam apontando em sua direção e começa a rir. Não há atenção conjunta da parte de MAD e da menina, pois esta não viu que havia feito MAD rir ao apontá-la.

Outras risadas são partilhadas com os presentes (quatro sequências) e produzidas em resposta às ações dos adultos (cócegas, palavras, gestos...). Na primeira sequência, a babá acaba de bater nas costas de MAD, pois ela engasgava com a comida. Ela observa que seu gesto despertou a curiosidade de MAD. Ela o reitera dizendo: "Eu faço assim: ta-ta-ta-ta".[10] MAD a observa sorrindo, depois olha a câmera rindo, olha seu prato e acaba por repetir o ruído produzido pela babá "ta-ta-ta-ta". Nessa sequência, o riso é produzido com vogais nasalizadas e parece cantarolado. No exemplo seguinte, MAD brinca com seu ferro de passar roupa. Sua mãe faz menção de tocar o ferro e lhe diz: "Está quente!",[11] o que provoca o riso de MAD, em descompasso. O riso é vocalizado e oral, ele vem como resposta àquilo que diz a mãe. Mesmo se ele intervém em descompasso, pode-se dizer que é partilhado e produz uma atmosfera de brincadeira e de conivência (Salazar-Orvig, 2003) entre a mãe e a criança. No outro exemplo, encontra-se a mesma atmosfera, a mãe de MAD faz cócegas no seu pescoço; MAD ri, inclinando a cabeça e olhando a câmera, depois olha a mãe. Enfim, na última sequência, a mãe está dando comida a MAD. Esta aperta de tal forma a colher que a mãe acaba por soltá-la e a colher fica na boca de MAD. A mãe começa a rir, dá outra colher a MAD que a abocanha e começa a rir em descompasso em relação ao adulto.

No nível acústico (quadro 3), pode-se observar que os risos partilhados são muito mais curtos (737 ms em média) que os risos não partilhados (1.483 ms) e que eles contêm menos sílabas (4 *vs.* 7,6). Sua *fo* média é mais baixa (380 Hz *vs.* 483 Hz), assim como sua tessitura é mais reduzida (7,09 semitons *vs.* 8,47 semitons) e sua intensidade, mais elevada (0,90 *vs.* 0,88). Enfim, eles são muito mais sonoros que os risos não partilhados (9,72% *vs.* 26,82% de segmentos não sonoros).

Quadro 3: Características acústicas de risos partilhados e não partilhados produzidos por MAD aos 18 meses.

18 meses	Duração	Número de sílabas	*fo* média	Tessitura	% não sonoras	Intensidade
Risos partilhados	737 ms	4	380 Hz	7,09 semitons	9,72 %	0,90
Risos não partilhados	1483 ms	7,6	483 Hz	8,47 semitons	26,82 %	0,88
Média	1110 ms	5,8	431 Hz	7,78 semitons	18,27 %	0,89

Os risos de MAD aos 24 meses

Aos 24 meses, as risadas de MAD intervêm em contextos bastante diferentes em relação ao vídeo precedente. Os dez risos que foram observados nessa idade são, na maior parte do tempo, partilhados com a mãe ou a observadora, produzidos em reação à palavra do adulto ou da criança, o que não acontecia aos 18 meses. Essa diferença pode ser explicada pela evolução muito importante da linguagem de MAD entre 18 e 24 meses. Essa evolução reflete-se nos risos produzidos aos 24 meses, os quais são quase todos frutos do que é dito, e não do que é feito, como acontecia aos 18 meses (um só exemplo aos 18 meses, de um riso produzido a partir da palavra da mãe) e são todos partilhados com os adultos do ambiente. Entre as dez sequências estudadas, observam-se sobretudo risos provocados pela palavra do adulto (oito sequências em dez) ou por aquilo que a própria criança disse (uma sequência). Inicialmente, MAD ri em reação àquilo que diz um adulto; ela ri com o outro, para o outro, do outro. Pode tratar-se de uma palavra que a criança acha engraçada ou de uma onomatopeia. Assim, MAD ri porque sua mãe empregou o termo "malandrinho"[12] ou o termo "sem-vergonha".[13] Pode tratar-se também de interjeições ("beuh!" e "bouh!"). Em outra sequência, o que faz MAD rir é que, na história que sua mãe lhe conta, ela menciona outra menina que tem o mesmo nome: "Mas Madeleine ria disso!".[14] Mais tarde, MAD não ri mais do que diz o adulto, mas do que ela própria acaba de dizer: "Bem, a vaca: mu-mu-mu".[15] Ela mesma provoca seu riso e procura fazer os outros rirem. Nas duas sequências que seguem, MAD está observando seu reflexo em um cesto; a situação é de jogo e de cumplicidade entre os adultos. No primeiro exemplo, a observadora diz "*coucou*!"* a MAD, e, no segundo exemplo, é a mãe que diz "A MAD está sorrindo?",[16] o que faz a menininha rir. É igualmente a palavra dos adultos que provoca o riso de MAD no meio de uma situação de brincadeira. Observam-se, igualmente, risos de conivência entre os adultos presentes e MAD. Um desses risos é provocado pela palavra da observadora que diz a MAD "Isto parece delicioso!",[17] enquanto come um purê de brócolis. Em outra sequência, o riso não é provocado pela palavra do adulto. MAD simplesmente olha a câmera e põe-se a rir. Sente-se a cumplicidade que une as três participantes (a criança, a mãe e a observadora), a confiança e o bem-estar que se instauraram entre elas.

É interessante observar que no nível acústico (quadro 4) existem características comuns entre as risadas partilhadas produzidas aos 24 meses e as risadas partilhadas produzidas aos 18 meses. Sua duração é próxima (846 ms *vs.* 737 ms), embora as risadas produzidas aos 24 meses sejam ligeiramente mais longas. Elas se aproximam igualmente pelo número de suas sílabas (4,9 aos 24 meses e 4 aos 18 meses), sua *fo* média (391 Hz aos 24 meses e 380 Hz aos 18 meses) e sua tessitura (7,58 aos 24 meses e 7,09 semitons aos 18 meses) e sua intensidade (0,90). Enfim, a proporção de segmentos não sonoros é próxima (10,63% aos 24 meses e 9,72% aos 18 meses).

Quadro 4: Características acústicas de risos partilhados e não partilhados produzidos por MAD aos 24 meses.

24 meses	**Duração**	**Número de sílabas**	***fo* média**	**Tessitura**	**% não sonoras**	**Intensidade**
Risos partilhados	846 ms	4,9	391 Hz	7,58 semitons	10,63	0,90
Risos não partilhados	Não	Não	Não	Não	Não	Não

Os risos de MAD aos 30 meses

O contexto do vídeo aos 30 meses é bastante diferente do dos outros vídeos. MAD não interage muito com os adultos, mas encontra-se, a maior parte do tempo, em interação com outras crianças, em situação de brincadeira, jogo. As sequências de riso são, pois, bastante diferentes das sequências analisadas aos 18 e aos 24 meses. Entre as dez sequências de risos estudadas, todos os risos são partilhados e observam-se muitas sequências em que é o jogo que suscita o riso, e não a linguagem (cinco sequências). Em duas sequências, MAD está brincando com um adolescente, LUC. Este avança um camelo de pelúcia na direção de MAD, o que a faz rir. Em outra cena, MAD brinca com as duas filhinhas de sua babá. A maior não deixa MAD passar. Ela grita: "Deixe-me passar!"[18] e

* N.T.: Trata-se de uma interjeição usada em francês, geralmente com crianças. É algo que se diz em situações em que o adulto se esconde e/ou aparece repentinamente para a criança.

começa a rir. Em outras sequências, as três meninas se empurram no sofá e riem sem se falar. É pura brincadeira e excitação, o prazer de compartilhar esse ambiente.

Os outros risos são provocados pela palavra das crianças (quatro sequências). Assim, em uma sequência, MAD está brincando com sua irmã e uma das filhas da babá sobre o sofá. Sua irmã lhe diz "*coucou*!" enquanto MAD esconde o rosto, o que a faz rir. Nas três outras sequências, muito interessantes, pode-se ver que MAD começa a brincar com a linguagem. Em outra sequência, ela inventa uma nova palavra, "*Beviga*!",* depois começa a rir chamando a atenção dos que a cercam para sua invenção: "Eu disse Beviga!".[19] No episódio seguinte, ela está brincando com a filha mais velha de sua babá e diz várias vezes "Sua filha!",[20] o que faz as duas darem risada. Em outra sequência, MAD está à mesa e diz "Não é eca!".[21] A outra menina repete: "Eca!"[22], o que as faz rir. Mais tarde, é o próprio riso de uma das meninas que faz MAD dar risada. Assim, MAD se segura na escada dizendo: "Ôpa!",[23] o que faz a outra menininha rir. MAD a ouve rir, põe-se, por sua vez, a rir também, mas não sabe por quê. Ela lhe pergunta, então "O quê?"[24], e a menina lhe explica "Você disse ôpa!"[25]. Nos dois vídeos precedentes, só tínhamos observado um exemplo no qual a utilização da onomatopeia "mu-mu-um" por MAD a fazia rir.

No nível acústico (quadro 5), observam-se diferenças com as risadas produzidas aos 24 meses. Esses risos são mais longos (1.236 ms aos 30 meses e 846 ms aos 24 meses), com um número de sílabas mais elevado (5,4 aos 30 meses e 4,9 aos 24 meses). A *fo* média quase não varia (407 Hz aos 30 meses e 391 Hz aos 24 meses). Por outro lado, a tessitura é maior (8,83 semitons aos 30 meses e 7,58 semitons aos 24 meses), a intensidade mais forte (0,92 aos 30 meses e 0,90 aos 24 meses) e a proporção de segmentos não sonoros mais elevada (16,87% aos 30 meses e 10,63% aos 24 meses). As análises acústicas haviam mostrado muita variação em termos de duração (figura 5), de número de sílabas e de número de fonemas aos 30 meses (figura 6). Essa variação pode-se dever ao fato de que as risadas analisadas nesse vídeo são produzidas principalmente em situações de brincadeira.

Quadro 5: Características acústicas de risos partilhados e não partilhados produzidos por MAD aos 30 meses.

30 meses	Duração	Número de sílabas	*fo* média	Tessitura	% não sonoras	Intensidade
Risos partilhados	1236 ms	5,4	407 Hz	8,83 semitons	16,87	0,92
Risos não partilhados	Não	Não	Não	Não	Não	Não

* N.T.: Essa é a mesma palavra dita pela menina em francês.

Os risos de MAD aos 36 meses

Nesse vídeo, MAD encontra-se novamente em situação de interação com adultos, sua mãe e a observadora. De dez sequências de riso analisadas, quatro não são compartilhadas com o adulto (o adulto não ri após a intervenção verbal ou a ação da criança). Observam-se duas sequências nas quais MAD ri do que vai dizer ou do que disse. Em uma sequência, ela está jogando com sua mãe, começa a rir e diz: "Eu sou mais forte que você!".[26] Na sequência seguinte, MAD está brincando com uma torre e diz "Ela perdeu uma, pequena, seu narizinho",[27] o que a faz rir (ela faz humor ao comparar uma pequena haste com um narizinho). Nas duas outras sequências, não é mais a palavra que desencadeia o riso, mas a ação, a brincadeira.

Em uma sequência, sua mãe fala "É o peixe que apanhou!"[28] o que faz MAD rir. Em outra sequência, a mãe diz que os animais têm uma boa cara, o que faz MAD rir e repetir várias vezes "Boa cara!".[29] A seguir, a mãe diz que elas têm uma cabecinha e que dão sorrisos, o que faz MAD rir. Mais tarde, a observadora diz a MAD que quando a gente sente frio, o nariz fica vermelho e pergunta se ela havia notado isso. Em outro momento, MAD escuta sorrindo a conversa entre os adultos e sua irmã mais velha a respeito da escola. Sua mãe, para integrá-la na conversa, diz que MAD também foi à escola na última quarta-feira, o que a faz rir, mas esse riso traduz sobretudo a timidez de MAD, que não ousa participar da conversa (como sugere sua atitude corporal, com as mãos cruzadas nas costas). Em uma primeira sequência, ela acha a figurinha de uma vaca, o que a faz rir e dizer "Ah! Ela tinha a vaca!".[30] Aqui o elemento provocador do riso é o fato de ter encontrado a figurinha. Em seguida, ela pega uma caneta e a mostra a sua mãe rindo, mas esta não compartilha seu riso, pois está falando de outra coisa. Na última sequência, MAD joga um carrinho que fica bloqueado em uma coberta. MAD começa a rir e diz que ele caiu.

Aos 36 meses, pode-se constatar que as características acústicas das risadas de MAD são completamente diferentes das de outras idades (quadro 6). De modo geral, os risos são muito mais curtos que nos outros vídeos (660 ms aos 36 meses e 846 ms aos 30 meses), o número de sílabas diminuiu para atingir o número de 2,9 (contra 4,9 aos 30 meses). A tessitura reduz-se a 5,81 semitons (contra 7,58 aos 30 meses) e a proporção de segmentos não sonoros aumenta para passar a 25,89% (contra 10,63% aos 30 meses). A intensidade aumenta igualmente ao passar de 0,90 aos 30 meses a 0,93 aos 36 meses, enquanto a *fo* média permanece mais ou menos equivalente (393 Hz aos 36 meses e 407 Hz aos 30 meses). Se compararmos agora os risos compartilhados com os risos não compartilhados, podemos observar que os risos compartilhados são ligeiramente mais curtos (650 *vs.* 674 ms), com um número de sílabas mais reduzido (2,66 *vs.* 3,25), uma *fo* média mais baixa (371 Hz *vs.* 424 Hz) e uma tessitura muito mais restrita (3,16 semitons *vs.* 9,77 semitons). Enfim, a proporção de segmentos não sonoros é mais significativa (28,91 % *vs.* 21,35 %) e a intensidade mais forte (0,93 *vs.* 0,91) para os risos compartilhados.

Quadro 6: Características acústicas de risos partilhados e não partilhados produzidos por MAD aos 36 meses.

18 meses	Duração	Número de sílabas	*fo* média	Tessitura	% não sonoras	Intensidade
Risos partilhados	650 ms	2,66	371 Hz	3,16 semitons	28,91	0,93
Risos não partilhados	674 ms	3,25	424 Hz	9,77 semitons	21,35	0,91
Média	660 ms	2,9	393 Hz	5,81 semitons	25,89	0,93

Discussão

Em nosso estudo sobre o riso da criança, tentamos conciliar duas abordagens que estão normalmente bastante distantes, uma abordagem quantitativa e acústica e uma abordagem qualitativa e discursiva. O primeiro estudo foi conduzido a partir dos risos de três crianças monolíngues francófonas, em um contexto de interação natural com seu meio. As análises acústicas realizadas por meio de 120 risadas (40 por criança) mostraram que, entre os 11 índices acústicos estudados, a intensidade relativa representa um dos dois únicos parâmetros que variam significativamente com a idade. Sabe-se que os risos adultos podem ser acompanhados de uma intensidade muito elevada (Edmonson, 1987; Kori, 1986), e os trabalhos de Menezes (2012) mostram que a intensidade dos risos é mais forte neles do que nas crianças. Parece que esse parâmetro se eleva à medida que a criança cresce. Outro parâmetro que varia com a idade diz respeito ao tipo de contornos melódicos associados aos diferentes risos. Assim, observa-se um efeito significativo da idade sobre a proporção de contornos AD e A. Esses resultados são interessantes, pois se contrapõem aos trabalhos de Savithri (2000), que mostram que o contorno melódico mais frequente observado no riso dos adultos é o contorno descendente (63% das produções). Em um estudo realizado sobre as produções linguageiras de MAD entre 10 e 23 meses (Martel, Dodane, 2012), as análises acústicas mostraram que o contorno utilizado mais frequentemente era também o AD, o que nos permite fazer um paralelo entre os risos e as produções linguageiras de MAD em um recorte de idade relativamente similar (de 11 a 23 meses). Enfim, observamos uma diferença de altura entre os risos dos dois meninos e os da menina de nosso *corpus*, sendo que as risadas de MAD têm uma altura mais elevada. Esses resultados se contrapõem à literatura. De fato, Tennis (2009) mostra que a disparidade de altura entre os risos das meninas e dos meninos começa a se diferenciar a partir da puberdade (dessemelhança de altura observada em adolescentes de 16 a 17 anos, mas não em crianças de 8 a 9 anos). No entanto, essas divergências devem ser relativizadas, pois nossos sujeitos são bem mais jovens do que no estudo de Tennis e em bem menor número. Seria, portanto, necessário trabalhar com um maior número de crianças. No que concerne à variabilidade acústica inter-individual, observamos muito dela nos risos das crianças, o que é coerente com os outros estudos realizados sobre os risos dos adultos (Rothgänger et al., 1998; Bachorowski et al., 2001). Finalmente, as crianças produzem muito mais risos sonoros (79%) do que risos não sonoros (21%), o que é coerente com os resultados de Tennis (2009) relativamente às crianças com mais idade (8 a 9 anos).

O segundo estudo está focalizado nas produções de uma só criança de nosso *corpus*, MAD. Em um primeiro momento, nós analisamos seus risos no nível acústico, depois os colocamos em seu contexto de produção, a fim de determinar se seria possível estabelecer ligação entre as variações acústicas e as variações contextuais. No nível acústico, os resultados revelam que o parâmetro de intensidade relativa aumenta significativamente com a idade em MAD, o que havia aparecido igualmente no primeiro estudo para o conjunto de três crianças. No entanto, outros índices variam significativamente em função da idade em MAD, o que não acontecia no estudo precedente. Assim, a duração dos risos tende a diminuir com a idade, mas essa diminuição não é constante (observa-se muito mais variação aos 18 e 30 meses do que aos 24 e 36 meses, como mostrado na figura 4). Essa diminuição da duração dos risos em função da idade é acompanhada por uma diminuição do número de sílabas e de fonemas (figura 5), o que parece coerente. No que se refere aos índices relativos à *fo*, os contornos melódicos mais frequentes são os de tipo MD e sua proporção aumenta com a idade (figura 6), o que está de acordo com o primeiro estudo. Desde os 18 meses, essa proporção ultrapassa os 50% para chegar a 90% dos contornos com a idade de 36 meses. Para os outros parâmetros, observa-se uma diminuição da *fo* com a idade, assim como da proporção de sonoridade, mas essas diminuições não são significativas. No nível segmental, as vogais produzidas nos risos diversificam-se e são cada vez mais facilmente identificáveis. Sua abertura tende a aumentar com a idade, o que poderia igualmente explicar por que se observa um aumento de intensidade relativa (as vogais abertas sendo intrinsecamente mais intensas que as vogais fechadas).

No que se refere ao nível discursivo da produção dos risos de MAD, observamos uma evolução importante entre as diferentes idades, e essa evolução parece ligada ao desenvolvimento de suas competências linguageiras. Assim, aos 18 meses, as produções linguísticas de MAD são ainda bastante limitadas, e observamos poucos movimentos discursivos entre adulto e criança. Nas dez sequências analisadas, somente duas risadas são provocadas pela palavra do adulto, e nessas duas sequências a palavra está estreitamente ligada à ação (no primeiro caso, a babá bate nas costas de MAD e, no segundo caso, MAD e sua mãe estão brincando com um ferro de passar roupa), e é legítimo perguntar se a criança não reage antes a essa ação do que ao conteúdo das palavras. Em outras sequências, as risadas são provocadas por um acontecimento externo, seja um ruído, um riso ou um gesto de outra pessoa, uma cócega, um acontecimento deslocado (uma colher que fica sozinha na boca) ou a própria ação da criança (correr no apartamento). Se prestarmos atenção, agora, nos risos de MAD produzidos aos 24 meses, eles são mais frequentemente provocados pelo que diz o adulto, seja uma palavra que a criança acha engraçada, uma onomatopeia ou uma interjeição. Deve-se notar que, aos 24 meses, a linguagem de MAD é muito mais desenvolvida. Se, até os 18 meses, seu primeiro léxico se restringia a algumas palavras ("mamãe", "papai", depois "espere", "então" e "não"), é depois dos 18 meses que as produções de MAD começam a se tornar mais inteligíveis e que as primeiras combinações de palavras aparecem (Martel, Dodane, 2012). Esse desenvolvimento na linguagem de MAD pode explicar em parte as diferenças observadas entre os dois vídeos. Aos 30 meses, o contexto do vídeo é totalmente diferente dos dois precedentes. MAD interage a maior parte do tempo com crianças, e os risos aparecem com frequência em brincadeiras. Há, portanto, muito menos risadas provocadas por palavras. No entanto, mesmo se elas são menos numerosas do que aos 24 meses, essas sequências são interessantes, pois comprovam um novo caminho no desenvolvimento linguístico de MAD. De fato, esta começa a brincar com a linguagem por meio das onomatopeias e pela criação de novas palavras, o que poderia comprovar uma espécie de atividade metalinguística, a qual poderia existir, segundo certos autores, a partir de 24 meses (Bonnet, Tamine-Gardes, 1985). Por outro lado, nessa idade, observam-se as primeiras formas de humor quando MAD se diverte invertendo os papéis, dizendo à outra menina "Sua filha!". Essa incongruência provoca o riso das duas meninas. É interessante notar que os risos provocados pelas próprias intervenções verbais de MAD são muito mais elaborados do que nos vídeos precedentes. Assim, em uma sequência, ela desafia os adultos brincando com eles, ao dizer "Eu sou mais forte que você!", enquanto se deveria esperar normalmente a situação inversa, uma vez que o adulto é "mais forte" do que a criança. Em outra sequência, MAD utiliza uma metáfora ao comparar a peça de uma torre com um pequeno nariz. Essa incongruência é um dos elementos necessários à aparição do humor, e é a distância entre as expectativas dos coenunciadores e o conteúdo expresso que pode provocar uma emoção compartilhada por meio do riso (Del Ré, Dodane e Morgenstern, no prelo). Por volta de 2 a 3 anos, à medida que a criança entra na linguagem, começa a utilizar palavras para criar, ela mesma, incongruências na denominação de objetos ou de pessoas, ou para brincar com a forma sonora das palavras. A produção do humor verbal, que começa pouco depois do aparecimento do jogo simbólico (Johnson, Mervis, 1997), tornou-se possível pela dominação do vocabulário e dos conceitos linguageiros. Outro estudo realizado com crianças com idade de 24 a 42 meses mostra que, aos 36 meses, todos os elementos que vão compor o discurso humorístico-irônico das crianças já estão no lugar (Del Ré, Dodane et Morgenstern, no prelo).

Ao que se refere à evolução das características acústicas das risadas de MAD em função do contexto, observam-se diferenças acústicas importantes entre as risadas compartilhadas e as não compartilhadas. Aos 18 meses, a metade dos risos de MAD são partilhados com os que estão à sua volta e produzidos em resposta às ações dos adultos. Os outros risos não são partilhados, pois MAD ri sozinha de suas próprias ações ou exprime algo que não seja uma diversão. É interessante observar que, no nível acústico, os risos compartilhados possuem propriedades muito diferentes dos risos não compartilhados. Os risos compartilhados são muito mais curtos (737 *vs.* 1483 ms) e contêm menos sílabas (4 *vs.* 7,6 sílabas). Sua altura é menor (380 Hz *vs.* 483 Hz), sua tessitura mais restrita e sua intensidade mais elevada. Eles são igualmente muito mais sonoros que os risos não partilhados (9,72% *vs.* 26,82% de segmentos não sonoros). Esses resultados são coerentes com os trabalhos de Truong e Trouvain (2012), que mostraram que os risos de grupo soavam diferentemente daqueles produzidos por indivíduos sozinhos, sendo que os risos solitários eram mais longos, menos sonoros e de altura mais elevada. Eles divergem, no entanto, no nível de intensidade, que nesse estudo é mais forte para os risos solitários, enquanto, em MAD, a intensidade é mais forte para os risos compartilhados. Aos 24 meses, todos os risos de MAD são compartilhados e mais frequentemente provocados pelo que diz o adulto, como vimos anteriormente. Esses risos possuem características similares aos risos compartilhados produzidos aos 18 meses, no nível de sua duração (846 ms *vs.* 737 ms), do número de sílabas (4,9 *vs.* 4 sílabas), de altura (391 Hz *vs.* 380 Hz), de intensidade (0,90) e da proporção da sonoridade (10,63% *vs.* 9,72% de segmentos não sonoros). Aos 30 meses, os risos de MAD analisados são igualmente todos compartilhados, mas, dessa vez, com crianças, e são mais frequentemente provocados pela própria brincadeira. Suas características acústicas são muito diferentes dos risos produzidos aos 24 meses. São muito mais longos (1.236 ms *vs.* 846 ms) e com um número de sílabas um pouco mais elevado (5,4 *vs.* 4,9 sílabas). Se sua altura quase não varia (407 *vs.* 391 Hz), sua tessitura é, por outro lado, maior (8,83 *vs.* 7,58 semitons), sua intensidade mais elevada (0,92 *vs.* 0,90) e a proporção de sua sonoridade menos elevada (16,8% *vs.* 10,63%). Como explicar essas diferenças uma vez que esses risos são produzidos em situação compartilhada? Eles são provenientes, na maior parte do tempo, de sequências de brincadeiras com outras crianças nas quais há muita agitação, excitação e gritos, o que poderia explicar a intensidade mais forte e a tessitura mais elevada. Aos 36 meses, entre os risos estudados, quatro não são compartilhados com os adultos. No entanto, os risos são produzidos em interação com o adulto e a intenção da criança é fazer rir os que a cercam. Não se pode, portanto, falar aqui de risos solitários. Apesar de tudo, observam-se diferenças entre risos compartilhados e não compartilhados, mas elas são menos marcadas que aos 18 meses. Assim, os risos compartilhados são mais curtos (650 *vs.* 674 ms e 2,66 *vs.* 3,25 sílabas), com uma altura menor (371 *vs.* 424 Hz), uma tessitura muito mais reduzida (3,16 *vs.* 9,77 semitons), uma proporção de sonoridade menos elevada (28,91% *vs.* 21,35% de segmentos não sonoros) e uma intensidade muito mais forte (0,93 *vs.* 0,91). De maneira geral, os risos produzidos aos 36 meses são muito diferentes em relação às outras idades: são muito mais curtos, sua tessitura é muito mais reduzida e sua intensidade, mais forte. Se nos concentrarmos agora na proporção de sonoridade nas diferentes idades, podemos observar outra diferença entre os risos partilhados e não partilhados. Os risos partilhados são muito sonoros (mais de 70%), mas a proporção de sua sonoridade diminui com a idade (90,3% aos 18 meses, 89,4% aos 24 meses, 83,1% aos 30 meses e 71,1% aos 36 meses). Quanto aos risos não partilhados, eles são menos sonoros que os risos partilhados aos 18 meses (73,2% *vs.* 90,3%), mas, aos 36 meses, são os risos não partilhados os mais sonoros, sem que essa diferença seja muito marcada (78,7% *vs.* 71,1%). Apesar dessa baixa de sonoridade com a idade, esses números são coerentes com os resultados de Tennis (2009) relativos a crianças com mais idade, que produzem de fato muito mais risos sonoros do que risos não sonoros. Entre os adultos, as mulheres produzem significativamente mais risos sonoros que os homens (Bachorowski et al., 2001); esse tipo de riso, muito vocalizado, produzido com uma vibração regular das cordas vocálicas, poderia afetar de maneira positiva o estado emocional do interlocutor (Mehu, 2006; Bachorowski et al., 2001). Em nosso estudo, é interessante observar em crianças tão jovens uma diferença de sonoridade entre risos partilhados e não partilhados. A grande proporção de sonoridade observada em risos partilhados exerceria uma emoção positiva nos adultos que interagem com a criança? Essa questão nos parece muito interessante e deveria ser aprofundada com testes de percepção para determinar o efeito dos diferentes risos das crianças sobre os adultos.

Considerações finais

A interação desses dados contextuais com nossos dados acústicos permitiu revelar várias características muito interessantes, que não teriam aparecido em um estudo puramente quantitativo. Nossos dados quantitativos haviam mostrado que a intensidade relativa aumentava significativamente com a idade e que essa evolução era particularmente marcada em MAD, mas não podíamos ir muito mais longe na interpretação desse aumento. As análises contextuais trazem muito mais informações ao mostrar que, na realidade, pode-se fazer uma distinção entre os risos partilhados e os risos não partilhados no nível de suas características acústicas. Essas diferenças não dizem respeito somente à intensidade, que é mais elevada; mas também à duração, que é mais curta; à altura, que é menor; e à tessitura, que é mais restrita para os risos compartilhados. Esses risos parecem, assim, menos exagerados, mais "comportados" que os risos não partilhados, como se eles devessem "fundir-se" mais facilmente nas interações. O contexto afeta, portanto, particularmente as características acústicas dos risos, o que nossas análises quantitativas não haviam permitido revelar.

Por outro lado, o desenvolvimento das capacidades linguageiras de MAD reflete-se em seus risos e foi ao focalizarmos o elemento desencadeador do riso que conseguimos fazer essa ligação. Com efeito, aos 18 meses, os risos de MAD são suscitados principalmente por um acontecimento externo, como um barulho, outro riso ou um gesto, e, se a palavra intervém, isso acontece sempre em um contexto muito redundante, que torna a situação muito fácil de ser compreendida pela criança. Em outros termos, a palavra nunca é o único desencadeador do riso da criança. As coisas mudam radicalmente aos 24 meses, quando a maior parte dos risos de MAD é partilhada unicamente pela palavra e, principalmente, pelo que diz o adulto (uma palavra que a criança acha engraçada ou uma onomatopeia). Paralelamente, MAD conheceu uma verdadeira transformação linguageira entre 18 e 24 meses, passando de algumas palavras inseridas no seu balbucio misturado a verdadeiros enunciados de várias palavras. Sua compreensão também teve muito progresso, e suas trocas com os adultos mudaram de natureza, estão a partir de agora centradas no nível verbal. Aos 30 meses, como MAD está principalmente em interação com outras crianças, é a brincadeira que representa o elemento desencadeador dos risos na maioria das sequências. Mas é muito interessante notar que, quando os risos são desencadeados pela palavra, eles se apoiam em jogos de linguagem, como criações lexicais ou brincadeiras com as onomatopeias. A criança começa a brincar com a linguagem, tenta fazer os outros rirem a partir de suas próprias produções verbais e vai poder entrar diretamente no humor verbal. Um pouco mais tarde, aos 36 meses, a maioria dos risos é novamente provocada pela palavra e notadamente pelo que diz o adulto. Mas MAD tenta igualmente fazer rir o adulto pela produção de sequências verbais muito mais elaboradas do que aos 30 meses. O estudo contextual permitiu-nos, portanto, fazer um paralelo dos risos de MAD com seu desenvolvimento linguageiro, melhor do que o havia feito o estudo quantitativo. No entanto, mesmo ele estando relacionado a uma criança e 40 risos no total, foi de muito longa realização e não nos foi possível, por falta de tempo, estendê-lo às três crianças de nosso *corpus*. Desejamos, todavia, continuar a utilizar as duas abordagens e continuaremos nossas análises nesse sentido, aumentando o número de crianças e o número de sequências analisadas.

Notas

1 Este capítulo foi traduzido por Guacira Marcondes Machado Leite, e sua revisão técnica foi feita por Alessandra Del Ré e Luciane de Paula.

2 O diálogo com o capítulo "Diversão partilhada, humor e ironia", deste livro, também pode ser encontrado na breve discussão trazida nesse texto sobre a questão da teoria da mente e do humor.

3 Com exceção do estudo de Menezes (2012).

4 Para uma discussão mais aprofundada sobre essa questão, remetemos nosso leitor ao texto "Aquisição da linguagem: a singularidade, a recorrência, as generalizações" (Del Ré, Mendonça, Mogno, no prelo).

5 "Acquisition du Langage et Grammaticalisation", n. ANRJC 0547273 (disponível em: <http://anr-leonard.ens-lsh.fr>) e ANR COLAJE. Autora do projeto: Aliyah Morgenstern, Paris 3, Sorbonne Nouvelle.

6 Para mais informações sobre as normas de transcrição e o sítio onde elas se encontram alocadas, consultar a apresentação deste livro.

7 Um resultado é estatisticamente significativo quando é improvável que ele possa ser obtido ao acaso. A maior parte dos estudos utiliza o índice de significação 0,05, que corresponde ao resultado observado com menos de 5% de chance de ser obtido ao acaso. Neste caso, ele é estatisticamente significativo. No caso da fórmula $F(1, 118) = 2{,}78$, $p < 0{,}005$), o valor "p" é inferior ao índice de 0,05 ($p < 0{,}05$). Isso revela que o resultado é, portanto, estatisticamente significativo e não depende do acaso.

8 Um contorno de entonação corresponde à forma melódica do enunciado. Essa forma pode ser ascendente, por exemplo, como quando se faz uma pergunta ao seu interlocutor (no enunciado "Você está com fome?" o contorno de entonação é ascendente). O contorno de entonação corresponde, do ponto de vista físico, à evolução da frequência fundamental (*f0*) ao longo do tempo, ou seja, corresponde à estimativa da frequência de vibração das cordas vocais a partir do sinal da fala. Um contorno simples ocorre quando a forma do contorno de entonação é ascendente, descendente, plana ou ainda possui uma única mudança de direção (ascendente-descendente ou descendente-ascendente). A partir de duas mudanças de direção, o contorno caracteriza-se como complexo (do tipo ascendente-descendente-ascendente, por exemplo).

9 *Tiens!*

10 *Je fais comme ça: ta-ta-ta-ta.*

11 *C'est chaud!*

12 *Canaille.*

13 *Chenapan.*

14 *Mais Madeleine, elle s'en moquait!*

15 *Bien la vache: Meuh-meuh-meuh.*

16 *Elle fait un sourire, MAD?*

17 *Ça a l'air délicieux!*

18 *Laisse-moi passer!*

19 *Moi j'ai dit Beviga!*

20 *Ta fille!*

21 *C'est pas du beurk!*

22 *Du beurk!*

23 *Hop!*

24 *Quoi?*

25 *Tu as dit hop!*

26 *Alors que moi, je suis plus forte que vous!*

27 *Elle en a perdu une, petite, son petit nez.*

28 *C'est le poisson roué!*

29 *Bonne bouille!*

30 *Ah! Elle avait la vache, euh!*

Bibliografia

Aristote. *Traité des Parties des Animaux et de la Marche des Animaux*. Livre iii. Chapitre 10. Traduction française, Barthélémy Saint-Hilaire, 1885.

Bachorowski, J.-A.; Smoski, M. J.; Owren, M. J. The acoustic features of human laughter. *Journal of the Acoustical Society of America*, 111 (3), 2001, pp. 1582-97.

Bachorowski, J.-A.; Owren, M. J. Not all laughs are alike: voiced but not unvoiced laughter readily elicits positive affect. *Psychological Science,* 12, 2001, pp. 252-7.

Bainum, C. K; Lounsbury, K. R.; Pollio, H. R. The development of laughing and smiling in nursery school children. *Child Development*, 55(5), 1984, pp. 1946-57.

Bakhtin, M. *L'œuvre de François Rabelais et la culture populaire au Moyen-âge et sous la renaissance*. Paris: Gallimard, 1970.

______. *La Poétique de Dostoïevski*. Paris: Seuil, 1984.

______. Carnets 1970-1971. *Esthétique de la Création Verbale*. Paris: Gallimard, 1984, pp. 349-77.

Bakhtin, M.; Voloshinov, V. N. *Marxismo e filosofia da linguagem*. Trad. Michel Lahud e Yara Frateschi Vieira. 4. ed. São Paulo, Hucitec, 1988.

Bergson, H. *Le Rire. Essai sur la Fonction Comique*. Paris: Editions Alcan, 1924. Réimprimé en 1959 par Les Presses Universitaires de France, 1900, pp. 391-485.

Bickley, C.; Hunnicutt, S. Acoustic analysis of laughter. *Proceedings of the International Conference on Spoken Language Processing*. Banff, Alberta, Canada (2), 1992, pp. 927-30.

Black, D. W. Laughter. *Journal of the American Medical Association*, 252, 1984, pp. 2995-8.

Boersma, Paul. Accurate short-term analysis of the fundamental frequency and the harmonics-to-noise ratio of a sampled sound. *Proceedings of the Institute of Phonetic Sciences*, University of Amsterdam, n. 17, 1993, pp. 97–110.

Boersma, P.; Weenink, D. Praat: doing phonetics by computer (version 5.1.05) [Computer program.]. Retrieved January 1, 2011, 2009. Disponível em: <http://www.praat.org/>.

Bonnet, C.; Tamine-Gardes, J. *Quand l'enfant parle du langage*. Bruxelles: Mardaga, 1985.

Brunner, L. J. Smiles can be back channels. *Journal of Personality and Social Psychology*, 37(5), 1979, pp. 728-34.

Darwin, C. *The Expression of the Emotions in Man and Animals*. London: Murray, 1872 [3rd edition P. Ekman.(ed.) Oxford Univers. Press: N. Y., 1998].

Davila-Ross, M.; Allcok, B.; Thomas, C.; Bard, K. A. Aping expressions? Chimpanzees produce distinct laugh types when responding to laughter of others. *Emotion*, 11(5), 2011, pp. 1013-20.

Del Ré, A.; Hilario, R. N.; Mogno, A. S. Aquisição da linguagem: a singularidade, a recorrência, as generalizações. In: Del Ré, A.; de Paula, L.; Mendonça, M. C. (eds.). *A linguagem da criança*: um olhar bakhtiniano. São Paulo: Contexto, 2014.

Del Ré, A.; Dodane, C.; Morgenstern, A. De l'amusement partagé à la production de l'humour chez l'enfant. *Actes du Colloque l'Humour dans le Bassin Méditéranéen*, Tozeur, 12-14/04/2013.

Dodane, C.; Hirsch, F.; Sauvage, J.; Barkat-Defradas, M. Une analyse préliminaire du rire chez des enfants de 18 à 36 mois. *Actes des XXIXème Journées d'Etudes sur la Parole*, Grenoble, 4-8 juin 2012.

Dunbar, R. I. M. *Grooming, Gossip, and the Evolution of Language*. London: Faber & Faber, 1996.

Dunbar, R. I. M. et al. Social laughter is correlated with an elevated pain threshold. *Proceedings of the Royal Society of Biological Sciences*, 279, 1731, 2012, pp.1161-7.

Edmonson, M. S. Notes on laughter. *Anthropological Linguistics,* 29 (1), 1987, pp. 23-34.

Eibl-Eibesfeldt, I. *Human ethology*. New York: Aldine De Gruyter, 1989.

Fitch, W. T.; Giedd, J. Morphology and development of the human vocal tract: a study using magnetic resonance imaging. *Journal of Acoustical Society of America*, 106, 1999, pp.1511-22.

Fodor, J. A theory of the child's theory of mind. Folk Psychology. *Readings in mind and language*. Davies, Stone, T. Cambridge, Blackwell publishers ltd, 1995.

Fogel, A. et al. *Communication of smiling and laughter in mother-infant play: Research on emotion from a dynamic systems perspective*. San Francisco: Jossey-Bass, 1997.

Foot, H. C.; Chapman, A. J.; Smith, J. R. Friendship and social responsiveness in boys and girls. *Journal of Personality and Social Psychology*, 35, 1977, pp. 401-11.

Grammer, K.; Eibl-Eibesfeldt, I. The ritualisation of laughter. In: Koch, W. A. (ed.). *Natürlichkeit der Sprache und der Kultur: acta colloquii,* Bochumer Beiträge zur Semiotik, 18. Bochum: Brockmeyer, 1990, pp. 192-214.

Haarman, L.; Morley, L.; Partington, A. Habeas corpus: methodological reflections on the creation and use of a specialised corpus. In: Cagliardi, C. (ed.). *Quantity and Quality in English Linguistic Research*: Some Issues. Pescara: Libreria dell'Università Editrice, 2002, pp. 55-119.

HABERMANN, 1955, cit. In: LUCHSINGER, R. L.; ARNOLD, G. E. *Voice, Speech and Language*. Constable and co., Ltd., 1965.

HIRSON, A. Human laughter – A forensic phonetic perspective. *Studies in Forensic Phonetics*. BRAUN, A.; KÖSLER, J. P. Wissensch. Verlag Trier, 1995, pp. 77-86.

HUBER, T.; RUCH, W. Laughter as a uniform category? A historic analysis of different types of laughter. *10th Congress of the Swiss Society of Psychology*. September 13-14 2007, University of Zurich, Switzerland, 2007.

JOHNSON, K. E.; MERVIS, C. B. First steps in the emergence of verbal humor: a case study. *Infant Behavior and Development*, 20(2), 1997, pp. 187-96.

KENT, R. D. Articulatory-acoustic perspectives on speech developement. *Language Behavior in Infancy and Early Childhood*. R. E. Stark (ed.). New York: Elsevier, 1981, pp. 105-26.

KENT, R. D.; TILKENS, C. Oromotor foundations of speech acquisition. In: MCLEOD, S. (ed.). *International Guide to Speech Acquisition*. Clifton Park: Thomson Delmar Learning, 2007.

KORI, S. Perceptual dimensions of laughter and their acoustic correlates. *Proceedings of the International Conference of the Phonetic Sciences,* Tallinn (4), 1989, pp. 255-8.

LA POINTE, L. L.; MOWRER, D. M.; CASE, J. L. Comparative acoustic analysis of the laugh responses of 20 year old and 70 year old males, 1990, pp. 1-9.

LIEBERMAN, P.; CRELIN, E. S.; KLATT, D. H. Phonetic ability and related anatomy of the newborn and adult human. Neanderthal man, and the chimpanzee. *American Antropologist*, 74, 1972, pp. 287-307.

LUCHSINGER, R.; ARNOLD, G. E. *Voice-Speech-Language*. Belmont: Wadsworth, 1965.

MAKAGON, M. M.; FUNAYAMA, E. S.; OWREN, M. J. An acoustic analysis of laughter produced by congenitally deaf and normally hearing college students. *Journal of Acoustical Society of America*, 124(1), 2008, pp. 472-83.

MARTEL, K.; DODANE, C. Le rôle de la prosodie dans les premières constructions grammaticales: étude de cas d'un enfant français monolingue. *French Language Studies*, 22, 2012, pp. 13-35.

MATSUSAKA, T. When does play panting occur during social play in wild chimpanzees? *Primates*, 45, 2004, pp. 221-9.

MCGHEE, P. E. *Humor, its origin and development*. San Francisco: W. H. Freeman, 1979.

MEHU, M. An evolutionary approach to human social behavior: the case of smiling and laughing. *School of Biological Sciences*, 270, 2006.

______. Smiling and laughter in naturally occurring dyadic interactions: relationship to conversation, body contacts, and displacement activities. *Human Ethology Bulletin*, v. 26, iss. 1, 2011, pp. 10-28.

MENEZES, C. Acoustic and phonetic differences in laughter of male children and adults. *Speech Prosody 2012*, submission 182, 2012.

MORGENSTERN, A. *L'enfant dans la Langue*. Paris: Presses de la Sorbonne Nouvelle, 2009.

MORGENSTERN, A; PARISSE, C. The Paris Corpus. *French Language Studies*, 22(1), Cambridge University Press, 2012, pp. 7-12.

MOWRER, D. E.; LAPOINTE, L. L.; CASE, J. Analysis of five acoustic correlates of laughter. *Journal of Nonverbal Behavior*, 11(3), 1987, pp. 191-9.

NWOKAH, E. E. et al. Vocal affect in three year olds: a quantitative acoustic analysis of child laughter. *Journal of Acoustical Society of America*, 94, 1993, pp. 3076-90.

NWOKAH, E.; HSU, H.; DOBROWOLSKA, O.; FOGEL, A. The development of laughter in mother-infant communication: timing parameters and temporal sequences. *Infant Behavior and Development*, 17, 1994, pp. 23-35.

NWOKAH, E.; HSU, H.; DAVIES, P.; FOGEL, A. The integration of laughter and speech in vocal communication: a dynamic systems perspective. *Journal of Speech, Language and Hearing Research*, 42, 1999, pp. 880-94.

PIKE, K. L. *Phonetics*. Ann Arbor: University of Michigan Press, 1943.

PROVINE, R. R. Laughter punctuates speech: linguistic, social and gender contexts of laughter. *Ethology*, 95, 1993, pp. 291-8.

______. Laughter. *American Scientist*, 84.1, 1996, pp. 38-47.

_____. *Le rire, sa vie, son œuvre*. Paris: Robert Laffont, 2003.

PROVINE, R. R.; YONG, Y. L. Laughter: a stereotyped human vocalization. *Ethology*, 89, 1991, pp. 115-24.

RABELAIS, François. *Gargântua*. 1. ed. 1534. Paris: Gallimard (Folio, 2004), 352 p.

ROTHBART, M. K. Laughter in young children. *Psychological Bulletin*, 80(3), 1973, pp. 247-56.

ROTHGÄNGER, H.; HAUSER, G.; CAPPELLINI, A. C.; GUIDOTTI, A. Analysis of laughter and speech sounds in italian and german students. *Naturwissenschaften*, 85, 1998, pp. 394-402.

SALAZAR-ORVIG, A. Eléments pour l'analyse de la connivence dans le dialogue. In: BONDI, M.; STATI, S. *Dialogue Analysis 2000, Selected papers from the 10th IADA Anniversary conference, Bologna 2000.* Tübingen: Niemeyer, 2003, pp. 339-50.

SARRA, S.; OTTA, E. Different types of smiles and laughter in preschool children. *Psychological Reports*, 89, 2001, pp. 547-558.

SASAKI, C. T.; LÉVINE, P. A.; LAITMAN, J. T.; CRELIN, E. S. Postnatal descent of the epiglottis in man. A preliminary report. *Archives of Otolaryngology*, 103 (3), 1977, pp. 169-71.

SAUTER, D.; EISNER, F.; EKMAN, P.; SCOTT, S. K. Cross-cultural recognition of basic emotions through nonverbal emotional vocalizations. *Proceedings of the National Academy of Sciences*, USA, 107, 2010, pp. 2408-12.

SAUVAGE, J.; DODANE, C.; HIRSCH, F.; BARKAT-DEFRADAS, M. L. Réflexions méthodologiques sur l'analyse phonétique d'un corpus longitudinal et transversal en acquisition du langage. *Corpora*, 24/09/2012, Montpellier (no prelo).

SAVITHRI, S. R. Journal of Acoustics of Laughter. *Journal of Acoustical Society of India*, v. 28, 2000, pp. 233-8.

SEEPERSAND, F. *Laughter and language evolution*: does the topic of conversation eliciting the most laughter last longer? University of Liverpool, 1999.

SHI, R.; MORGAN, J.; ALLOPENNA, P. Phonological and acoustic bases for earliest grammatical category assignment: a cross-linguistic perspective. *Journal of Child Language*, 25, 1998, pp. 169-201.

SIGURET, P. La fortune du rire chez Baudelaire, Bergson et Bakhtine. In: MADINI, M. (eds.). 2000 ans de Rire: Permanence et Modernité. Annales Littéraires de l'Université de Franche-Comté, 741, *Linguistique et Sémiotique*, v. 42. Besançon: Presses Universitaires Franc-Comtoises, 2000, pp. 103-10.

SROUFE, L. A.; WATERS, E. The ontogenesis of smiling and laughter: a perspective on the organization of development in infancy. *Psychological Review*, 83, 1976, pp. 173-89.

SROUFE, L. A.; WUNSCH, J. P. The development of laughter in the first year of life. *Child Development*, 1972, 43, 1326-44.

SZAMEITAT, D. P. et al. Acoustic profiles of distinct emotional expressions in laughter. *Journal of the Acoustical Society of America*, 126, 2009, pp. 354-66.

TENNIS, K. *The Acoustic Features of Children's Laughter*. Thèse soutenue à l'Université Vanderbilt (USA), 2009.

TOMASELLO, M.; RAKOCZY, H. Qu'est-ce qui rend la cognition humaine unique? Intentionnalité individuelle, partagée et collective. Résumé. Culture and Society: *Some Viewpoints of Cognitive Scientists, Intellectica* 46-47, 2007/2-3.

TROUVAIN, J. Segmenting phonetic units in laughter. *15th International Congress of Phonetic Sciences, Barcelona*. 2003, pp. 2793-6.

TRUONG, K.; TROUVAIN, J. Laughter in conversational speech: laughing together *vs.* laughing alone. *Interdisciplinary Workshop on Laughter and other non-verbal vocalizations in speech*. Dublin, October 26-27, 2012.

VETTIN, J.; TODT, D. Laughter in conversation: features of occurrence and acoustic structure. *Journal of Nonverbal Behavior*, v. 28(2), 2004, pp. 93-115.

Argumentação e explicação

Alessandra Jacqueline Vieira
Selma Leitão

Embora um grande número de estudos já tenha sido produzido sobre os temas da argumentação e da explicação, sobretudo no âmbito da educação (Candela, 1997; Ximenes, 2010), constata-se que relativamente poucos trabalhos atentam para a questão das diferenças e intersecções existentes entre essas condutas, especialmente no que diz respeito à linguagem infantil. Em face dessa lacuna, o presente capítulo tem por objetivo investigar as condutas explicativas e argumentativas produzidas na fala de crianças, filmadas em situações de interação com os pais, em contextos cotidianos (refeições, brincadeiras etc.). Trata-se de investigar, especificamente, em que medida é possível aproximar e distanciar essas noções presentes no discurso infantil – e comumente tratadas como similares na literatura (Raccah, 2008; Münchow, Rakotonoelina, 2008) –, observando-as a partir das ocorrências de *porque*. Que diferenças existiriam entre as condutas argumentativas e explicativas? E como o marcador *porque* poderia evidenciar tais diferenças?

Acredita-se que a escolha de analisar os dados focalizando o uso dos *porquês* na linguagem da criança ajude a evidenciar possíveis diferenças entre as condutas em questão, em vista das funções distintas que esse marcador pode assumir dentro do discurso. Essas funções variam, mesmo gramaticalmente, em função de um uso mais explicativo ou mais argumentativo, dependendo da situação discursiva. E é isso precisamente o que se pretende mostrar nas falas das crianças aqui elencadas. A hipótese do estudo é que ambas as condutas possuem diferenças importantes na fala infantil e que cada uma, a seu modo, contribui para o seu desenvolvimento *linguageiro*. Investigar ocorrências do *porque* argumentativo e explicativo na fala da criança pode, portanto, possibilitar uma melhor compreensão dos mecanismos linguísticos utilizados por ela na aquisição do argumentar e do explicar.

Para investigar empiricamente tais questões, são analisados dados de GUS, uma criança brasileira monolíngue, falante do português do Brasil (Grupo NALingua-CNPq), e MAD, uma criança francesa monolíngue, falante do francês (Grupo COLAJE – Morgenstern, Parisse, 2012). A opção por selecionar participantes de duas populações distintas (uma criança brasileira e uma francesa) tem por intuito observar o funcionamento do *porque* explicativo e argumentativo na linguagem de crianças de diferentes realidades sociais e linguísticas.

Quadro de referência do estudo

Na investigação desses fenômenos nas falas das crianças, tomam-se como quadro teórico geral concepções sobre a linguagem formuladas por Bakhtin/Voloshinov (1995, 1976) e Bakhtin (1997a,b) – especialmente no que diz respeito a noções referentes ao discurso, tais como: dialogismo, gêneros do discurso, entonação e importância da interação e das relações sociais empreendidas. Já com relação especificamente às condutas explicativas, parte-se das ideias de autores como Pontecorvo (1990), Morgenstern e Sekali (2008), Grize (1980), Borel (1980), Hudelot et al. (2003), Hudelot e Salazar-Orvig (2003), tendo como pressuposto que a explicação é uma conduta na qual o interlocutor, em situação de interação com o outro, deve fornecer a causa ou a razão do problema que surge eventualmente no discurso (Veneziano, 1999). No que se refere à argumentação, o pressuposto é o de que a argumentação é uma conduta igualmente específica, cujo surgimento, no discurso, depende da existência de uma oposição percebida – um embate –, diante da qual a defesa de pontos de vista e a negociação de posições contrárias se tornam pertinentes (Leitão, 2007a,b).

É importante, também, enfatizar, na abertura mesmo deste capítulo, as dificuldades enfrentadas ao se lidar com o discurso vivo, retirado da comunicacão real, no momento da interação. Essa dificuldade é ainda maior ao se tratar da linguagem infantil, já que a criança nem sempre se preocupa com o sentido global, tendo, muitas vezes, uma compreensão e/ou apreensão particular das situações (Del Ré, 2003, 2006; Vieira, 2011). Nesse sentido, há que se considerar o inevitável desafio de sempre levar em consideração não apenas aquilo que é dito, mas também as situações nas quais os discursos emergem, além de enfatizar, na análise de dados, a relevância do universo infantil. Essas ideias, fortemente ligadas às formulações de Bakhtin e o Círculo, ancoram a perspectiva analítica adotada no tratamento das falas das crianças apresentadas no presente texto.

Bakhtin: linguagem como diálogo

Para dar conta dos fenômenos aqui propostos, parte-se da ideia-força proposta por Bakhtin e membros do Círculo, segundo a qual o funcionamento da linguagem é inerentemente dialógico (Bakhtin, 1997a,b). Acredita-se que tal concepção auxilia no entendimento de diferentes elementos nos quais a fala da criança emerge e está sempre envolvida, tais como a interação com o outro, o presumido, a subjetividade, a palavra alheia que gradualmente se pode tornar palavra própria/pessoal, dentre outros conceitos.

Para Bakhtin, o enunciado só pode ser entendido no interior do *todo* verbal. Ou seja, quando falamos, relacionamos nosso enunciado a tudo o que já foi dito sobre o "objeto" (uma memória discursiva do passado), levamos em conta quem é nosso interlocutor e pressupomos ou nos precavemos de suas possíveis respostas. Em toda comunicação, é preciso que os participantes estejam atentos ao contexto, aos presumidos que envolvem a situação de comunicação. As situações partilhadas são, dessa forma, fundamentais, pois sem elas podem ocorrer os desencontros (de linguagem), os mal-entendidos, os quiproquós etc.

Além disso, há que se considerar que, quando se pensa particularmente na linguagem infantil, adquire especial relevo a importância da interação.

> As influências extratextuais têm uma importância especial nas primeiras fases da evolução do homem. Essas influências se envolvem na palavra (ou noutros signos), e tal palavra é a dos outros, e, acima de tudo, a da mãe. Depois disso, a "palavra do outro" se transforma, dialogicamente, para tornar-se "palavra pessoal-alheia" com a ajuda de outras "palavras do outro", e depois, palavra pessoal (com, poder-se-ia dizer, a perda das aspas). A palavra já tem, então, um caráter criativo. (Bakhtin, 1997: 405-406)

Em consonância com essa ideia, acredita-se que, para entender a linguagem infantil, faz-se necessário partir das relações de interação verbal da criança com o outro, dentro de um processo dialógico que, necessariamente, envolve a criança, seus interlocutores imediatos e as vozes sociais com as quais ela dialoga. É na interação verbal que ela adquire a capacidade de fazer uso dos diferentes gêneros do discurso (que compõem esferas de comunicação distintas) e, também, dos enunciados alheios que, com o passar do tempo, a partir das relações, da interação empreendida entre ela e o outro, se transmudam gradualmente em palavra pessoal.

Isso significa que, no processo de aquisição da linguagem, a criança não aprende apenas elementos puramente linguísticos, mas, principalmente, ela compreende gradativamente a forma como utilizar e relacionar esses elementos à sua própria realidade de linguagem, transformando-os paulatina e criativamente em palavra pessoal. Processo esse que se dá conforme sua necessidade no momento da enunciação e é configurado, inescapavelmente, por todo um contexto criado por cultura, ideologias, crenças etc.; sendo a criança, portanto, um sujeito ativo, e não passivo.

A criança entra na língua/linguagem por meio dos gêneros do discurso (Bakhtin, 1997a,b; Salazar-Orvig, 2008) e é por meio deles que ela vai adquirindo as nuances linguísticas de sua própria comunidade. Sendo assim, ao se lidar com a fala (como a da criança), necessário se faz levar em consideração a enunciação, a comunicação viva, por meio da qual a criança apreende o mundo, e as formas de dizer do/no mundo. Em "Os gêneros do discurso", por exemplo, Bakhtin (1997a) apresenta suas concepções de palavra e oração. Para ele, a palavra só pode ser compreendida na entonação viva, ou seja, em situações reais de comunicação dirigida a outro, entoada de acordo com o querer dizer do interlocutor e a partir da relação existente entre os interactantes. Sendo assim, como nos afirma Ponzio, a palavra não tem seu valor semântico senão dentro de seu contexto de produção, a partir da enunciação.

> A unidade de base, no plano do sentido, é a enunciação, porque apenas a esta, enquanto contextualizada, ou enquanto de alguém e dirigida a alguém, enquanto dotada de subentendido, enquanto entoada, enquanto destinada a expressar algo, pode seguir uma compreensão responsiva, diferentemente da frase, que sem tudo isso, pode ser entendida no seu significado ou nos possíveis significados apenas imaginando-a como uma possível enunciação, com todas as características da enunciação mencionadas acima, ou seja, conferindo-lhe um sentido possível. (Ponzio, 2011: 7)

A entonação, pois, é um elemento fundamental para a compreensão da fala, e, em especial, da criança. É ela que dá o tom da conversação, das apreciações, que determina a interpretação pelo interactante, uma vez que ela está na fronteira entre o verbal e não verbal, o dito e o não dito.

> [...] cada instância da entoação é orientada em *duas direções:* uma em relação ao interlocutor como aliado ou testemunha, e outra em relação ao objeto do enunciado como um terceiro participante vivo, a quem a entoação repreende ou agrada, denigre ou engrandece. *Esta orientação social dupla é o que determina todos os aspectos da entoação e a torna inteligível.* (Bakhtin/Voloshinov, 1926: 9, destaques nossos)

Pensar sobre a linguagem da criança é, portanto, refletir a respeito de questões que envolvem a língua/linguagem e o outro, colocando em evidência as relações indissociáveis entre os dois durante a comunicação. Os aspectos aqui ressaltados não têm, naturalmente, a pretensão de esgotar e/ou discutir o conjunto do pensamento de Bakhtin e do Círculo; com os aspectos mencionados busca-se apenas apontar alguns elementos da teoria que, assim se acredita, podem auxiliar na compreensão da comunicação e das relações discursivas no âmbito da fala da criança – e, em especial, no âmbito da argumentação e da explicação da criança.

Argumentação e explicação

Argumentação e explicação são condutas complexas cuja conceituação tem desafiado teóricos e pesquisadores em diferentes campos, ora consideradas muito próximas – tratadas como iguais ou similares pela literatura (Raccah, 2008; Münchow, Rakotonoelina, 2008) –, ora definidas como condutas específicas, cujas particularidades e inter-relações necessitariam ser teoricamente conceituadas e empiricamente descritas (Claudel, Doury, Moirand, 2008). No quadro de referência adotado no presente estudo, assume-se que tais condutas possuem funções distintas e que, em vista disso, contribuem diferentemente para o desenvolvimento da criança. Partindo desse pressuposto, necessário se faz apontar quais seriam as características distintivas de cada uma delas e como, enquanto condutas comunicativas, podem ser empiricamente diferenciadas.

Na forma como tem sido contemporaneamente tratada, a argumentação é entendida como uma atividade discursiva caracterizada pela sustentação de pontos de vista ante uma situação de contraposição (ou dúvida) em relação a esses mesmos pontos de vista (Plantin, 1996; Van Eemeran et al., 2003). É com esse mesmo sentido que a argumentação é abordada no programa de pesquisa sobre as relações entre argumentação e cognição desenvolvido por Leitão (2001, 2007a, 2007b, 2008) e pelo grupo do NupArg. A argumentação é ali tratada como

> uma atividade discursiva que se caracteriza pela defesa de pontos de vista e consideração de perspectivas contrárias. A necessidade comunicativa de defender um ponto de vista e responder à oposição cria, no discurso, um processo de *negociação* no qual concepções sobre o mundo (conhecimento) são formuladas, revistas, transformadas. (Leitão, 2007b: 75, destaque nosso)

Partindo dessa ideia, a argumentação é conceituada como uma atividade semiótico-discursiva cujas propriedades específicas lhe conferem um mecanismo de aprendizagem.

> Os movimentos discursivos de *justificação de pontos de vista* e *resposta a perspectivas contrárias* criam, no discurso, um processo de negociação no qual concepções a respeito do mundo são continuamente formuladas, revistas e, eventualmente, transformadas. (Leitão, 2007b: 82, destaques nossos)

Mesmo que questões de ensino-aprendizagem não constituam foco de atenção específica do presente texto, o importante a salientar aqui é que a concepção anteriormente apontada tem sido vista como igualmente pertinente no estudo de condutas argumentativas de crianças, bem como para a investigação do processo de aquisição da linguagem (Cury, 2011; Leitão, 2008; Vieira, 2011). Ressalvadas, naturalmente, especificidades inerentes à argumentação (ainda emergente) de uma criança pequena.

Já com relação à explicação, o campo que recobre essa área de pesquisa é vasto, e considerável divergência pode ser encontrada entre autores na maneira de defini-la. Por certo contribui para isso o fato de o termo poder ser entendido em muitas outras acepções, com sutis diferenças de sentido, sendo muitas vezes tomado como relato, narração, justificativa ou argumentação (Veneziano, 2008; Salazar-Orvig, 2008; Morgenstern, Sekali, 2008).

Para François (1988), o sentido da palavra "explicar" pode variar em função: a) do tipo de questão levantada (por quê? como? etc.); b) do tipo do objeto (pode-se responder à pergunta "o que quer dizer tal palavra?" com um exemplo, um sinônimo etc.); c) do tipo de interlocutor (é diferente explicar a um professor ou a alguém que não sabe); d) do lugar da explicação no discurso (explicar pode ser o objeto principal ou pode aparecer durante a narração de um fato, por exemplo); e e) da pessoa que explica (ela pode escolher o modo de explicar em função da situação, de suas preferências etc.). Essa definição de François, ao mesmo tempo que reconhece variações relativas ao termo, permite também circunscrevê-lo, sendo concepção importante na produção das categorias de análise do presente capítulo.

Uma segunda definição de explicação que interessa considerar no contexto do presente trabalho é a de Veneziano, particularmente recorrente em estudos realizados na França:

> [...] o ato de explicação é considerado como um ato comunicativo complexo comportando um *explanandum* – o componente (verbal ou não verbal, explícito ou implícito) que coloca ou que se supõe colocar um problema a seu interlocutor – e um *explanans* – o componente que fornece a causa, a razão, ou motivação que é temporariamente ou logicamente ligado ao *explanandum*. (tradução nossa) (Veneziano, 1999: 2)

O *explanandum*, de acordo com a autora, seria, pois, aquilo que demanda, algo que se apresenta ao interlocutor como um problema a ser enfrentado. Já o *explanans* seria a explicação propriamente dita, o elemento que oferece uma causa, uma razão, um motivo relativo ao *explanandum*. Pensada dessa maneira, a explicação se caracterizaria, portanto, como conduta que abarca simultaneamente o cognitivo e o linguístico.

> Com efeito, inicialmente, a explicação comporta um componente cognitivo (compreensão dos laços de causalidade observável em níveis diferentes do desenvolvimento, mesmo nos mais elementares); em seguida, a explicação liga-se intimamente a uma colocação em linguagem (*mise en langage*), consista ela em uma forma simples ou em uma forma complexa, podendo chegar à formulação do próprio laço causal em frases subordinadas com "porque". (Berthoud-Papandropolou, Favre, Veneziano, 2003: 40)

Consideradas as definições de argumentação e explicação anteriores, algumas características aparecem como distintivas de uma e outra condutas.

Grosso modo, a explicação pode ser compreendida como um elemento que surge no discurso quando há algo a ser clarificado, um problema a ser resolvido – sem que isso venha a provocar, no entanto, uma oposição, uma polêmica –, uma situação na qual é preciso apontar o motivo, a razão ou o "como" ao interlocutor. Se bem que ambas as condutas – argumentar e explicar – "pedem" ou implicam a participação do enunciador, e, nesse caso, a explicação estaria relacionada a situações-problema que surgem no discurso quando o motivo ou a razão de algo precisa ser explicitado para que não ocorra a incompreensão do enunciado ou o mal-entendido. Situações dessa ordem são, por exemplo, aquelas em que se explicita o motivo de se falar determinado enunciado, e não outro; de usar determinada palavra; de falar de determinado objeto ou sujeito; de explicitar o contexto no qual um enunciado faz mais sentido etc. Ponto comum a todos esses casos é que neles a negociação discursiva é um processo que ocorre sem a oposição de outro ao discurso de um enunciador.

Já com relação à argumentação, o contexto de seu surgimento estaria mais próximo ao da contraposição de ideias e da defesa de pontos de vista, ao oferecimento de justificativas para uma tomada de posição e/ou apoio a uma dada afirmação (Leitão, 2007a,b). Uma vez que se considere o papel da contraposição como contexto discursivo necessário ao argumentar, sugere-se que três seriam os elementos discursivos mínimos para que se tenha uma argumentação: um *argumento*, que se manifesta na forma de afirmação e defesa de um ponto de vista; um *contra-argumento*, que traz para a situação discursiva um elemento de oposição; e uma *resposta*, que marca a reação do proponente do argumento ao elemento de oposição considerado. É nesse sentido que se pode dizer que a argumentação contribui decisivamente para o desenvolvimento linguístico-cognitivo da criança uma vez que, para defender um ponto de vista, será preciso considerar o contexto discursivo em que a argumentação acontece, a relação entre os participantes da argumentação, bem como repensar afirmações sobre aquilo a respeito do que se argumenta (Leitão, 2007a,b). Desde que a argumentação surge no discurso quando há uma oposição de ideias, essa mesma oposição impelirá o falante a rever seu discurso, refletindo sobre novas formas de dizer. De todas essas nuances, a criança apenas gradualmente poderá tomar consciência conforme se desenvolve e se relaciona em sociedade (Leitão, 2008).

As ideias até aqui discutidas poderiam, talvez, ser contempladas, de maneira sucinta, nas afirmações de Claudel, Doury e Moirand (2008: 100):

> A orientação essencialmente discursiva de nossa aproximação da explicação encontra-se igualmente em nossa concepção de argumentação. Longe das definições de argumentação compreendida como dispositivo linguageiro visando a persuadir ou, de maneira mais ampla, de fazer dividir uma "visão do mundo", a aceitação retida no quadro deste trabalho inscreve-se na tradição que coloca no centro da argumentação a confrontação de um discurso e de um contradiscurso; por consequência, definiremos a argumentação como *modo de construção de um discurso que visa tornar-se mais resistente à contestação* (Doury, 2003). Este foco sobre o desacordo como base da argumentação faz eco nos diversos trabalhos (Grize, 1981a,b) que distinguem a explicação como uma configuração não polêmica, em oposição à justificação e à argumentação. (tradução nossa)

Definidas as especificidades das duas condutas, a pergunta que se segue, no plano empírico, seria: mas de que maneira se poderiam identificar os usos dessas condutas? Qual(is) seria(m) o(s) indício(s) mais revelador(es), que poderia(m) auxiliar a encontrar essas condutas no discurso? Pensando nessas questões, o *porque* aparece como elemento quase inevitável a ser considerado em sua condição de marcador que pode se fazer presente em ambas as condutas.

Breves considerações sobre os diferentes tipos de *porquê*: o explicativo, o causal e o argumentativo

Nas gramáticas atuais, é frequente encontrar a definição do *porque* atrelada ao seu valor explicativo e causal. De acordo com Castilho (2010), por exemplo, uma oração com *porque* (explicativo) fornece uma justificação, uma explicação, insere informações, descreve o objeto, enumera características etc. Já no quadro dos estudos contemporâneos da argumentação, o interesse recai nos usos do *porque* argumentativo, que surge no discurso atrelado eminentemente à justificação de pontos de vista. Essa distinção torna-se importante neste texto, uma vez que o uso do marcador com um ou outro valor (explicativo ou argumentativo) pode gerar/marcar diferentes condutas na fala da criança.

Em *A lógica dos verdadeiros argumentos*, Fisher (2008) chama a atenção para a ambiguidade inerente à partícula *porque* e toda a complexidade que isso agrega à tarefa de identificar e analisar argumentos produzidos em linguagem natural (a chamada "argumentação cotidiana"). Essa ambiguidade decorre essencialmente dos distintos usos a que se presta o *porque* em diferentes contextos comunicativos. Três usos são distinguidos então. Num primeiro caso apresentado por Fisher, o uso do *porque* assinala a presença de uma razão, de um suporte para uma conclusão ou ponto de vista, caso em que se pode afirmar que o *porque* assume um valor eminentemente argumentativo. Uso distinto é aquele no qual a presença do *porque* num enunciado estabelece uma relação causal entre dois elementos. Ainda, num terceiro caso, o *porque* aparece num enunciado de modo a marcar o oferecimento de algum tipo de explicação. Três exemplos são construídos e apresentados pelo autor num esforço de ilustrar os diferentes usos do *porque*, tratados anteriormente (Fisher, 2008: 27):

1) João quebrou a janela porque tropeçou.
2) João quebrou a janela porque esqueceu a chave.
3) João deve ter quebrado a janela, porque era a única pessoa dentro da casa.

Importante salientar que esses exemplos, mesmo que não ligados a contextos reais e imediatos de comunicação (artificialmente criados pelo autor para ilustrar diferentes usos do *porque*), só podem ser compreendidos a partir do momento em que lhes é dado um contexto, uma situação na qual emergiriam. O entendimento do que é dito em cada caso, exige, inevitavelmente, que se pressuponham contextos comunicativos nos quais cada uma dessas afirmações seria cabível.

Isso posto, é possível afirmar que apenas no terceiro caso um argumento é efetivamente apresentado: a informação de que João "era a única pessoa dentro da casa" (quando a janela foi quebrada, subentende-se) apoia a conclusão (permite a inferência) de que é ele quem deve ter quebrado a janela. Usos diferentes podem ser observados nos dois outros exemplos. Enquanto no primeiro a presença do *porque* estabelece uma relação causal entre "tropeçar" e "quebrar a janela" (o tropeço de João foi o que causou a quebra da janela), o segundo oferece uma explicação – no caso, uma razão/motivação para que João tenha quebrado a janela.

Particularizando os usos do *porque* explicativo ou argumentativo (de interesse, especial, aos propósitos do presente capítulo), certas características distintivas podem ser apontadas nos contextos em que um e outro são tipicamente usados. No caso da argumentação, a necessidade comunicativa de oferecer um elemento de apoio, introduzido através do *porque*, liga-se ao fato de que, sem esse apoio, algo anteriormente afirmado é duvidoso, passível de ser contestado. Diferentemente disso, no caso da explicação, algo necessita ser mais bem entendido (em vez de "comprovado") em vista da incompreensão do todo de um enunciado, de dados terem sido fornecidos de modo incompleto ou, ainda, da existência de conhecimento ainda não partilhado por um dos interlocutores (Ximenes, 2010).

Voltando-se aos exemplos de Fisher, a afirmação de que João deve ter quebrado a janela (exemplo 3) poderia ser duvidosa num dado contexto. A informação de que só ele estava em casa confere, entretanto, força à hipótese de que ele a teria quebrado. Diferentemente, no exemplo 2, a afirmação de que "João quebrou a janela" não é questão que possa suscitar dúvida, restando apenas compreender/explicar a razão pela qual o teria feito.

Como seria previsível, nuances de diferenciação entre casos como os citados anteriormente se tornam ainda mais complexas ao se lidar com a fala de crianças muito pequenas, em processo de aquisição de linguagem. O que se pode aí encontrar são exemplos desses conectores (que em muitas outras situações permanecerão implícitos), mas que só se tornam compreensíveis, ou interpretáveis pelo outro (pais, analista, outros parceiros discursivos), a partir da situação na qual emergem. Por esse prisma, as interpretações dos pais são fundamentais ao trabalho de análise do discurso da criança – assim como igualmente essenciais são, é claro, o encadeamento de enunciados e sua contextualização. A partir disso, convém, neste momento, verificar tais questões teóricas na fala de duas crianças, buscando essas nuances e os elementos que compõem ambas as condutas.

Questões metodológicas

Num esforço de aproximação às questões até aqui propostas, analisam-se em seguida dados de duas crianças, uma brasileira (GUS), falante do português do Brasil, e uma francesa (MAD), falante do francês, sendo as duas monolíngues. Em ambos os casos, os dados foram produzidos em momentos de interação natural entre as crianças e seus respectivos pais e/ou babás. As filmagens foram feitas longitudinalmente, uma vez por mês, nas casas das próprias crianças.

No caso de GUS, os dados começaram a ser produzidos desde o seu nascimento, como parte do projeto NALingua. Tal projeto tem acompanhado, até hoje, sete crianças com o objetivo de observar seu desenvolvimento linguístico a partir de registros videográficos realizados do nascimento até os 7 anos. Contudo, para este capítulo, com o intuito de verificar as condutas explicativas e argumentativas em um momento em que GUS já as utiliza corriqueiramente, trabalhou-se com os dados dos 35 e 36 meses. Pelo mesmo motivo, os dados de MAD foram selecionados dos 35 aos 39 meses (uma vez que a criança já produz, nessa etapa, muitos enunciados argumentativos e explicativos), dados estes que foram gerados em Paris, através de filmagens realizadas do nascimento aos cinco anos de idade e fazem parte do acervo de dados do projeto COLAJE, coordenado por Aliyah Morgenstern.[1]

Ao se elegerem, para fins de análise, registros da fala da criança em situações naturais de interação, não se podem ignorar discussões existentes na atualidade quanto aos diferentes tipos de procedimento de produção de dados e suas implicações para as pesquisas sobre aquisição da linguagem. Devido ao objetivo e à temática proposta para este trabalho, acreditamos que a construção de dados feita em ambiente natural, em situações de interação entre as crianças e seus pais, contribui para uma melhor compreensão dos fenômenos salientados. Isso porque a possibilidade de averiguar as cenas enunciativas com os interactantes diários da criança fornece pistas sobre como a conivência e o presumido[2] estão presentes desde o início da aquisição da linguagem. Busca-se, assim, observar o discurso não enquanto unidade da língua (Bakhtin, 1997a,b), mas como unidade de comunicação (enunciado e enunciação), que nos auxilia na compreensão de como ocorre a comunicação humana e, em meio a esta, o desenvolvimento da linguagem infantil.

Para tratamento empírico do tema aqui proposto, é importante salientar, de início, as categorias analíticas adotadas. Levando-se em consideração o foco do trabalho – condutas explicativas e argumentativas da criança, que podem ser evidenciadas a partir do uso dos *porquês* – busca-se apontar como diferentes usos possuem funções distintas na fala da criança e podem, portanto, contribuir diferentemente para o desenvolvimento da linguagem.

Para tanto, um conjunto de categorias é elencado para análise da argumentação, conforme Leitão (2007a, b, 2008): *argumento*; *contra-argumento*; *resposta*. Além desses elementos relacionados à argumentação, Salazar-Orvig (2008) salienta um conjunto de outros fatores a ser levado em consideração na análise da explicação e da conversação de um modo geral e que será igualmente incorporado às reflexões do presente trabalho.[3]

Considera-se que, tomadas em conjunto, as categorias podem auxiliar na análise dos dados aqui propostos, possibilitando identificar algumas diferenças entre as condutas explicativas e argumentativas emergentes na fala da criança, principalmente a partir do marcador do tipo *porque*. Aqui analisamos as falas das crianças GUS e MAD.

Na situação do primeiro exemplo, transcrito a seguir, tem-se a criança (GUS), a observadora (tratada pela família como "tia Lê") e os pais brincando na sala do apartamento da família:

Exemplo 1: (GUS, 35 meses)
(207) GUS: olha Neuci olha pa(ra) mim.
(208) OBS: Neuci como assim Neuci, é meu nome Neuci?
(209) GUS: não é, é tia Lê.
(210) OBS: a bom [risos]
(211) MÃE: quem que é a Neuci?
(212) GUS: é aquele [olha e aponta para a sacada]
(213) GUS: eu não dá para ve(r) ela daqui porque eu, o ti(a), o Neuci?

(214) OBS: [risos]
(215) PAI: a Neuci não (es)tá aqui filho.
(216) GUS: o tia Lê?
(217) OBS: oi?
(218) GUS: não dá para ve(r) a casa da Neuci porque é longe.
(219) OBS: é longe daqui, (vo)cê queria ver a casa dela daqui da sacada?
(220) GUS: não, mas eu não, eu não consigo ve(r).
(221) OBS: é que é longe?
(222) GUS: [tosse, colocando a mão na boca]
(223) GUS: é po(r)que é longe.

Nessa cena, a criança conversa com os pais e a observadora na sala do apartamento e, de repente, chama a OBS de "Neuci", nome de sua babá. Essa troca de nomes realizada pela criança ocorre em várias outras cenas, o que provoca riso e também perguntas dos participantes. É o caso da cena do exemplo 1, na linha 211, em que a mãe indaga quem seria a Neuci (apesar de já saber de quem se trata). São esses questionamentos que, aparentemente, suscitam uma explicação da criança.

A explicação, como já mencionado anteriormente, surge em diferentes contextos discursivos, sendo, em qualquer dos casos, fundamental para introduzir na situação discursiva aspectos e ideias que não estão claros para o(s) interactante(s) e que, em vista disso, podem comprometer a comunicação. No caso selecionado, tem-se, na linha 212, uma explicitação de GUS impulsionada pela pergunta da mãe. A criança usa inicialmente um "aquele", ao que os interlocutores interpretam como sendo a própria babá. Diante do questionamento, a criança, ainda sentada na sala do apartamento, tenta responder à pergunta da mãe "Quem é Neuci?", mas, também (linha 213), indicar o *porquê* de não conseguir ver a casa da babá da sala ou da sacada. O *porquê*, nesse contexto, adquire, portanto, um sentido causal (o lugar onde se posiciona o observador/criança causa impedimento à visão da casa da babá). Dessa maneira, pode-se dizer que se tem, na linha 218, uma explicação do tipo causal com uma justificativa da criança para um interlocutor que não é conhecedor do assunto, no caso, a OBS. Do mesmo modo, temos também um *porque* causal em 223, no qual a criança explica o motivo de não conseguir ver a casa da babá ("É porque é longe").

Como mencionado anteriormente, em situações de interação com o adulto, a fala da criança é, muitas vezes, reinterpretada e reformulada, como forma de dar sentido ao diálogo. Isso pode ser facilmente percebido no excerto citado. O que poderia se tornar *nonsense*, uma vez que a pergunta formulada era "quem", e não "onde mora" a babá, é ressignificado pelo interlocutor (219), que reinterpreta a fala da criança, dando continuidade ao diálogo e ao encadeamento discursivo, e reforça a importância da explicação da criança para o sentido geral da cena enunciativa.

No exemplo que se segue, uma vez mais a interação entre os pais e a criança ocorre na sala do apartamento onde moram, a partir de uma situação lúdica com um jogo de peças para montar que GUS havia acabado de ganhar da observadora. A análise do excerto deixa claro, conforme aponta François (1984), de que forma a interação, o gênero empregado, a entonação, o encadeamento de enunciados devem ser considerados na análise dos dados.

Exemplo 2: (GUS, 35 meses)
(17) PAI: vamo(s).
(18) GUS: vamo(s), o Match.
(19) GUS: não, põe aqui do lado do Match.
(20) PAI: eu vo(u) po(r) do lado de lá ó, aqui ó.
(21) PAI: aí o(lha).
(22) GUS: assim não (es)tá certo, é po(r) muito, o, o, não pode cabe(r), assim (es)tá menos.
(24) PAI: (es)tá menos né?
(25) PAI: só que não tem mais peça.
(26) MÃE: tem ali ó um quadradin(ho) daquele que faz a montanha, aí.
(27) PAI: esse?
(28) MÃE: é.
(29) PAI: (es)tá bom vai.

Um dos primeiros pontos que chamam a atenção nesse excerto é o que parece ser a presença de um *porque* implícito no enunciado de GUS na linha 22. Apesar de não vir explicitado no enunciado, ele pode ser inferido analiticamente, sendo esse o modo como é interpretado pelo pai, que dá continuidade ao discurso da criança (24). A análise desse fragmento permite que se identifique um exemplo clássico de conduta argumentativa na fala de GUS, uma vez que encontramos nele, explicitamente, todas as subcategorias necessárias para que haja uma argumentação (Leitão 2007a,b). Na fala da linha 19, um ponto de vista inicial é claramente apresentado, ao qual o pai (20) contra-argumenta, formulando outro ponto de vista. Não satisfeito com a oposição do pai, GUS responde à sua oposição reafirmando seu ponto de vista inicial e oferecendo, dessa vez, uma justificativa. Tomadas em conjunto, resposta à oposição do pai, reafirmação do próprio ponto de vista e justificativa adquirem um valor contra-argumentativo em relação ao ponto de vista do pai. Por fim, na linha 29, temos o que pode ser visto como uma resposta do pai ao contra-argumento da criança, com aceitação e incorporação total desse ponto de vista.

A cena apresentada evidencia, de forma clara, uma argumentação por parte da criança, na tentativa de convencer o pai a colocar a peça do brinquedo em outro local.

Apesar de não ser essa, naturalmente, uma argumentação como a que seria produzida por um adulto escolarizado, ou mesmo por uma criança em idade escolar, por exemplo, o fragmento analisado oferece um exemplo clássico de como funcionam as subcategorias argumento, contra-argumento e resposta para gerar uma conduta argumentativa. As três subcategorias aparecem de modo explícito no discurso infantil, permanecendo implícito apenas o marcador *porque*.

É importante ressaltar como os elementos teóricos, aqui já discutidos, são fundamentais para a compreensão dos enunciados da criança. É a partir do todo enunciativo, ou seja, da análise de toda a cena, do encadeamento de enunciados, que podemos compreender a situação discursiva desencadeada entre os interactantes. Do mesmo modo, a entonação é um fator fundamental, pois ela nos possibilita esclarecer o querer dizer da criança, como podemos observar, por exemplo, na linha 22, em que GUS faz uso da entonação, afirmando sua oposição à ação do pai. Além da entonação, os gestos, os presumidos e a conivência entre os participantes fazem toda a diferença para que o pai entenda o querer dizer da criança, compreenda a oposição de GUS e dê continuidade ao diálogo.

O episódio que se segue tem lugar quando GUS e a observadora estão na lavanderia do apartamento da criança. Olhar o funcionamento da máquina de lavar era o passatempo favorito do menino nesse período. Por esse motivo, quando solicitado pela escola que os pais enviassem o brinquedo preferido da criança, para ser colocado no que a escola intitulou "caixa mágica", os pais de GUS fizeram uma máquina de lavar roupas em miniatura, réplica da máquina de lavar roupas original. No momento em que se passa o episódio, observadora e criança estão olhando para a máquina de lavar roupas real e falando sobre seu funcionamento, enquanto GUS segura a máquina de lavar de brinquedo, que será inserida na "caixa mágica" pela professora da escola.

Exemplo 3: (GUS, 34 meses)

(344) OBS: aí, e o que que vai dentro dessa caixa mágica?
(345) GUS: ai não sei, essa não vai na caixa mágica [GUS aponta para a máquina de lavar roupas de verdade]
(347) OBS: ela não entra essa daí?
(348) GUS: não, é porque é só a máquina.
(349) OBS: a.
(350) GUS: só aquela máquina aí fora.
(351) OBS: mas se você quiser levar essa máquina aí num cabe lá naquela caixa mágica?
(353) GUS: não.
(354) OBS: não?
(355) GUS: a máquina cabe [olha para a máquina de brinquedo em seu colo]
(356) OBS: essa daí? [aponta para a máquina de lavar]

(357) GUS: mas essa, essa não [olhando para a máquina de lavar]
(358) OBS: essa não cabe, por quê?
(359) GUS: po(r)que é, esse é muito g(r)ande.
(360) OBS: a, por isso que a mamãe fez uma pequenininha, né?

Ao observarmos os discursos dos adultos com as crianças, observamos muitas vezes as perguntas do adulto sem que o interlocutor queira exatamente saber algo, mas apenas para dar continuidade ao assunto ou testar os conhecimentos da criança. Parece ser isso o que ocorre com a pergunta de OBS na linha 344, que, no entanto, suscita da parte de GUS a formulação de um ponto de vista, uma espécie de tomada de posição quanto ao que pode, ou não, ser posto na "caixa mágica" (345): "Essa não vai na caixa mágica". As reações da OBS à sequência das falas de GUS – marcadas por dúvida (347), contraposição (351: "Mas se você quiser [...]") e novamente dúvida (354: "Não?") – parecem trazer essas falas para o contexto de um embate entre alguma coisa caber ou não caber na caixa mágica. Se assim entendido, as afirmações de GUS nas linhas 348 e 359, ambas precedidas por *porque*, assumiriam um claro valor argumentativo. Em um e outro caso, haveria um esforço de justificar (apoiar) a afirmação de X cabe, ou não, em Y.

Os dois excertos que se seguem são extraídos dos registros realizados com MAD. Na primeira cena, MAD brinca com a mãe e a observadora de "fazer comidas diferentes" com objetos de cozinha de brinquedo, como panela, fogão etc. Instigada por essa brincadeira, MAD pergunta, em cenas anteriores, o que a observadora gostaria de comer. A brincadeira segue até que a observadora diz à criança que seu estômago "grita de fome". As questões feitas pela observadora, aparentemente intrigantes para MAD, geram algumas justificações/explicações de MAD da causa de seu estômago não estar roncando.

Exemplo 4: (MAD, 3 anos e 3 meses)

(1)	MAD: t(u) as très faim? [MAD regarde OBS]	você tá com muita fome? [MAD olha para a OBS]
(2)	OBS: ah ah oui je meurs de faim!	ah ah sim eu tô morrendo de fome!
(3)	OBS: mon ventre fait du bruit. [MAD prend le couvercle et regarde dans la casserole]	meu estômago tá fazendo um barulho. [MAD pega a tampa e olha dentro da panela]
(4)	MÃE: i(l) fait du bruit ton ventre Madeleine de temps en temps? [MAD met le couvercle sur la casserole et regarde MÃE]	teu estômago faz barulho de vez em quando MAD? [MAD coloca a tampa sobre a panela e olha MÃE]

(5)	MAD: hum oh non! [MAD fait un signe avec la tête que non et ensuite répond]	hum oh não! [MAD faz um sinal com a cabeça que não e em seguida responde]
(6)	MAE: non [sourit]?	não [sorri]?
(7)	OBS: non?	não?
(8)	MAD: non ça fait pas de bruit les ventres [en souriant]! [MAD tourne vers OBS en souriant]	não não os estômagos não fazem barulho! [MAD se volta para a OBS sorrindo]
(9)	OBS: si ça fait du bruit des fois ça hurle ça réclame.	sim faz barulho algumas vezes ele grita ele reclama.
(10)	OBS: ça réclame des carottes des tomates. [MAD devient sérieuse et regarde OBS]	ele pede cenouras tomates. [MAD fica séria e olha a OBS]
(11)	OBS: les ventres. [MAD semble bien perplexe]	os estômagos. [MAD parece bem perplexa]
(12)	OBS: quand ils ont très, très faim.	quando eles estão com muita, muita fome.
(13)	OBS: i(ls) sont très, très vides.	eles estão muito, muito vazios.
(14)	MAD: oui mais là i(ls) sont remplis! [MAD retrouve son sourire et touche avec ses mains son ventre]	sim mas aqui eles estão cheios! [MAD volta a sorrir e toca com as suas mãos sua barriga]
(15)	OBS: bah peut être que toi il est rempli moi il est vide. [MAD sourit]	ah talvez o seu tá cheio o meu tá vazio. [MAD sorri]
(16)	MAE: ah!	ah!
(17)	OBS: alors il crie.	então ele grita.
(18)	OBS: ah j'ai faim! [petite voix]	ah eu estou com fome! [fala com a voz baixa]
(19)	MAD: mais moi i(l) crie pas parce moi i(l), il est rempli.	mas o meu ele não grita porque o meu tá cheio.
(20)	OBS: il est rempli t(u) as pris un bon petit déjeuner ce matin?	ele tá cheio você tomou um bom café da manhã hoje de manhã?
(21)	MAD: oui.	sim.
(22)	OBS: qu'est ce que tu as mangé?	o que você comeu?
(23)	MAD: un biberon.	uma mamadeira.
(24)	OBS: un biberon? [MAD regarde MÃE]	uma mamadeira? [MAD olha para a MÃE]
(25)	MAE: et qu' est ce qu' i(l) y avait dans le biberon? [MAD tourne vers la table]	e o que tinha na mamadeira? [MAD gira em direção à mesa]

(26)	MAD: du chocolat. [MAD tourne la tête vers OBS et sourit]	chocolate. [MAD vira-se em direção à OBS e sorri]
(27)	OBS: ah bah oui alors il est content ton ventre i(l) sourit là.	ah sim então seu estômago está contente, ele está sorrindo.

Como nos casos anteriores, questões colocadas pela interlocutora gradualmente levam MAD a formular uma explicação do *porquê* de seu estômago não roncar (linha 19): "Mas o meu ele não grita porque o meu tá cheio". Uma justificativa plausível para o fato, acatada e acordada por todos os interlocutores envolvidos. A explicação de MAD para o fato de seu estômago não roncar, que aparece marcada por *porque* ("*parce que*", no francês), é aceita pela interlocutora, apesar de esta continuar a insistir na brincadeira de que o seu (da interlocutora) estômago está roncando. As reações da criança e da observadora suscitam a continuidade do diálogo, no qual ambas brincam com o fato de o estômago "gritar". Nenhum embate se observa, portanto, aqui quanto a se o estômago de MAD e/ou de OBS estaria, ou não, "gritando". O que existe na situação discursiva é apenas uma diferença de condição (o estômago de OBS grita; o de MAD, não), em nenhum momento contestada pelos interlocutores e para a qual apenas se busca entender a causa.

O último excerto a ser analisado aqui foi produzido numa situação em que MAD brinca com a mãe na sala de sua casa, enquanto esta tem no colo COM, o irmão mais novo de MAD, que olha atentamente (e em alguns momentos impacientemente) a criança e sua mãe jogarem. Trata-se de um brinquedo em que o jogador deve retirar o maior número de peças (em forma de lagartas) de um tubo comprido na cor verde, em forma de bambu, com furos nos quais é preciso inserir as lagartas. Os interlocutores chamam de "jogo das lagartas". Ao começarem a leitura das regras do jogo, mãe e criança as modificam, devido à complexidade para uma criança de 2 anos e 11 meses. Sendo assim, as novas regras consistem em retirar as peças a partir do sorteio realizado pelo dado colorido (ao invés de números, ele possui cores diferentes). Mãe e criança escolhem três cores diferentes para cada uma (referentes às cores das lagartas) e começam a lançar o dado, cada uma a seu turno, com o objetivo de retirar o maior número de peças para vencer a brincadeira. Porém, nessa parte da cena, MAD discute com a mãe sobre a questão de colocar todas as peças no tubo, antes de começarem o jogo.

Exemplo 5: (MAD, 2 anos e 11 meses)

(2261)	MÃE: toi tu choisiras trois couleurs et moi je prendrai les trois autres. [MAD est penchée sur le tube]	você escolherá três cores e eu pegarei as outras três. [MAD está inclinada em direção ao tubo]
(2262)	MAD: et non parce+que les miennes e(lles), elles sont ici. [MAD regarde le tube de très proche]	e não porque as minhas elas, elas estão aqui. [MAD olha o tubo bem de perto]
(2263)	MÃE: tu peux toutes les mettre.	você pode colocar todas.
(2264)	MAD: oui faut toutes les mettre [MAD prend une autre chenille]	sim, precisa colocar todas. [MAD pega uma outra lagarta]
(2265)	MAD: mais i(l) faut le dé.	mas precisa do dado.
(2266)	MAD: j' ai pris le dé. [MAD prend le dé dans la main dans laquelle elle prend une chenille et laisse le dé par terre à côté de la boîte pour se rapprocher du tube]	eu peguei o dado. [MAD pega o dado nas mãos na qual ela tem uma lagarta e deixa o dado no chão ao lado da caixa para se aproximar do tubo]
(2267)	MAD: ah mais non i(l) faut avoir une chenille av(ec), il faut avoir une chenille quand on a le dé. [MAD tire une chenille qu'elle avait enfoncée dans le tube]	ah mas não precisa ter uma lagarta; precisa ter uma lagarta quando a gente tem o dado. [MAD tira uma lagarta que ela tinha empurrado para dentro do tubo]
(2268)	MÃE: non, non, non il faut toutes les mettre!	não, não, não, precisa colocar todas!
(2269)	MÃE: non, non les enlève pas!	não, não, não as retire!
(2270)	MAD: mais si parce que, i(l) faut avoir un...	mas sim porque precisa ter um...
(2271)	MÃE: non, non, non parce que le but c'est de les, de les sortir. [MÃE prend le tube vert et une chenille de la boîte et les soulèves vers ses genoux]	não, não, não porque o objetivo é de as, de fazê-las sair. [MÃE pega o tubo verde e uma lagarta da caixa e os coloca sobre seus joelhos]
(2272)	MÃE: donc tu vois hop on en met dans tous les trous. [MAD regarde]	então você vê que nós colocamos em todos os buracos. [MAD olha]
(2273)	MÃE: tu m' aides?	você me ajuda?
(2274)	MAD: oui j(e) t' aide, je t' aide [incompréhensible] que je mets une noire. [MAD se lève et s'approche de MÃE avec une chenille dans la main]	sim eu te ajudo, eu te ajudo [incompreensível] que eu coloco uma escura. [MAD levanta-se e se aproxima de MÃE com uma lagarta na mão]

(2275) MÃE: oui moi je mets une bleue. [MÃE et MAD mettent les chenilles alors que COM les regarde attentivement]	sim eu eu coloco uma azul. [MÃE e MAD colocam as lagartas e então COM as olha atentamente]
(2276) MAD: et moi j' en mets une noire.	e eu eu coloco uma escura.

Um primeiro elemento de interesse para análise aparece quando, inicialmente, a mãe explica a MAD o que ela deve fazer no jogo, ao que a criança se contrapõe (linha 2262): "E não porque as minhas elas, elas estão aqui". A oposição de MAD adquire, na situação, um valor de contra-argumento em relação ao ponto de vista da mãe, dado, na linha 2261, na forma de uma instrução, uma vez que deixa claro o embate entre MAD e sua mãe quanto a fazer, ou não, a ação indicada. Mais que isso: com o enunciado em 2262, a criança formula uma justificativa, um elemento de apoio ao ponto de vista de não fazer o que a mãe solicita. Na sequência, a mãe continua a conduzir a ação da criança, dizendo a MAD que ela pode colocar todas as lagartas no tubo, o que ela aparentemente acata. Embora não seja de todo claro, na situação, se "Você pode colocar tudo" implica, ou não, concordância da mãe com MAD, o embate entre realizar ou não a ação confere valor argumentativo ao enunciado de MAD, explicitamente marcado pelo *porque*.

Um novo embate se travará ainda nessa situação de jogo, dessa feita quando MAD começa a retirar as lagartas do tubo e a mãe intervém ("não as retire"), opondo-se à ação da criança (2268 e 2269). Em resposta à oposição da mãe, a criança (contra-) argumenta, formulando e justificando um ponto de vista alternativo (2270): "Mas sim porque precisa ter um...". Não convencida, a mãe ratifica sua oposição inicial ("não as retire") e para justificá-la explicita uma das regras do jogo (2271): "Não, não, não porque o objetivo é de as, de fazê-las sair". Em resposta, MAD parece aceitar o argumento de sua mãe, e continua a brincadeira com as lagartas.

Considerações finais

A partir dos dados analisados, é possível perceber a presença de diferentes tipos de *porque* que, a um só tempo, instauram e revelam condutas diversas – argumentativa ou explicativa – na linguagem da criança. Do ponto de vista metodológico, torna-se claro que a presença do *porque*, como um importante marcador em enunciados tanto explicativos como argumentativos, é, por si só, insuficiente para evidenciar um ou outro tipo de conduta. Atenção aos usos e contextos discursivos nos quais surgem os enunciados – marcados, ou não, por *porquês* explícitos – é requisito analítico decisivo para o estabelecimento do seu valor argumentativo/explicativo.

A partir dos exemplos dados, pode-se perceber as explicações ligadas, principalmente, a situações que provocam um problema de entendimento da parte do interlocutor (de causas, razões/motivos para ações ou estados etc.) e demandam uma reação do falante. Nos casos analisados, esse problema de entendimento pode ser suscitado tanto pela interação com a criança, por meio de perguntas diretas, como por outros elementos contextuais. Entretanto, é comum às situações geradoras de explicações, o fato de serem situações que não envolvem conflitos. Em reação a demandas explicativas, surgem – em vez de apoio ou fortalecimento do que se diz, como seria o caso em um contexto de embate argumentativo – afirmações de relações causais, razões/motivos para ações, informações sobre processos e procedimentos (detalhamento do "como", de algum processo) etc.

Reação diversa se pode perceber, entretanto, quando a criança se vê diante de uma oposição, que a remete à busca de algum elemento que lhe permita justificar/fortalecer, mesmo que de modo ainda rudimentar, sua opinião perante a de outrem. Essas situações impelem a criança não só a expor seus argumentos iniciais, mas, muitas vezes, também a reformulá-los diante do confronto com pontos de vista diferentes. De modo semelhante ao que foi afirmado sobre situações que deflagram explicações, também nas situações que incitam argumentação (e quase sempre instigada pelo adulto), a criança é colocada diante de um "problema" discursivo a resolver. Nesse caso, entretanto, o problema se caracteriza essencialmente pela presença (real ou potencial) de um conflito que demanda negociação – e não de uma possível lacuna no entendimento, como Ximenes (2010) descreve ser típico dos contextos explicativos.

Partindo dessas observações, é possível afirmar que tais condutas possuem funções diferentes no discurso, sendo a argumentação um processo mais de reavaliação, de reflexão sobre aquilo a que o argumentador pode, ou supõe, se opor, enquanto a explicação é um processo que põe em relevo a compreensão e a importância da coerência no discurso, nuance fundamental no processo de comunicação. Nuance esta cujo sentido a criança começa a apreender a partir do momento em que é levada a deixar claras as suas afirmações e questões de modo que o outro também as compreenda.

Sem que se tivesse a pretensão de esgotar as discussões e análises dos tipos aqui propostos, acredita-se que este capítulo contribui com a reflexão sobre ambas as condutas focalizadas e as formas como elas se manifestam, de maneira distinta, no desenvolvimento da linguagem infantil. O que fica são questionamentos gerados a partir das análise feitas. Que outros marcadores evidenciariam também diferenças entre essas condutas? E com que frequência de uso surgiriam na linguagem da criança? Por se tratar de um recorte, ficam esses questionamentos suspensos, a serem investigados em trabalhos futuros.

Notas

[1] Os dados de M. estão disponíveis para pesquisadores e interessados no site do grupo COLAJE: <http://colaje.scicog.fr/>. Acesso em: 4 abr. 2014.

[2] Essas noções encontram-se discutidas em Del Ré et al., *A linguagem da criança: um olhar bakhtiniano*, Contexto, 2014.

[3] Para a análise dos enunciados explicativos neste capítulo nos baseamos, além de nas reflexões fornecidas por François, em categorias fornecidas pela pesquisadora Anne Salazar-Orvig (Université Sorbonne Nouvelle Paris 3) e que se encontram ainda em fase de desenvolvimento.

Bibliografia

BAKHTIN, M. Os gêneros do discurso. In: ______. *Estética da criação verbal.* Trad. Maria Ermantina Galvão Gomes Pereira. São Paulo: Martins Fontes, 1997a, pp. 277-326.

______. Observação sobre a epistemologia das ciências humanas. In: ______. *Estética da criação verbal.* Trad. Maria Ermantina Galvão Gomes Pereira. São Paulo: Martins Fontes, 1997b, pp. 405-6.

BAKHTIN, M.; VOLOSHINOV, V. N. Discurso na vida e discurso na arte. In: VOLOSHINOV, V. N. *Freudianism*: a marxist critique. Trad. Cristovão Tezza. New York: Academic Press, 1976. (1. ed. 1926)

BAKHTIN, M.; VOLOSHINOV, V. N. *Marxismo e filosofia da linguagem.* Trad. Michel Lahud e Yara F. Vieira. 7. ed. São Paulo: Hucitec, 1995.

BERTHOUD-PAPANDROPOULOU, I.; FAVRE, C.; VENEZIANO, E. Construção e reconstrução das condutas explicativas. In: FERNANDES, S. D. *Aquisição da Linguagem*: conceito, definição e explicação na criança. Araraquara: Cultura Acadêmica-FCL/ Unesp, 2003, pp. 39-68. (Trilhas Linguísticas, 4)

BOREL, M. J. *Discours explicatif, quelques réflexions sur l'explication.* Travaux du Centre de Recherches Sémiologiques, Université de Neuchâtel, n. 36, 1980.

CANDELA, M. A. *La necesidad de entender, explicar y argumentar*: Los alumnos de primaria en la actividad experimental. Serie DIE Tesis 7. México: Centro de Investigación y de Estúdios Avanzados del Instituto Politécnico Nacional, 1997.

CASTILHO, A. T. de. *Nova gramática do português brasileiro.* São Paulo: Contexto, 2010.

CASTRO, M. F. P. de. (org.). *O método e o dado no estudo da linguagem.* Campinas: Editora da Unicamp, 1996.

CLAUDEL, C.; DOURY, M.; MOIRAND, S. Explication et argumentation: quelques discours "ordinaires" sur la question des risques alimentaires. In: HUDELOT, C.; SALAZAR ORVIG, A.; VENEZIANO, E. *L'explication*: enjeux cognitifs et interactionnels. Leuven-Paris-Dudley: Peerters, 2008, pp. 97-110.

CURY, P. *Linguagem dirigida à criança pequena*: a argumentação em foco. Dissertação de Mestrado. Programa de Pós-Graduação em Linguística e Língua Portuguesa, Universidade Estadual Paulista, Unesp, *campus* Araraquara, 2011.

DEL RÉ, A. Explicação e humor na linguagem da criança. In: FERNANDES, S. D. *Aquisição da Linguagem*: conceito, definição e explicação na criança. Araraquara: Cultura Acadêmica-FCL/Unesp, 2003, pp. 163-188. (Trilhas Linguísticas, 4)

______. *Aquisição da linguagem*: uma abordagem psicolinguística. São Paulo: Contexto, 2006.

FERNANDES, S. D. (org.). *Aquisição da Linguagem*: conceito, definição e explicação na criança. Araraquara: Cultura Acadêmica-FCL/Unesp, 2003. (Série Trilhas Linguísticas, 4)

FISHER, A. *A lógica dos verdadeiros argumentos.* São Paulo: Novo Conceito Editora, 2008.

FRANÇOIS, F. Quelques conduites d'explication chez l'enfant. In: ______. *La psychologie du langage*: recherches fondamentales et perspectives pédagogiques. Laboratoire de Psychologie des acquisitions et du développement. Dijon: Université de Dijon, 1988, pp. 91-110.

______. *Morale et mise en mots.* Paris: L'harmattan, 1994.

GRIZE, J. B. Un point de vue sémiologique. *Travaux du Centre de Recherches Sémiologiques*, n. 36, 1980, pp. 1-17.

HUDELOT, C.; PRENERON, C.; SALAZAR-ORVIG, A. Explicação, distância e interlocução na criança de dois a quatro anos. In: FERNANDES, S. D. *Aquisição da linguagem*: conceito, definição e explicação na criança. Araraquara: Cultura Acadêmica-FCL/ Unesp, 2003, pp. 69-84. (Trilhas Linguísticas, 4)

HUDELOT, C.; SALAZAR-ORVIG, A. "Moi aussi, parce qu'on est jumeaux": Explication, connivence et argumentation dans un dialogue d'enfants de 5-6 ans. In: ZAOUCHE-GAUDRON, C. et al. (eds.). *L'enfant dans le lieu social*: perspectives de la psychologie du développement.Paris: Éres, 2003, pp. 142-7.

JOHNSON, H. L; CHAPMAN, R. S. Children's judgment and recall of causal connectives: a developmental study of "because," "so," and "and". *Journal of Psycholinguist Research*, 9(3), 1980, pp. 243-60.

LEITÃO, S. Analyzing changes in view during argumentation: a quest for method. *Forum: Qualitative Social Research,* art. 12, v. 2, n. 3, 2001.

______. Argumentação e desenvolvimento do pensamento reflexivo. *Psicologia: Reflexão e Crítica,* 20(3), 2007a, pp. 454-62. Disponível em: <http://www.scielo.br/pdf/prc/v20n3/a13v20n3.pdf>. Acesso em: jun. 2010.

______. Processos de construção do conhecimento: a argumentação em foco. *Pro-Posições*, v. 18, n. 3 [54], set./dez., Campinas, 2007b, pp. 75-92.

______. Autoargumentação na linguagem da criança: momento crítico na gênese do pensamento reflexivo. DEL RÉ, A.; FERNANDES, S. D. (orgs.). *A linguagem da criança*: sentido, corpo e discurso. São Paulo: Cultura Acadêmica, 2008, pp. 35-60. (Série Trilhas linguísticas, 15)

LEITÃO, S.; FERREIRA, A. P. M. Argumentação infantil: condutas opositivas e antecipação de oposição. In: MEIRA, L.; SPINILLO, A. G. (eds.). *Psicologia cognitiva*: cultura, desenvolvimento e aprendizagem. Recife: Editora Universitária da UFPE, 2006, pp. 236-63.

MERCER, N. Developing Argumentation: Lessons Learned in the Primary School. In: MULLER MIRZA, N.; PERRET-CLERMONT, A. N. (eds.). *Argumentation and Education*: Theoretical Foundations and Practices. Berlin: Springer, 2009, pp. 177-94.

MORGENSTERN, A. *Un je en construction*: genèse de l'auto-designation chez le juene enfant. Paris: Ophrys, 2006.

MORGENSTERN, A; PARISSE, C. The Paris Corpus. *French Language Studies*, 22(1), Cambridge University Press, 2012, pp. 7-12.

MORGENSTERN, A., SEKALI, M. I m'énève paque i m'énève. Spécificité de l'explication verbale chez l'enfant entre 2 et 3 ans: une articulation modale. In: HUDELOT, C.; SALAZAR-ORVIG, A.; VENEZIANO, E. *L'explication*: enjeux cognitifs et interactionnels. Leuven-Paris-Dudley: Peerters, 2008, pp. 207-20.

MÜNCHOW, P.; RAKOTONOELINA, F. Les configurations discursives de l'explication dans les forums de discussion sur internet: les cas de l'environnement. In: HUDELOT, C.; SALAZAR-ORVIG, A.; VENEZIANO, E. *L'explication*: enjeux cognitifs et interactionnels. Leuven-Paris-Dudley: Peerters, 2008, pp. 111-22.

ORSOLINI, M. "Because" in children's discourse. *Applied Psycholinguistics,* 14(1), 1993a, 89-120.

______. "Dwarfs do not shoot": An analysis of children's justifications. *Cognition and Instruction,* 11(3), 1993b, pp. 281-97.

PLANTIN, C. *L'argumentation.* Paris: Seuil, 1996.

PONTECORVO, C. Opposition, explication et invocation des règles dans la discussion en classe entre enfants de cinq ans. *CALaP,* Paris, n. 7/8, 1990.

PONZIO, A. Problemas da sintaxe para uma linguística da escuta. *Palavra própria e palavra outra na sintaxe da enunciação.* São Carlos: Pedro & João Editores, 2011, pp. 7-58.

RACCAH, P. Explication et argumentation. In: HUDELOT, C.; SALAZAR-ORVIG, A.; VENEZIANO, E. *L'explication*: enjeux cognitifs et interactionnels. Leuven-Paris-Dudley: Peerters, 2008, p. 185-94.

SALAZAR-ORVIG, A. Dialogue, explicitation et conduites explicatives/justificatives chez le jeune enfant. In: HUDELOT, C.; SALAZAR-ORVIG, A.; VENEZIANO, E. *L'explication:* enjeux cognitifs et interactionnels. Leuven-Paris-Dudley: Peerters, 2008, pp. 185-94.

SALAZAR-ORVIG, A.; ELAMOTTE-LEGRAND, R.; HUDELOT, C. *Dialogues, mouvements discursifs, significations.* Fernelmont: E.M.E., 2008.

VAN EEMEREN, F. H. et al. *Fundamentals of argumentation theory*: a handbook of historical backgrounds and contemporary developments. Amsterdam: SicSat, 2003.

VENEZIANO, E. L'acquisition de connaissances pragmatiques: apprendre à expliquer. *Revue Parole*, n. 9/10, 1999, pp.1-28.

______. Emergence des explications dans l'interaction naturelle mère-enfant: méthodes d'analyse et un modèle d'acquisition basé sur les situations conflictuelles. In: HUDELOT, C.; SALAZAR-ORVIG, A.; VENEZIANO, E. *L'explication*: enjeux cognitifs et interactionnels. Leuven-Paris-Dudley: Peerters, 2008, pp. 151-72.

VIEIRA, A. J. *Condutas argumentativas na fala infantil*: um olhar sobre a constituição da subjetividade. Dissertação de Mestrado. Programa de Pós-Graduação em Linguística e Língua Portuguesa, Universidade Estadual Paulista, Unesp, *campus* Araraquara, 2011.

XIMENES, A. P. F. *Especificidades e relações entre o argumentar e o explicar no processo de constituição do conhecimento.* Tese de Doutorado. Pós-graduação em Psicologia Cognitiva. Universidade Federal de Pernambuco, 2010.

O uso do plural nominal por crianças monolíngues e bilíngues

Rosângela Nogarini Hilário
Márcia Romero

Neste capítulo, nosso olhar se volta para a aquisição do plural nominal, mais precisamente, para a relação, no período de aquisição da linguagem, entre os empregos da marca de plural nominal pela criança e os contextos interacionais e discursivos que os acompanham. Tendo como pressupostos os conceitos de língua/linguagem propostos por Bakhtin e pelo Círculo, e levando em consideração a relação entre a fala da criança e de seu interlocutor adulto em contextos de interação, elementos ressaltados pelos trabalhos de Bruner, buscamos incorporar categorias discursivas e extralinguísticas às análises apresentadas em nossas primeiras reflexões acerca dessa problemática.

Trabalhos anteriores (Hilário, 2011, 2012) ressaltaram a singularidade dos dados de aquisição, especialmente no português do Brasil (PB), no que se refere à organização morfossintática dos elementos que recebem o morfema de plural no sintagma nominal e também à pluralização de elementos, a princípio, invariáveis. Porém, uma questão ainda se colocava: quais os fatores discursivos e interacionais que convocariam o plural nominal na fala da criança pequena?

Compartilhamos, aqui, algumas respostas a essas questões, obtidas a partir da análise dos dados de três crianças (uma adquirindo o PB, uma adquirindo o francês (FR) e uma adquirindo ambas as línguas), de 1 ano e 11 meses a 3 anos e 2 meses, o que conduziu à seguinte organização do capítulo: primeiramente, trazemos algumas considerações acerca das pesquisas direcionadas às questões não verbais no estudo da aquisição da marca de plural, tanto em PB quanto em FR; a seguir, traçamos o perfil teórico de nosso estudo e explicitamos a metodologia adotada; por fim, apresentamos a análise dos dados ora especificados e os resultados aos quais chegamos nessa etapa.

O plural nominal em português e em francês

De acordo com Borba (1970: 214), a categoria de número diz respeito à "[...] quantidade de indivíduos contidos num nome. Do ponto de vista da lógica, é clara a diferença entre *um* e *mais de um* [...]". As subcategorias nominais *contável* e *não contável* não são, no entanto, simples de serem definidas. De acordo com Neves (2000), os substantivos contáveis "se referem a grandezas discretas, descontínuas e heterogêneas, suscetíveis de contagem e, portanto, de pluralização" e os substantivos não contáveis "referem-se a grandezas contínuas, descrevendo entidades não suscetíveis de numeração" (Neves, 2000: 82). A autora explica que a verificação da quantificação dos substantivos é mais simples quando se trata de substantivos plurais (quantificados por qualquer elemento que identifique mais de uma unidade discreta – *mais filhos, poucas pessoas* – ou no caso de substantivos que permitam a oposição com um singular – *arrumar a gaveta/arrumar as gavetas*) do que quando se trata de substantivos no singular (nesse caso, são contáveis os que vêm determinados por quantificador não numerador – como *outro, todo, qualquer, muito* –, quantificador numerador cardinal – *uma* –, por determinante indefinido – *um, algum, nenhum* –, artigo definido ou outro determinante que constitua uma expressão definida). Ainda segundo Neves, a simples pluralização pode, em determinados contextos, converter substantivos não contáveis em contáveis e vice-versa.[1]

Na língua portuguesa, segundo Câmara Jr. (1975: 77), a categoria de número, do ponto de vista morfológico, é simples, posto que especificada pela ausência da desinência *–s* final no singular e a sua presença no plural, podendo ser produzida como [s], [z], [ʃ], [ʒ]. Em PB, observa-se, ainda, a alternância vocálica, como em *olho/olhos, ovo/ovos*, como aponta o autor (Câmara Jr, 1984, 1992).

A *Grammaire structurale du français: nom et prénom*, de Dubois (1965: 17), por sua vez, define o número como uma informação que faz parte da estruturação semântica da mensagem. Essa oposição semântica (singularidade/pluralidade) é expressa a partir da presença ou ausência de uma marca formal, o que permite aos interlocutores decodificar e interpretar a mensagem recebida. O autor apresenta diversos enunciados com variação semântica apenas do ponto de vista do número, e, a partir destes, discute a distribuição das marcas formais, tanto na língua falada quanto na escrita. Aponta, então, a dissimetria dos dois sistemas (oral e escrito), já que o número de marcas na língua escrita é igual ou maior que o número de marcas na língua falada.

A oposição singular/plural (ausência/presença de marca formal) nos nomes na língua oral francesa apresenta-se sob dois aspectos: a variação vocálica ([al]/[o], [aj]/[o], como em *cheval/chevaux* – cavalo/cavalos, *travail/travaux* – trabalho/trabalhos) e a oposição consoante/zero ([Œ] antes de [f] e [Ø] em final absoluto, *boeuf/boeufs* – boi/bois, *oeuf/oeufs* – ovo/ovos). Os casos de plural regular são marcados apenas na escrita. Já na classe de determinantes, segundo Dubois (1965: 32), a oposição singular/plural em francês consiste em uma variação vocálica (a vogal pode ser realizada como [E] ou [e]). Algumas combinações sintagmáticas exigem, ainda, a inserção de uma consoante de ligação [-z-], na língua falada, caso de *les enfants* (as crianças), *des hommes* (homens), *ces ennuis* (estes problemas) etc. Nesse caso, tal consoante pode ser também considerada uma marca de plural.

No caso da aquisição do morfema de plural, tais trabalhos permitem destacar duas articulações importantes que se colocam para a criança: a oposição singular/plural manifestada na produção de um som (uma fricativa ou uma consoante de ligação, este último específico à língua francesa) ou substituição de um som por outros (no francês, por exemplo, as diferentes pronúncias dos determinantes) e os sentidos que se abrem para o enunciado quando esse som, enfim, passa a constituí-lo.

Segundo Siouffi e Van Raemdonck (2007), a marcação de plural corresponde a uma representação do mundo e dos objetos. Pode-se considerar uma representação contínua ou descontínua dos objetos. Essa oposição de pontos de vista é, segundo os autores, a origem da categoria de número. O singular apontaria, então, para os objetos vistos como um todo, designando uma quantidade menor ou igual a um; o plural apontaria para os objetos em descontinuidade, designando uma quantidade igual ou maior que um. Para os autores, haveria ainda uma distinção entre o plural externo, resultado de uma adição de unidades (*une table/des tables* – uma mesa/mesas) e o plural interno, cuja pluralidade se encontra na divisão interna da unidade *(des lunettes* – óculos, *des fiançailles* – noivado, *des mœurs* – conduta). Dessa observação, concluem que certos tipos de concordância de plural dão a impressão de serem discordantes em relação à realidade a que se reportam, como é o caso de *plus d'une* (mais de um), que é seguido por um nome no singular, embora corresponda necessariamente a "mais de um", e *moins de deux* (menos de dois), que é seguido por um nome no plural, embora se trate de algo único.

Essa definição de plural não deixa de ser altamente problemática, pois pressupõe uma simetria entre o simbólico (a linguagem) e o mundo, como se o primeiro fosse ou pudesse ser uma representação fiel deste último.

Grevisse e Goosse (1995), por sua vez, observam que o singular pode ter um valor genérico, apontando para representantes de uma mesma categoria, enquanto o plural pode ser empregado para designar coisas que não podem ser quantificadas, a fim de que seja dada uma impressão de grandeza, como é o caso de *manger des confitures* (comer compotas), *des sables mouvants* (areia movediça) etc. Alguns nomes são empregados apenas no plural, como *les ciseaux* (a(s) tesoura(s)) e *ses lunettes* (seus óculos).

Quanto à aquisição do plural nominal, o trabalho de Delefosse (1993) traz as modalidades de emprego do plural nominal em francês no período de aquisição de linguagem, evidenciando o papel da interação adulto/criança no decorrer dessa aquisição. A partir de um *corpus* longitudinal (Y., 1 ano e 6 meses a 2 anos), o autor observou que, nos dois primeiros meses (de 1 ano e 6 meses a 1 ano e 8 meses), havia formas que coexistiam na produção da criança: marca zero (repetições de nomes produzidos pelo interlocutor adulto em enunciados imediatamente anteriores), elementos polivalentes (produção das vogais: [a] em posição de determinantes – que pode ser entendida, segundo o autor, como uma pré-configuração de uma flexão de plural – e [E]), elementos de apoio (*encore* – ainda, *une autre* – outra, *un autre* – outro, *l'autre* – o outro) e as marcas canônicas de plural. Nesta última categoria, o autor ressalta que o numeral *deux* (dois) parece marcar uma etapa importante na apropriação do plural no *corpus* estudado, paralelamente à produção de determinantes flexionados (com ou sem ligação) em produções autônomas. As estratégias de intercompreensão postas em prática pelo interlocutor adulto parecem suscitar, nas produções da criança, enunciados que apresentam combinações cada vez mais ricas. Em suma, o autor ressalta que o progresso da criança na aquisição do plural não é linear, o que significa que a criança não passa de uma etapa a outra, mas, sim, faz uso de construções em paralelo, apresenta estagnação e até mesmo um retorno a construções anteriores. Segundo Delefosse, os elementos isolados e não determinados persistem até 1 ano e 8 meses, mesmo quando a criança já produz enunciados mais completos e que apresentam marcas canônicas de flexão de plural; o período sensível de aquisição de plural se situa entre 1 ano e 6 meses e 1 ano e 9 meses (estágio em que as diferentes formas observadas coexistem). O papel do interlocutor adulto, em interação com a criança, também foi ressaltado nesse estudo. Em situações de *intercompreensão*, o adulto encoraja tentativas, propõe hipóteses e reformulações que completam e enriquecem os enunciados da criança.

Clark e Nikitina (2009) desenvolveram um estudo sobre os antecedentes da marca de plural na linguagem da criança. Segundo as autoras, o numeral *two* (dois) é, a princípio, o primeiro item usado para marcar pluralidade, assim como quantificadores como *a lot of* (um monte de) e *more* (mais). As primeiras ocorrências do morfema {-s} (de forma convencional ou não) foram observadas entre 1 ano e 7 meses e 2 anos, e acompanhavam situações que incluíam a manipulação de objetos e gestos de apontar.

Por fim, vale mencionar o trabalho de Befi-Lopes, Rodrigues e Puglisi (2009), que realizaram um estudo sobre a aquisição e o uso produtivo da morfologia de número no PB com 64 crianças de 3 anos a 6 anos e 11 meses. Para isso, as pesquisadoras propuseram duas tarefas, a fim de verificar o processamento do morfema de número. Na primeira delas, após receber uma solicitação do tipo *mostre-me as maçãs*, as crianças tinham que apontar "corretamente" para a figura que corresponderia ao substantivo flexionado no singular ou no plural. Na segunda tarefa, as crianças tinham que usar a flexão "correta" para responder a uma questão do tipo *quem está pulando*, tendo uma imagem como sinalização visual. Foram propostas análises quantitativas (média de acertos em cada tarefa, para o grupo todo e para cada idade em separado) e uma análise qualitativa para a tarefa da produção do plural. As autoras concluíram que crianças com desenvolvimento típico de linguagem podem identificar o morfema gramatical de número e sua informação semântica a partir dos 3 anos, sendo que essa capacidade melhora com a idade, tornando-se produtiva por volta dos 5 anos.

A maioria das crianças usou "corretamente" a forma singular na produção das tarefas. Quanto à produção de plural, só foram encontradas respostas produtivas a partir dos 5 anos. Considerando que o conhecimento completo da morfologia de número implica o conhecimento e a produção produtiva tanto de singular quanto de plural, as autoras concluíram não ser possível afirmar que crianças entre 3 e 4 anos de idade dominam a morfologia de número no PB. Ainda segundo as autoras, é apenas a partir dos 5 anos que a "regra gramatical" parece forte o bastante para as crianças usarem o marcador de plural em pelo menos 80% dos contextos obrigatórios, o que indica que o conhecimento de singular e plural estaria bem estabelecido no léxico mental.[2]

Embora tais trabalhos tragam reflexões importantes sobre o tema, muitas merecendo, inclusive, ser retomadas e/ou repensadas, tendo em vista o papel da interação entre a criança e o interlocutor adulto (a mãe, em geral), consideramos fundamental vislumbrar o movimento da criança no discurso.

Por esse motivo, as relações entre a fala da criança e a do interlocutor são, para nós, relevantes na análise dos dados, de modo que as repetições, os formatos de interação que articulam o dizer, a produção não verbal e a gestão de atenção conjunta etc. devem ser estudadas. Não apenas as formas estabilizadas da língua/linguagem manifestas na fala da criança, mas toda a produção do sujeito é considerada, visto que, na concepção que adotamos, a competência do falante se revela nas relações entre *o que* se enuncia e *como* se enuncia.

Nesse sentido, os estudos de Bakhtin e do Círculo, bem como os de Bruner, revisitados por autores como Anne Salazar-Orvig e Frédéric François, apontam caminhos no que diz respeito à definição de categorias de análise que considerem não apenas as unidades formais da língua, mas o próprio discurso.

Gêneros, formatos e aquisição da linguagem

Segundo Bruner, o adulto assume o papel de facilitador do desenvolvimento da linguagem da criança em termos interacionais, fazendo com que as produções linguísticas infantis sejam mais eficazes. A criança, portanto, aprende a usar a linguagem, a se comunicar, antes mesmo de aprender seus aspectos formais.[3] O foco principal de sua pesquisa era, por meio da observação de brincadeiras e jogos familiares, demonstrar que a entrada da criança na linguagem consistia não apenas na aprendizagem de atos de fala, mas em uma inserção na cultura que a língua veicula (Bruner, 2004).

Os jogos da infância são a primeira oportunidade para o uso sistemático da linguagem da criança com o adulto, com objetivos formulados concretamente, cujos formatos podem ser concebidos possuindo uma "estrutura profunda" e um conjunto de regras de realização por meio das quais a superfície do jogo é gerida. Possibilitam ainda a atribuição de papéis alternados, que são intercambiáveis entre adulto e criança. Em seus relatos, o autor indica que parece haver o mesmo prazer na atividade de jogar jogos e na fala inicial (Bruner, 2004: 41).

Sobre o crescimento da ação referencial na criança, Bruner (2004: 57) pondera que a referência pode variar em graus de precisão. A referência é uma forma de interação social que possibilita a gestão da atenção conjunta. Há meios apropriados para referir, que variam de dispositivos linguísticos evoluídos até o simples apontar.

Os atos de referência humanos são altamente sensíveis ao contexto interacional, desenvolvendo-se enquanto as pessoas gerem e dirigem a atenção umas das outras por meios linguísticos. De certa forma, podemos pensar que o uso da marca de plural também pode ser entendido como uma forma de gestão da atenção conjunta, revelando uma capacidade linguística importante: deslocar a semanticidade para unidades cada vez menores e mais abstratas.

Em todas as suas reflexões, Bruner ressalta o papel da interação no processo de aquisição da linguagem. Essa interação é sistematicamente organizada como sub-rotinas desenvolvidas em cenários específicos, tornando-se generalizáveis. A isso, o autor dá o nome de *formatos*. Os *formatos*, inicialmente determinados pelo adulto na interação com a criança, possibilitam, posteriormente, que os objetivos dos dois parceiros (criança e adulto) sejam coordenados pela divisão do trabalho, de modo a ser instituída uma divisão da iniciativa na qual a criança passe de paciente a agente.

Os principais formatos observados pelo autor foram os jogos de esconder e aparecer, tendo como foco um objeto qualquer (um palhacinho escondido dentro de um cone, por exemplo) ou o próprio indivíduo (a mãe que se esconde atrás de um tecido ou um móvel), e estavam estruturados em duas partes: a preparação e o desaparecimento; em seguida, o reaparecimento e o restabelecimento. Tratava-se, basicamente, da gestão de atenção conjunta e da determinação de papéis (agente e paciente), acompanhadas ou não de palavras.

O conceito de *formatos* mostra-se interessante também no estudo que propomos. Com relação às primeiras produções de plural, o que se observa, na interação mãe-criança, é a existência de um formato igualmente estabilizado que convoca o emprego do plural pela criança. Esse formato envolve a situação de interação ou uma atividade desenvolvida (leitura, jogos etc.), a sequência discursiva que acompanha essa atividade (discurso referente ao momento da enunciação, contação de uma história ou narração de uma experiência pessoal etc.), o tipo de enunciado (descrição, justificação, denominação etc.) e os elementos não verbais que gerem a atenção conjunta (apontar, olhar, manipular etc.). A relação entre esses elementos nos parece determinante na aquisição do plural.

O conceito de formato aproxima-se bastante da noção de gêneros do discurso proposta por Bakhtin (2006). Segundo Faraco (2009: 128), a noção de gêneros do discurso "[...] combina estabilidade e mudança; reiteração (à medida que aspectos da atividade recorrem) e abertura para o novo (à medida que aspectos da atividade mudam)".

Podemos dizer, nesse sentido, que a interação adulto/criança é articulada em torno dos gêneros do discurso. À medida que interage com a mãe, por exemplo, a criança é, pouco a pouco, orientada a dizer "desta ou daquela forma", "nesta ou naquela situação".

Metodologia

Parte dos estudos acerca da aquisição do plural nominal foi proposta a partir de dados experimentais. No entanto, como nossa intenção era observar os contextos situacionais e discursivos em que estavam inseridos os enunciados com marca de plural nominal, na interação mãe-criança, optamos por uma coleta longitudinal e naturalística. As questões linguísticas nos direcionaram para um paralelo entre a aquisição no PB e em FR.[4] O *corpus* foi coletado ao longo de dez meses com três crianças, uma brasileira (MEL, de 2 anos e 2 meses a 2 anos e 11 meses), uma francesa (MAD, de 1 e 11 meses a 2 anos e 9 meses) e uma franco-brasileira (MAR, de 2 anos e 5 meses a 3 anos e 2 meses), em situações cotidianas (refeição, banho, jogos diversos, leitura etc.).

Os dados foram transcritos no formato CHAT, no programa CLAN, e os enunciados das crianças foram analisados a partir de categorias linguísticas (presença/ausência da marca morfológica de plural, concordância/não concordância no sintagma nominal) e discursivas. São os resultados das análises das categorias discursivas que compartilhamos aqui.

As categorias *situação*, *sequência discursiva*, *tipo de discurso* e *produção não verbal* foram propostas por Anne Salazar-Orvig e fazem parte do projeto coordenado por ela acerca da aquisição das expressões referenciais.[5]

Os enunciados que continham marca morfológica de plural (ou a expressão de plural através de numerais) foram categorizados de acordo com a situação de enunciação em que estavam inseridos. As principais situações observadas no *corpus* foram: leitura (LET); jogos simbólicos (JGS), como boneca, escolinha etc.; jogos diversos (JGD), como boliche, quebra-cabeça, jogos de montar etc.; jogo livre (JGL); situações não estruturadas (SNE), como a negociação de atividades etc.; banho (BAN); troca de roupa (TRO); e refeição (REF). Situações que se restringiam a uma sessão foram categorizadas como outras (AUT).

Em seguida, os enunciados foram analisados segundo a *sequência discursiva* em que se inseriam, podendo se referir a um discurso do "aqui e agora" (DIM), descritivo, projetivo etc., isto é, que diz respeito ao momento presente, aos participantes e às atividades em curso; podendo ser ainda uma narrativa de experiência pessoal (REX), que se passa em outro lugar, situada no passado ou no futuro, incluindo as generalizações sobre os participantes; a narração de uma história (NAR); ou um discurso teórico (THE), isto é, um discurso genérico, que não diz respeito a experiências pessoais nem ao "aqui e agora".

Com relação ao tipo de enunciado (ou tipo de discurso), observamos se os enunciados categorizados como plural eram: uma projeção (PRO), isto é, indicavam uma ação não realizada/a realizar, instruções, regras de jogo, ordens, proposições, promessas, ameaças etc.; uma regulação não inerente à atividade (REG), ou seja, condições para que a atividade se realize, mas que não concernem à atividade propriamente dita; uma descrição de estado, de situações, de objetos, de propriedades de um objeto (DEE); uma descrição de ações no presente (por exemplo, durante a leitura) e ações genéricas (ACT); avaliações afetivas ou axiológicas, expressões de julgamento de valor, pressupondo um posicionamento do locutor em relação ao objeto do discurso (EVA); uma denominação ou categorização sob a forma assertiva ou de pergunta (DEN); uma explicação, justificação, argumentação (EJA); enunciados metalinguísticos, como pedidos de clarificação, reprises, reformulação, comentários sobre a enunciação dos participantes (META). Outros tipos de enunciado não previstos foram classificados como AUT e os enunciados em que se hesitou entre dois códigos foram classificados como IND.

É importante ressaltar que cada enunciado foi considerado em sua relação com os enunciados anteriores. As respostas que não acrescentavam novos sentidos ao enunciado precedente foram categorizadas como R + categoria (RDEE, RPRO, RMETA etc.), como exemplificamos a seguir:

Exemplo 1:

A observadora conversa com MAD (1 ano e 11 meses), numa negociação de atividade.	
OBS: ou si tu veux on on joue dans le salon.	ou se você quiser a gente brinca na sala.
OBS: ou ou ici comme tu veux.	ou aqui, como você quiser.
MAD: dans le salon.	na sala.
OBS: dans le salon.	na sala.

A análise do enunciado da criança, nesse caso, não permite decidir por uma ou outra categoria, por isso é necessário colocar esse enunciado em relação com o do interlocutor (OBS): "*on joue dans le salon*" (a gente brinca na sala). Assim, é possível dizer que, na relação com o enunciado anterior, o enunciado da criança é RPRO, a resposta a uma projeção (uma ação não realizada), que pode ser glosada como "*je veux jouer dans le salon*" (eu quero brincar na sala) ou "*on joue dans le salon*" (a gente brinca na sala).

Quanto à produção não verbal, observamos se os enunciados com marca de plural eram acompanhados por um gesto de apontar (POIN), pela orientação do corpo em direção ao objeto (ORIE) ou pela indicação do mesmo com uma parte do corpo, como a cabeça, o queixo etc. (CORPS), pela manipulação do objeto (MANP), por gestos de mímica (MIME), pelo direcionamento do olhar (REGD) ou outras produções gestuais que pudessem direcionar a atenção conjunta no momento de interação, como pegar (HAND) ou mostrar o objeto com as mãos (SHOW). As produções nas quais o registro em vídeo impossibilita a visualização da criança no momento da fala ou que se hesitou entre dois ou mais códigos foram categorizadas como IND.

Análise e discussão dos resultados

Todos os enunciados categorizados como *plural* foram submetidos à análise quanto à *situação*, à *sequência discursiva*, ao *tipo de discurso* e à *produção não verbal*. Os gráficos a seguir trazem os resultados obtidos.

Gráfico 1: Relação entre a produção de enunciados com sintagmas nominais plurais e situação de enunciação.

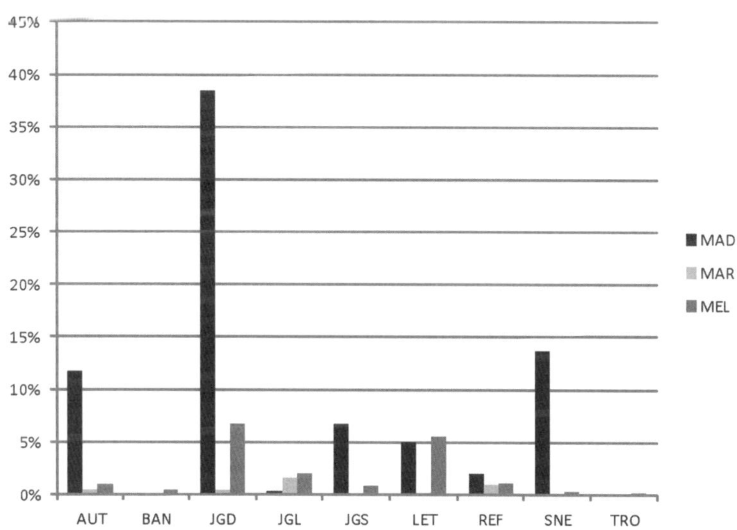

Vemos que as situações em que há mais ocorrências de plural na fala das três crianças são as de jogo (livre, diverso e simbólico) e as situações de leitura.

Gráfico 2: Relação entre a produção de enunciados com sintagmas nominais plurais e situação (geral).

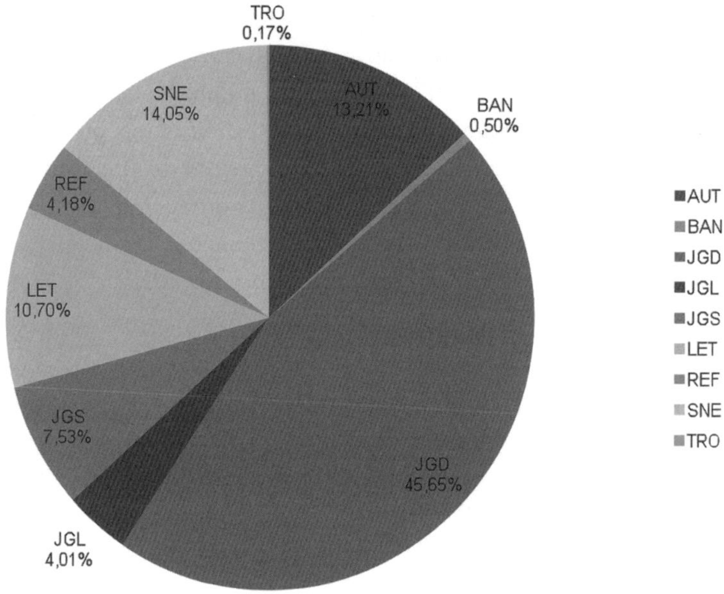

Porém, 14,05% das ocorrências de plural ocorreram em situações categorizadas como SNE (situações não estruturadas), especialmente nos dados de MAD. Essas ocorrências dizem respeito à transição entre duas atividades ou à negociação acerca da atividade a ser desenvolvida; caso, por exemplo, do momento em que criança se prepara para a leitura de um livro ou propõe brincar com um jogo. Nessas situações, era comum a repetição, pela criança, de um enunciado do interlocutor. Trazemos, a seguir, um exemplo:

Exemplo 2:

MAD (1 ano e 11 meses) convida a observadora a subir as escadas até o seu quarto, para lhe mostrar seus livros	
MÃE: tu montes MAD?	você vai subir, MAD?
MÃE: tu vas montrer tes livres à OBS?	você vai mostrar teus livros para a OBS?
OBS: i(ls) sont où tes livres?	onde estão teus livros?
MAD: [incompréhensible]	[incompreensível]
OBS: où est-ce-qu' ils sont tes livres?	onde é que estão teus livros?
MAD: monte. [show, avec l'index, en direction du premier étage]	sobe. [aponta para o primeiro andar]
OBS: je monte?	eu subo?
OBS: i(ls) sont là haut?	eles estão lá em cima?

MAD: viens. [MAD tend la main vers l'observateur pour l'inviter à monter]	vem. [MAD estende a mão para OBS, convidando-a a subir]
OBS: allez je viens.	vai, eu vou.
OBS: vas y.	vai lá.
OBS: mont.	sobe.
OBS: j(e) te suis.	eu te sigo.
MAD: mes livres.	meus livros.

Esse trecho refere-se à chegada da observadora na casa da criança. Não há ainda uma situação estruturada, mas uma negociação acerca da atividade a ser desenvolvida – por isso categorizada como SNE. A sequência da cena traz uma situação de leitura compartilhada, que, por sua vez, é categorizada como LET.

Já as ocorrências marcadas como AUT (outro) apresentam também uma particularidade: abarcam duas situações em que as crianças estão "cozinhando" com a mãe, envolvendo, assim, a separação dos ingredientes e a disposição na assadeira dos biscoitos que estão sendo preparados:

Exemplo 3:

MAD (1 ano e 11 meses), a mãe, a observadora e um amigo estão na cozinha, preparando biscoitos.	
MAD: tu vois j'ai un autre plat. [montre, avec la main, le nouveau saladier]	veja, eu tenho um outro prato. [mostra, com a mão, a nova travessa]
MAD: pour euh pour mettre de la farine dedans.	para colocar a farinha dentro.
MÃE: alors... [la mère ouvre le sachet de farine]	alors... [a mãe abre o saco de farinha]
MÃE: on reprend une cuillère.	vamos pegar de novo uma colher.
MAD: on reprend une cuillère pour euh attraper de la farine.	vamos pegar de novo um colher para pegar a farinha.
MÃE: et il nous en faut cette fois ci deux cent cinquante grammes.	e agora a gente precisa de duzentos e cinquenta gramas.
MAD: deux cent cinq grammes.	duzentos e cinquenta gramas.
MÃE: deux cent cinquante ça fait jusque là. [la mère doit montrer sur la verre doseur mais nous le voyons pas à l'image]	duzentos e cinquenta gramas é até aqui. [possivelmente a mãe mostra a quantidade no copo de medida, mas isso não aparece na imagem]
MÃE: ça fait beaucoup hein.	é bastante hein.

MAD: oui.	sim.
MAD: maman je [pause] je veux prendre de la farine.	mamãe eu [pausa] eu quero pegar a farinha.
MÃE: attends après c'est toi qui va la verser dans le saladier d'accord?	espera, depois é você que vai colocar na travessa, tá bom?
MAD: c'est moi qui vais la verser dans le saladier.	sou eu que vou colocar na travessa.
MÃE: tu crois qu(e) ça va être bon?	você acha que vai ficar bom?
MAD: oui!	sim.
MAD: ça a l'air très très très très bon.	isso parece muito muito muito bom.
MAD: très très bon les gâteaux d(e) Noël.	muito muito bom os bolos de Natal.

Exemplo 4:
MEL (2 anos e 11 meses) e a mãe estão na cozinha fazendo um bolo.
MÃE: tem que pega(r) óleo...
MEL: óleo...
MEL: tem que [pausa] que pega(r) óleo... [a mãe abre a porta do armário]
MÃE: açúcar...
MEL: açúcar...
MÃE: ovo...
MEL: ovo...
MÃE: quem gosta de ovo? [abre a geladeira]
[...]
MÃE: dois ovinhos... [coloca dois ovos sobre a mesa]
MEL: dois ovinhos...

Essas situações, a princípio, não estavam previstas na categorização, porém se mostraram importantes na análise. Nas duas situações em que as crianças brincam de cozinhar junto com a mãe (tanto no *corpus* de MEL quanto no de MAD), há vários enunciados com marca de plural produzidos pela mãe na sequência discursiva, especialmente pelo fato de a mãe, ao fazer a leitura da receita, listar os ingredientes e as quantidades necessárias. Não se trata, obviamente, de uma situação em que a atenção se direciona exclusivamente para a leitura (por isso não foi categorizada como LET). No entanto, sentimos a necessidade de explicitá-las, ainda que não tenhamos feito isso na proposta de categorização.

Com relação à *sequência discursiva*, os resultados são os seguintes:

Gráfico 3: Relação entre a produção de enunciados com sintagmas nominais plurais e sequência discursiva (geral).

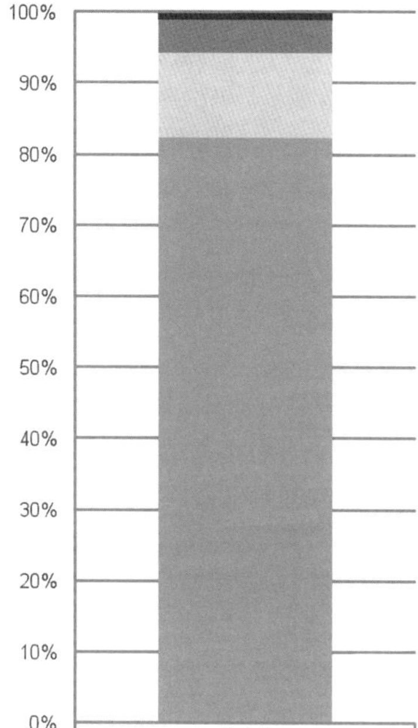

	Total
THE	1,17%
REX	4,68%
NAR	11,87%
DIM	82,27%

Os sintagmas nominais plurais estão majoritariamente em enunciados que dizem respeito ao momento da enunciação (DIM – discurso sobre o aqui e o agora, 82,27%), sendo em menor número nas narrativas (NAR, 11,87%) e no relato de experiência pessoal (REX, 4,68%). Apenas 1,17% dos plurais estão em enunciados que compunham sequências teóricas, de explanação/explicação de um tema. No gráfico a seguir, consideramos a produção de cada criança separadamente (a tabela traz os números absolutos):

Gráfico 4: Relação entre a produção de enunciados com sintagmas nominais plurais e sequência discursiva.

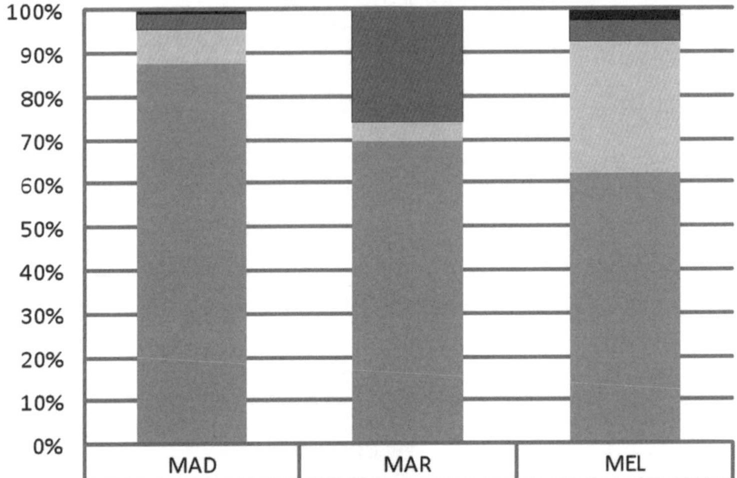

	MAD	MAR	MEL
THE	0,86%	0,00%	2,75%
REX	3,65%	26,09%	4,59%
NAR	7,94%	4,35%	30,28%
DIM	87,55%	69,57%	62,39%

Os enunciados que continham sintagmas nominais plurais também foram analisados quanto ao tipo de discurso (ou tipo de enunciado). As porcentagens foram calculadas em relação ao número total de enunciados plurais analisados. As categorias em que a letra R precede o código se referem a respostas das crianças ao enunciado da mãe, sem que haja modificação no sentido.

Gráfico 5: Relação entre a produção de enunciados com sintagmas nominais plurais e tipo de discurso.

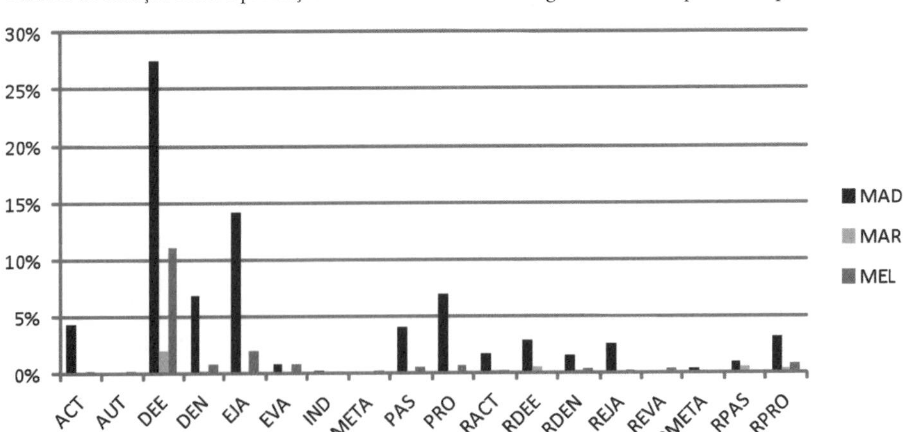

Nas produções das três crianças, os sintagmas nominais plurais compõem, majoritariamente, os enunciados do tipo DEE e RDEE (descritivos), além dos enunciados do tipo EJA e REJA (explicativos/argumentativos). Esses enunciados estão presentes especialmente nas situações de jogo, de leitura e nas situações não estruturadas (negociação de atividade a ser realizada).

Por fim, apresentamos os resultados da análise da produção não verbal (gestual) dos três sujeitos, concomitante à produção do plural nominal. O gráfico traz a porcentagem em relação ao número total de ocorrências de plural analisadas.

Gráfico 6: Relação entre a produção de sintagmas nominais plurais e a produção não verbal.

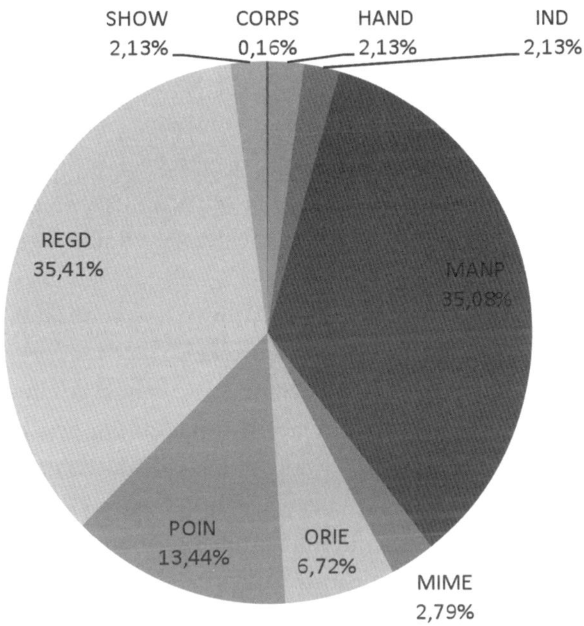

Vemos que, nesse período de aquisição, os enunciados com sintagmas nominais plurais são frequentemente seguidos de gestos de apontar ou da manipulação de objetos. Além disso, como muitos deles dizem respeito à atividade que se desenrola no momento da enunciação (jogo, leitura, cozinhar etc.), há um direcionamento do olhar da criança através de gestos de apontar do interlocutor (mãe), sejam únicos, sejam repetitivos. Como nossas análises se restringiram apenas aos enunciados produzidos pela criança, não é possível fazer afirmações conclusivas a esse respeito. Trata-se, no entanto, de uma investigação extremamente interessante, em nosso ponto de vista, pois a produção não verbal da mãe pode, de certa forma, convocar o plural na fala da criança.

Considerações finais

Neste capítulo, buscamos compartilhar nossas impressões acerca da relação, no período de aquisição da linguagem, entre os primeiros empregos da marca de plural nominal pela criança e os contextos interacionais e discursivos que os acompanham (ou que os convocam). Para isso, partimos do conceito de língua/linguagem proposto por Bakhtin e pelos demais autores do Círculo, bem como do de gêneros do discurso (ou gêneros do enunciado), que procuramos relacionar com a ideia de formatos, proposta por Bruner. Os trabalhos desses autores, juntamente com os de Bruner, revisitados por Anne Salazar-Orvig e Fréderic François, direcionaram nosso olhar para a incorporação de categorias discursivas e extralinguísticas ao estudo da aquisição e emprego do plural nominal por crianças monolíngues e bilíngues (PB e FR).

A partir de nosso *corpus* de pesquisa, composto por dados longitudinais e naturalísticos de três crianças entre 1 ano e 11 meses e 3 anos e 2 meses (MEL, monolíngue (PB); MAD, monolíngue (FR); MAR, bilíngue (PB/FR)), observamos quais os fatores discursivos e interacionais que convocariam o plural nominal na fala da criança pequena.

A *situação* e a *sequência discursiva*, bem como o *tipo de discurso*, parecem exercer um papel fundamental para as primeiras ocorrências de enunciados com sintagmas nominais plurais, já que estes são produzidos principalmente em situações de jogo ou leitura, em enunciados descritivos e acompanhados por gestos de apontar, pela manipulação ou observação imediata dos objetos, assim como apontam Clark e Nikitina (2009).

Os enunciados com sintagmas nominais plurais geralmente acompanham, nesse período de aquisição, uma observação concreta de elementos (objetos, figuras) em quantidade. Consideramos importante ressaltar que essas ocorrências estão inseridas em situações em que o encadeamento dos enunciados, nos turnos do diálogo entre a criança e o interlocutor, apresentam certa estabilidade, compondo um "formato" conhecido por ambos – leitura compartilhada de uma história, jogos etc. Isso contribui, de certa forma, para uma produção consistente de sintagmas nominais plurais em contextos esperados. Esse fato, observado nos dados naturalísticos que compõem esta pesquisa, difere do que observaram Befi-Lopes, Rodrigues e Puglisi (2009), para quem pesquisas experimentais sustentariam ser o conhecimento de singular e plural estabelecido, no léxico mental, apenas a partir dos 5 anos.

Concluímos, com isso, que considerar os gêneros do discurso (Bakhtin, 2006) e os formatos (Bruner, 1984, 2004), bem como a relação entre a fala da criança e de seu interlocutor adulto, é fundamental também para a compreensão de como se dá a aquisição de formas mais específicas da língua, como é o caso do plural nominal.

Notas

1 Não podemos deixar de notar, com isso, que não parece haver uma propriedade [+contável] ou [-contável] intrínseca ao item lexical, mas um sentido construído na relação entre os elementos do enunciado.

2 Para uma discussão a respeito das abordagens quantitativas e qualitativas em aquisição da linguagem, consultar "Aquisição da linguagem: a singularidade, a recorrência, as generalizações", em Del Ré, Hilário e Mogno, 2014.

3 Neste livro, remetemos o leitor ao capítulo "Aquisição da escrita e gêneros do discurso", em que se discute, na perspectiva bakhtiniana, o conceito de gêneros do discurso. No que se refere à relação entre gênero (Bakhtin) e formatos (Bruner), consultar "Relações entre Bakhtin e Bruner nos estudos em Aquisição" (Hilário, De Paula e Bueno, 2014).

4 As questões acerca da concordância compõem, juntamente com as demais aqui explicitadas, a tese de doutorado *Marcas de singularidade na produção oral da criança pequena: um olhar sobre a aquisição do plural nominal* (Hilário, 2013).

5 ANR-REG-071220-01-01 – DIAREF *L'acquisition en dialogue des expressions référentielles: approches multidimensionnelles*. Disponível em: <http://lpp.in2p3.FR/doc_html/ANR-REG-071220-01-01.html>. Acesso em: 4 abr. 2014.

Bibliografia

BAKHTIN. M. M. Os gêneros do discurso. In: ______. *Estética da criação verbal*. São Paulo: Martins Fontes, 2003, pp. 261-306.

BAKHTIN, M. M.; VOLOSHINOV, V. N. Le discours dans la vie et le discours dans le poésie. Contribution à une poétique sociologique. (Trad. port. Carlos Alberto Faraco e Cristovão Tezza). In: TODOROV, T. *Mikhaïl Bakhtine, le principe dialogique*. Paris: Seuil. 1981, pp.181-216.

BEFI-LOPES, D. M.; RODRIGUES, A.; PUGLISI, M. L. Number morpheme acquisition in children within normal language development. *Pró-Fono Revista de Atualização Científica*, 21(2), abr./jun. 2009, pp. 171-4. Disponível em: <http://www.scielo.br/pdf/pfono/v21n2/en_v21n2a15.pdf>. Acesso em: 8 ago. 2010.

BORBA, F. S. *Introdução aos estudos linguísticos*. São Paulo: Companhia Editora Nacional, 1970.

BRUNER, J. Contexts and formats. In: MOSCATO, M.; PIRAUT-LE BONNIEC, G. (ed.). *Le langage*: construction et actualisation. Rouen: Publications de la Université de Rouen, 1984, pp. 69-79. Disponível em: <http://books.google.com.br/books?hl=pt-BR&lr=&ID=8WNNoDaZ5IUC&oi=fnd&pg=PA69&dq=contexts+and+formats&ots=lGZifg18 9bMAZ&sig=Nrrroox7P5ycJkxiOjdCSIc7PtU#v=onepage&q=contexts%20and%20formats&f=false>. Acesso em: 13 maio 2013.

______. *Comment les enfants apprennent à parler*. Paris: Retz, 2004.

CÂMARA JÚNIOR, J. M. *História e estrutura da língua portuguesa*. Rio de Janeiro: Padrão, 1975.

______. *Estrutura da língua portuguesa*. Petrópolis: Vozes, 1984.

______. *Dicionário de linguística e gramática*. Petrópolis: Vozes, 1992.

CLARK, E. V.; NIKITINA, T. V. One *vs.* more than one: antecedents to plural marking in early language acquisition. *Linguistics*, 47-1, 2009, pp. 103-39.

DEL RÉ, A., HILÁRIO, R. N., MOGNO, A. S. Aquisição da linguagem: a singularidade, a recorrência, as generalizações. In: DEL RÉ, A., PAULA, L., MENDONÇA, M. C. (orgs.). *A linguagem da criança*: um olhar bakhtiniano. São Paulo: Contexto, 2014.

DELEFOSSE, J. M. O. Contribution à l'étude de la genèse de la catégorie du pluriel. Observation du langage d'un enfant entre un an et demi et deux ans. *Faits de langues*, n. 2, septembre, 1993, pp. 41-50. Disponível em: <http://www.persee.fr/web/revues/home/prescript/article/flang_1244-5460_1993_num_1_2_1301>. Acesso em: 15 ago. 2011.

DUBOIS, J. *Grammaire structurale du français*: nom et pronom. Paris: Librairie Larousse, 1965.

FARACO, C. A. *Linguagem e diálogo*: as ideias linguísticas do círculo de Bakhtin. São Paulo: Parábola Editorial, 2009.

GREVISSE, M.; GOOSSE, A. *Nouvelle grammaire française*. Bruxelles: De Boeck Supérieur, 1995.

HILÁRIO, R. N. Aquisição e emprego do plural por crianças monolíngues (PB). In: *Anais do VIII ENAL II EIAL Encontro Inter/Nacional sobre Aquisição da Linguagem*, Juiz de Fora, 2011, pp. 225-39.

______. A marcação de plural na fala da criança: marcas de subjetividade. In: DEL RÉ, A.; ROMERO, M. *Na língua do outro*: estudos interdisciplinares em aquisição de linguagens. São Paulo: Cultura Acadêmica, 2012, pp. 33-54.

______. *Marcas de singularidade na produção oral da criança pequena*: um olhar sobre a aquisição do plural nominal. Araraquara, 2013. Tese (Doutorado, não publicada). Pós-graduação em Linguística e Língua Portuguesa. Universidade Estadual Paulista (Unesp).

HILÁRIO, R. N.; BUENO, R. G.; PAULA, L. Relações entre Bakhtin e Bruner nos estudos em Aquisição. In: DEL RÉ, A., PAULA, L., MENDONÇA, M. C. (orgs.). *A linguagem da criança*: um olhar bakhtiniano. São Paulo: Contexto, 2014.

NEVES, M. H. de M. *Gramática de usos do português*. São Paulo: Editora Unesp, 2000.

SIOUFFI, G.; VAN RAEMDONCK, D. *100 fiches pour comprendre les notions de grammaire*. Paris: Editeur Bréal, 2007.

Bilinguismo e referência

Paula Bullio
Rosângela Nogarini Hilário
Rafaela Giacomin Bueno
Alessandra Del Ré

Neste capítulo, trazemos um pequeno recorte de um estudo mais amplo que pretende, a partir de um ponto de vista dialógico-discursivo, tratar da aquisição da referência na fala de uma criança bilíngue (franco-brasileira), em interação com os pais (mãe brasileira, pai francês).[1] Trata-se, pois, de direcionarmos nosso olhar especificamente às marcas de referência de primeira e segunda pessoas nos pronomes pessoais e nas desinências verbais, verificando a presença e a ausência desses pronomes no diálogo.

Desconhecemos a existência de pesquisas sobre esse tema em crianças bilíngues, especialmente quando partimos de uma perspectiva teórica que tem inspiração em Bakhtin e no Círculo para observar dados do português do Brasil (PB). Além disso, precisamos pensar em como as línguas (PB e francês) têm comportamentos diversos, principalmente quando tratamos da marcação pronominal, haja vista que no PB a marcação é "opcional" e no francês é "obrigatória". Isso significa que, no PB, as desinências verbais podem marcar a pessoa sem o uso dos pronomes. Por exemplo, no sintagma verbal "estudo" (do verbo "estudar"), temos a marca de primeira pessoa do singular no verbo, não havendo a necessidade de dizer "eu estudo". Diferentemente, em francês, o uso do pronome pessoal é obrigatório, haja vista que a desinência verbal não se faz distinta quando falada e, às vezes, escrita, por exemplo em "*je veux*" e "*tu veux*".

Para nós, a possibilidade de a criança imaginar e conceber o outro é uma condição essencial ao seu desenvolvimento linguístico, e a referência a si mesma revela um movimento da criança na apreensão do *eu* (quem fala) e do *outro-tu* (com quem se fala) no discurso. Sendo assim, as marcas de referência e seu estudo podem nos dar pistas da constituição da identidade[2] dessa criança nas duas línguas que está adquirindo, uma vez que podemos flagrar os momentos desse processo de aquisição e uso dessas marcas na interação com o outro. Entretanto, por se tratar de resultados parciais de um trabalho mais amplo ainda em desenvolvimento, para que tenhamos argumentos mais fortes, é necessário dar prosseguimento às análises sobre a relação entre o uso e a aquisição das marcas de referência de primeira e segunda pessoas e o bilinguismo, estabelecendo um paralelo mais direto entre duas crianças monolíngues, porque somente assim poderemos tecer este tipo de consideração.

Neste capítulo, que dialoga com os demais capítulos deste livro em termos de discussões teóricas do Círculo de Bakhtin e, especialmente, com "O uso do plural nominal por crianças monolíngues e bilíngues", queremos estabelecer relações entre a) as formas utilizadas por essa criança bilíngue para referir-se a si própria e ao outro, e b) as marcas de referência utilizadas pelo outro para referir-se à criança e a si mesmo. Com isso, podemos verificar, por exemplo, se há uma relação de semelhança entre a linguagem dirigida à criança e o que é efetivamente produzido por ela ou se suas produções se distanciam daquelas dos outros com quem ela interage.

Como há pelo menos três grandes temas que se entrecruzam em nossa proposta de análise, este capítulo aborda-os da seguinte maneira: primeiramente, trazemos nosso posicionamento teórico-metodológico com relação à questão do bilinguismo; em um segundo momento, fazemos um breve panorama das pesquisas em PB, em FR e em outras línguas acerca da questão da autorreferência e da aquisição dos pronomes pessoais; logo após, trazemos algumas pesquisas que tiveram como foco a linguagem dirigida à criança e a interação dialógica mãe-criança; em seguida, apresentamos a metodologia por nós adotada, as análises e, enfim, as considerações finais.

Sobre o conceito de bilinguismo

Sem desconsiderar as controvérsias que envolvem a questão do conceito de bilinguismo,[3] optamos por trazer para este trabalho a definição de Houwer (1990: 3) de que o bilinguismo é um processo análogo ao de aquisição da língua materna, no qual o indivíduo adquire duas línguas simultaneamente desde o nascimento e independentemente de seu nível de competência, e as considerações feitas por Grosjean (2001: 4), que entende que os bilíngues têm duas maneiras de se comunicar, dependendo da necessidade, ou seja, eles podem ter uma produção monolíngue ou bilíngue, dependendo dos participantes, da situação, da mensagem, do tipo de linguagem etc. Nesse caso, haveria uma espécie de adaptação à situação em que estão: quando interagem em contextos monolíngues (por exemplo, com alguém que não fala as duas línguas), eles se comunicam usando apenas uma língua; porém, se estiverem com outros bilíngues, é possível que ocorram *code-switchings*.[4]

O que nos diz a literatura sobre a referência no PB e em outras línguas

Budwig (1996) estudou a autorreferência para o inglês e mostrou que as crianças produzem as estruturas *me* + verbo para demonstrar uma agentividade não definida, e elas utilizam *I* + verbo dentro de contextos em que o sujeito é o agente, sendo que o mesmo se observa na fala dos pais. Charney (1979) estudou o papel da interação na aquisição e o desenvolvimento dos pronomes pessoais e afirma que o uso desses pronomes exige um conhecimento da interação e dos papéis que cada um assume na relação dialógica, além de uma habilidade de definir quem são as pessoas envolvidas. Segundo Caet (2012), seguindo a mesma linha dos estudos de Morgenstern (2006, 2009) sobre a autorreferência em FR, o desenvolvimento da referência a si mesmo é um lugar propício para o estudo do papel do *input* dentro da reconstrução ativa do sistema linguístico pela criança. Nesse estudo de caso, a autora pôde observar que as produções da criança não são unicamente influenciadas pela frequência das formas ou das estruturas presentes na fala dos pais, mas também pelos usos na interação, por seus valores semântico e pragmático. E é o que pensamos acontecer também com a criança cujos dados apresentaremos a seguir.

Dos estudos sobre a referência no PB – que, juntamente com o FR, é nossa língua de interesse, haja vista que a criança bilíngue de que tratamos aqui, como já foi dito, fala essas duas línguas –, destacamos os de base gerativista, como o de Galves (1993), que afirma que o enfraquecimento do sistema flexional do PB nos deu a possibilidade de interpretar o sujeito nulo de terceira pessoa do singular como indeterminado; o de Novaes (1997) e Simões (1999), que tratam do uso do sujeito nulo no PB com base na gramática gerativa e no modelo da "Teoria dos Princípios e Parâmetros"; o de Kato (2001), que afirma que o sistema verbal da criança é unipessoal – no início da aquisição – e que a criança produz apenas sentenças com sujeitos nulos usando a terceira pessoa do singular. A autora ainda afirma que, como o PB não tem mais afixos pronominais, os percentuais de sujeitos nulos começam a cair quando a criança começa a produzir as "pessoas gramaticais". Esses resultados diferem do que observamos, como mostraremos adiante. Encontramos também informações importantes sobre esse tema em Duarte (2003), que, com base na sociolinguística, estudou o preenchimento do pronome pessoal no período de 19 anos; em Lopes (2006, 2007), que estudou o sujeito nulo juntamente com os tempos verbais; em Santos Lopes (2007), que teve o enfoque de suas pesquisas nos pronomes "você" e "a gente"; e em Magalhães (2007), que realizou um estudo comparativo entre a aquisição de pronomes pessoais no português do Brasil e no de Portugal e afirma, em concordância com Kato, que há uma instabilidade na produção de sujeitos nulos no PB e uma estabilidade no português europeu devida à diferença no sistema flexional. Já a pesquisa feita por Eliasson (2012), por exemplo, visou observar a aquisição bilíngue sueco-português, partindo da teoria de Chomsky (1957). Essa autora afirma que:

> A criança adquire a flexão verbal de sua L1 muito cedo. Mesmo antes de ter consciência de si mesma como indivíduo único, são registradas por volta dos dois anos de idade tentativas por parte da criança de conjugar o verbo na primeira pessoa do singular (Silva, 2009). Da mesma forma, já sabe desde bem cedo que o sujeito de uma ação pode ser uma parte do corpo ou um objeto qualquer, não delimitando ao papel de agente apenas a seres humanos. (Eliasson, 2012: 91)

Trabalhos mais próximos da nossa perspectiva são os de Ferreira Júnior e Cavalcante (2008), que, sob uma perspectiva enunciativa, estudaram os pronomes pessoais como "reveladores" da subjetividade e da instauração da natureza interdiscursiva e intersubjetiva da linguagem; de Perroni (1994), que utiliza a aquisição dos pronomes pessoais para criticar a ideia de estágios ou períodos proposta pelos gerativistas; de De Lemos (2004), que tem como foco a relação entre as faces sintática, semântica e subjetiva dos pronomes pessoais na fala da criança – entretanto, nessa fase, De Lemos já tem seus trabalhos voltados à psicanálise, o que nos afasta da teoria dessa autora; De Carvalho (2011), que discutiu os pronomes pessoais, visando compreender a relação entre sujeito e linguagem em crianças autistas. Além destes, em trabalhos realizados por alguns membros do grupo GEALin, viu-se a emergência dos pronomes pessoais (Del Ré, 2009, 2010) e o uso dos pronomes pessoais nas condutas explicativas da criança (Vieira, 2010).

A dificuldade em usar os pronomes de primeira pessoa, segundo Silva (2009) e Figueira (2004), advém do fato de a criança estar habituada a ser identificada com o nome próprio, mesmo que os seus interlocutores a chamem por *tu* ou por *você*, e ela parece hesitar ao fazer uso da primeira pessoa, o que evidenciaria seu esforço para entender as diferentes formas de endereçamento a ela.

> Considerando que, por volta dos 3 anos, a criança já adquiriu boa parte da "gramática" de sua língua, os pronomes aparecem tarde, mais ou menos nessa mesma fase, pois demandam um trabalho cognitivo de mecanismos linguísticos e de elaboração psíquica e, por essa razão, estão de alguma forma ligados à "instalação" da identidade da criança. A utilização dos pronomes exige da criança, portanto, uma maior familiaridade com a língua, uma capacidade de abstração, de representação, de (auto)designação. Trata-se de um sistema complexo para a criança, já que os pronomes mudam de sentido em função da enunciação. (Del Ré, 2010: 406)

Contudo, a diferença entre o uso do *eu* e do nome próprio não se deve apenas às capacidades cognitivas da criança, mas deve ser atribuída, também, à linguagem que os adultos endereçam a ela. Sully (apud Morgenstern, 2006) declara que o fato de a criança falar de si na terceira pessoa deve-se à sua percepção quando o adulto a designa pelo nome ou pela terceira pessoa, pois ela, por meio de um processo psíquico, o imitaria. É por meio dessa operação de "imitação" que, mais tarde, a criança começa a utilizar o eu na primeira pessoa como fazem os adultos (Vieira, 2010: 455).

Diante disso, podemos dizer que nosso trabalho, apesar de trazer uma temática abordada em vários trabalhos, diferencia-se por trazer dados de uma criança bilíngue que, além do PB, tem o FR em seu horizonte. Ademais, propomos um olhar que se distingue dos que foram lançados sobre o assunto, o da dialogia do Círculo de Bakhtin, buscando, numa difícil empreitada, unir o linguístico, o pragmático e o discursivo em nossas análises.

A questão da referência no período de aquisição de linguagem

Segundo Salazar (2010), "Podemos pensar que as crianças reconstroem o sistema linguístico a partir de [...] regularidades. Assim, é difícil considerar que o linguístico é anterior ao pragmático" (tradução nossa). A autora critica o desenvolvimento proposto por alguns autores como Hickmann (2002) e Karmiloff-Smith (1985) por assumirem que há uma sequência pré-determinada para a aquisição. Vejamos a sequência que os autores sugerem:

1) a aquisição das intenções comunicativas e o desenvolvimento da expressão linguística;
2) o desenvolvimento das habilidades conversacionais e das regras que regem a tomada da palavra, as interrupções, as clarificações etc.;
3) o desenvolvimento da capacidade de produzir um discurso amplo e, portanto, o desenvolvimento do conjunto formado pela coesão e pela coerência dos gêneros discursivos;
4) a aquisição das normas de "educação" e outras regras do uso da linguagem, que são determinadas culturalmente.

E, não menos evidente,

5) o uso da referência.

Se pensarmos que existe uma sequência como essa, teremos de assumir, necessariamente, que há uma autonomia do sistema linguístico em relação à comunicação ou ao plano discursivo. "O discursivo ou pragmático aparece, portanto, como uma dimensão constitutiva do linguístico, mas com um valor agregado" (Salazar, 2009, tradução nossa). Para nós, o que acontece durante a aquisição é o contrário.

Em concordância com Salazar (2009), acreditamos que as habilidades pragmáticas precoces estão efetivamente relacionadas a certo domínio do diálogo. Segundo a autora, o uso dos pronomes estaria relacionado também a sua relevância para a dinâmica do diálogo.[5] As crianças parecem escolher entre o pronome e o nome de acordo com o contexto, como já foi dito anteriormente; trata-se de algo que faz parte de uma relação de continuidade ou de contraste com a enunciação de seu interlocutor. Há uma estreita ligação entre a entrada da criança na linguagem e os diferentes jogos dialógicos (François, 1994). Sendo assim, a aquisição de valores referenciais semânticos não pode ser explicada por mecanismos inatos ou simplesmente pelo que a criança ouve e repete, mas pelas implicações da própria experiência comunicativa (Salazar, 2009). A ideia seria, então, examinar o que nos dá como horizonte uma versão que pode ser chamada de dialógica (Bakhtin, 1988, 1997; François, 1994), levando em consideração a relação indissociável entre o linguístico e o cognitivo (Bruner, 1975), assim como o papel do *input*, do diálogo, do outro e da socialização linguageira (Ochs, Schieffelin, 1999), para que a criança construa uma gramática coerente (Tomasello, 1999, 2007).

O uso dos pronomes pessoais, nomes próprios ou outras maneiras de designação[6] de si, como o uso do próprio nome ou de pronomes possessivos, por exemplo, parece demonstrar, então, linguisticamente um movimento da criança em direção à sua constituição enquanto sujeito que enuncia. Nesse sentido, acreditamos que a linguagem dirigida à criança não seja o fator decisivo para explicar a forma como os pronomes são empregados; acreditamos que haja uma negociação de usos entre os interlocutores em interação, no momento da enunciação.

A fala dirigida à criança

Segundo Bruner (1991, 1997), a criança, antes mesmo de falar, já é interpretada pelos pais. Eles significam suas manifestações, julgam, atribuem valores, intenções, vontades e também compartilham olhares. É interessante observar como esses processos ocorrem, uma vez que os pais, ao atribuírem valores aos gestos, aos olhares ou a algumas manifestações enunciativas incompletas, começam a mostrar para a criança o que e como falar em determinadas situações.

> Observa-se que os estudos acerca da aquisição da linguagem mostram que, na interação adulto-criança, há um esforço do adulto tanto em compreender os sinais evocados pela criança, demonstrados por meio de gestos, balbucios e palavras, quanto em responder (Silva e Salomão, 2002). Para tanto, os

> adultos apresentam modificações na fala dirigida à criança em comparação à fala dirigida a outros adultos. Essas modificações apresentam-se nos aspectos tonais, lexicais e sintáticos da linguagem, tornando uma fala simples, repetitiva, gramatical e semanticamente ajustada ao nível de compreensão da criança. (Fonsêca, Salomão, 2006: 91)

Bruner (1991, 1997) argumenta que a linguagem que os pais dirigem à criança é adequada ao nível linguístico delas e que eles são extremamente sensíveis aos progressos de seus filhos. Newport et al. (1977) avaliaram desde as aspectos morfossintáticos até o número de relações semânticas e de funções gramaticais expressas pela mãe. Ao final do estudo, concluiu-se que essa influência da mãe se limitava a dois aspectos da aquisição da linguagem, a saber, os verbos auxiliares e as flexões nominais.

Depois desses estudos quantitativos, vieram outros, que deram maior atenção ao contexto enunciativo/discursivo, como, por exemplo, aqueles que observaram o processo de "atenção conjunta" (Tomasello, Carpenter, 2007; Tomasello, 2009; Bruner, 1975, Cavalcante e Nóbrega, 2012). Esse fenômeno, resumidamente, se estabelece pelo fato de o adulto seguir a direção de atenção da criança.

Há também trabalhos na área da Psicologia (Véras, Salomão, 2005) que investigam aspectos interacionais das díades e quais são as variações da fala da mãe com crianças chamadas "típicas" e "com atraso", a fim de verificar as diferenças. Outra pesquisa (Braz, Salomão, 2002) verificou as diferenças de *input* e gêneros, ou seja, como e quais seriam as diferenças entre a fala dirigida às meninas e aos meninos. Além destes, há o que compara as falas materna e paterna dirigidas às crianças (Fonsêca e Salomão, 2005, 2006). No trabalho de Cury (2011), dentro do nosso grupo de pesquisa GEALin, fez-se uma análise discursiva dos dados, observando de que maneira os pais se comportam em situações de oposição com a criança, gerando a argumentação.

Cabe aqui destacar que, tendo em vista o referencial teórico que adotamos, não podemos pensar na "linguagem dirigida à criança" da mesma forma que o conceito de *input* foi pensado (embora, muitas vezes, esses termos sejam usados como sinônimos), ou seja, como um conjunto de dados linguísticos aos quais a criança é exposta. Certamente a relação entre a fala dos pais e a da criança não se resume a isso. Trata-se de uma parceria dialógica em que ambos, pais e criança, comparecem na construção de sentidos que são constantemente negociados. Esse jogo de sentidos não está, obviamente, pré-fixado a partir de um significado estático das palavras, mas em constante movimento, e é nesse movimento de sentido que a criança vai, pouco a pouco, adentrando. A noção de gêneros do discurso, trazida por Bakhtin e o Círculo, e de formatos, trazida por Bruner, nos são caras, pois nos ajudam a compreender melhor como a organização relativamente estável dos enunciados – e do encadeamento desses enunciados –, bem como os jogos de linguagem, permitem que adulto e criança experienciem a inversão de papéis no diálogo, por exemplo.

Nosso objetivo é, portanto, estudar a aquisição e o domínio das expressões referenciais e seu papel no diálogo. Parte dos estudos em Aquisição de Linguagem trata dos paradigmas de desenvolvimento considerando o processo de aquisição da gramática e da sintaxe, as chamadas dimensões estruturais, de modo separado da dimensão funcional (pragmática, o diálogo do discurso). Nossa intenção, por outro lado, é considerar todo esse conjunto.

Metodologia e análise dos dados

Neste capítulo, trazemos um recorte de um *corpus* maior (NALingua-CNPq)[7] e utilizaremos duas sessões em que a criança (MAR) está com 2 anos e 5 meses de idade – sendo uma com a mãe e outra com o pai. Trata-se, portanto, de uma análise qualitativa de parte de um *corpus* longitudinal e naturalístico, com o intuito de trazer à tona uma discussão que será abordada integralmente na tese de doutorado de Bullio.[8]

Como dissemos anteriormente, a criança, que mora na França, tem contato diário com ambas as línguas: o pai é francês e se comunica com ela apenas em sua língua materna, assim como a mãe, que é brasileira e, portanto, tem o PB como língua materna. Além disso, MAR tem uma irmã mais velha, que se comunica com ela nas duas línguas, dependendo do outro interlocutor presente no diálogo, e uma babá brasileira.

Foram analisados[9] todos os sintagmas compostos por pronomes pessoais ou verbos que faziam referência à primeira e à segunda pessoa do singular e do plural nas duas sessões às quais no referimos, tanto nas produções da criança quanto nas dos pais. Buscamos identificar se há uma relação de semelhança entre a linguagem dirigida à criança e o que é efetivamente produzido por ela ou um distanciamento de suas produções daquelas dos outros com quem interage. Além disso, nosso olhar se voltou também para a forma como os pais se referem à criança nos momentos de interação com ela.

Nossas observações nos levam a alguns apontamentos que apresentamos a partir dos exemplos a seguir.

Exemplo 1:

MAR (2 anos e 5 meses) e o pai estão na sala conversando sobre o jantar.	
(26) PAI: **papa va te** préparer à manger, ok?	**papai vai te** preparar a comida, ok?
(27) PAI: hein?	hein?
(28) MAR: oui.	sim.
(29) PAI: ouais.	sim.

(30)	PAI: qu'est-ce que **tu veux** manger?	o que **você** quer comer?
(31)	MAR: des pâtes, queijo, ketchup, tout ça, tout ça.	macarrão, queijo, ketchup, tudo isso, tudo isso.
(32)	PAI: tout ça, tout ça.	tudo isso, tudo isso.
(33)	OBS: [risos]	[risos]
(34)	MAR: des pâtes, du *queijo*, du ketchup, des pâtes, du fromage?	macarrão, queijo, ketchup, macarrão, queijo?
(35)	PAI: **tu veux mettre** du fromage sur les pâtes?	**você quer colocar queijo no macarrão**?
(36)	PAI: non, **papa va faire** de la purée avec des saucisses.	não, **o papai** vai fazer purê com salsicha.
(37)	MAR: [incompreensível]	[incompreensível]
(38)	PAI: hein?	hein?
(39)	MAR: [incompreensível]	[incompreensível]
(40)	PAI: d'accord?	tudo bem?
(41)	PAI: **je** vais faire de la purée.	**eu** vou fazer o purê.
(42)	PAI: tu veux?	**você** quer?
(43)	MAR: [incompreensível]	[incompreensível]
(44)	PAI: hein?	hein?
(45)	MAR: [incompreensível]	[incompreensível]
(46)	PAI: du fromage aussi?	o queijo também?
(47)	MAR: hum.	hum.
(48)	PAI: et pas [pausa] euh.	e não, ê?
(49)	PAI: non [pausa] **on va** pas manger ici.	não, **nós** não vamos comer aqui.
(50)	PAI: on va manger dans la cuisine [pausa] hein?	**nós** vamos comer na cozinha, hein?
(51)	PAI: d'accord?	tudo bem?
(52)	MAR: **eu** como aqui.	**eu** como aqui.
(53)	PAI: non dans la...	não, na...
(54)	MAR: [incompreensível]	[incompreensível]
(55)	PAI: dans la cuisine.	na cozinha.
(56)	OBS: [risos]	[risos]

Pensando no papel que as expressões referenciais desempenham no diálogo e no encadeamento dos enunciados entre a criança e o seu pai, a presença do pronome de primeira pessoa em PB e a ausência do seu correspondente em FR pode nos revelar, de certa maneira, uma estratégia pragmática de MAR que, ao introduzir um enunciado em PB (52), lançando mão do pronome de primeira pessoa, evidencia uma relação de contraste com o que o interlocutor, seu pai, lhe propõe (comer na cozinha em vez de comer na sala e brincar/ler uma história, respectivamente). O uso do pronome *eu* parece funcionar como uma oposição às formas de referência utilizadas pelo pai, tanto em relação a si (26, 36, 41) quanto à MAR (30, 35, 42, 49, 50), isto é, a criança parece empregá-lo para distanciar-se dos sentidos que lhe trazem os enunciados de seu interlocutor (e das formas de referências neles inseridas).

As expressões referenciais situam-se, a partir da condição ideológico-dialógica da linguagem, em contextos de significação própria, singular, que nos levam a compreender de que forma as relações entre os sujeitos se configuram.

Exemplo 2:

MAR (2 anos e 5 meses) e o pai estão na cozinha conversando sobre o que iriam fazer após o jantar.		
(1)	PAI: on va jouer avec papa?	vamos brincar com o papai?
(2)	PAI: après papa, **il** va raconter une histoire.	depois o papai vai contar uma história.
(3)	MAR: avec papa?	com o papai?
(4)	MAR: **jouer avec papa**?	brincar com o papai?
(5)	PAI: jouer avec papa.	brincar com o papai.
(6)	MAR: avec papa?	com o papai?
(7)	PAI: oui.	sim.
(8)	MAR: **a fini papa [referindo-se à refeição]**	acabou, papai [referindo-se à refeição]
(9)	PAI: hein?	hein?
(10)	MAR: **a fini**.	acabou.
(11)	MAR: **eu quero água**.	eu quero água.
(12)	PAI: tu veux de l'eau?	você quer água?
(13)	PAI: il est sale ton verre.	tá sujo, teu copo.
(14)	PAI: il est tout sale.	tá todo sujo.

Nesse segundo exemplo, chamamos a atenção para o fato de a criança omitir o pronome em francês nos turnos 8 e 10, mas empregá-lo no enunciado em PB tanto nesse fragmento de fala de MAR ("Eu quero água", turno 11) quanto no do exemplo 1 ("eu como aqui"). Na verdade, a primeira modificação feita pela criança é a repetição parcial do enunciado do pai, em 3 e 4, com a omissão do pronome *on* e a redução da forma verbal composta "*va jouer*".

Como dissemos no início deste capítulo, uma das razões que nos levaram a optar por um estudo considerando o PB e o FR foi o comportamento distinto dessas duas línguas no que diz respeito ao emprego do pronome (obrigatório em FR e optativo em PB). O que pretendemos apontar, a partir desse segundo exemplo, é que essa "opcionalidade" do PB parece ser transportada também para o FR no caso da criança bilíngue.

No próximo exemplo, uma continuação da mesma sessão do exemplo 2, podemos notar a ausência do pronome sujeito em FR, similar à produção da criança em PB. Todavia, como não há marcação de pessoa na desinência verbal no oral em FR, não podemos afirmar a qual pessoa a criança se refere.

Exemplo 3:

Continuação da sessão anterior		
(15)	PAI: papa va préparer le biberon?	papai vai preparar a mamadeira?
(16)	MAR: non papa.	não papai.
(17)	MAR: **moi jouer encore aqui**.	**mim brincar de novo aqui.**
(18)	PAI: hein?	hein?
(19)	MAR: jouer encore aqui.	brincar de novo aqui.
(20)	PAI: non.	não.
(21)	PAI: il faut [incompreensível] le biberon.	preciso [incompreensível] a mamadeira.
(22)	MAR: non papa.	não papai.
(23)	MAR: aqui encore.	aqui de novo.
(24)	PAI: encore!	de novo!
(25)	OBS: [risos]	[risos]

Vemos aqui o estranhamento do pai diante da construção da criança no turno 17. O que observamos aqui é a utilização de "*moi*" no lugar de "*je*" (ou, ainda, no lugar de "*moi, je...*", construção típica da produção oral em FR), característica comum às crianças que falam francês, como apontam alguns dos estudos aos quais nos referimos anteriormente, principalmente em relação ao trabalho de Morgenstern (2006). Porém, MAR utiliza o verbo no infinitivo com uma palavra em PB. Ao ser questionada, a criança repete a mesma frase sem o pronome tônico "*moi*". A presença desse pronome, como nos excertos apresentados anteriormente, junto ao PB "aqui" (17, 19, 23), parece novamente operar um contraste com o nome "papa" (15, 16, 22), bem como o pronome de terceira pessoa do singular "*il*" (21), à medida que MAR busca, em ambas as escolhas, negociar com o pai a atividade a ser realizada naquele momento pelos dois.

Exemplo 4:

MAR (2 anos e 5 meses) estava brincando de casinha com a mãe, quando decidem ler um livro.

(80) MÃE: então vai busca(r).
(81) OBS: [risos] [MAR desce da cadeira onde estava]
(82) MÃE: onde que (es)tá?
(82) MAR: lá.
(84) OBS: [risos] [MAR corre para fora da sala e MÃE vai atrás dela]
(85) MAR: [incompreensível]
(86) MÃE: deixa **eu ve(r)** se (es)tá aqui.
(87) MÃE: (es)tá aqui **Marina** no banheiro.
(88) MÃE: **vai busca(r)**.
(89) OBS: [risos] [MAR entra no banheiro]
(90) MAR: **mamãe lê**.
(91) MÃE: **a mamãe vai le(r)**?
(92) MÃE: não [pausa] **você vai le(r) p(a)ra mamãe**.
(93) MAR: não!
(94) MAR: **le(ia) mamãe**!
(95) MÃE: a **mamãe** que vai le(r)?
(96) MAR: é.
(97) MÃE: mas **você c**onhece já a história.
(98) MAR: le(ia), le(ia). [MAR dá o livro para MÃE]
(99) MÃE: (es)tá bom.
(100) MÃE: vem cá.

O que nos chama a atenção nesse excerto é, a princípio, a influência que a fala da criança exerce na produção da mãe, já que, no turno 86, esta havia usado o pronome de primeira pessoa para referir-se a si mesma, mas, a partir da requisição da criança no turno 90 ("Mamãe lê"), a mãe passa a referir-se a si mesma na terceira pessoa, utilizando também a forma "mamãe". Percebemos, ainda, que a situação discursiva se dá em uma relação de oposição entre o pedido da criança e a proposição da mãe. Essa sequência discursiva parece influenciar diretamente no uso (ou não) dos pronomes pessoais tanto de primeira como de segunda pessoa, quando a mãe insiste dizendo "Você vai ler para a mamãe" (92). O mesmo pode ser constatado no próximo exemplo.

Exemplo 5:

Continuação da sessão anterior. Neste momento, MAR pega a chupeta e vai para o quarto.

(887) MÃE: tchau.
(888) MÃE: quando **você** termina(r) de chupa(r) a chupeta.
(889) MÃE: **você chama a mamãe p(a)ra gente** brinca(r) tá?
(890) MAR: tá.
(891) MÃE: tchau.
(892) MAR: tchau. [MÃE fecha a porta]
(893) MAR: **podemos** entrar?
(894) MÃE: (es)pera aí.
(895) MÃE: **a gente** vai faze(r) toc, toc, toc.
(896) MÃE: **você** abre a porta tá?
(897) MÃE: a gente vai faze(r) toc, toc, toc. [bate na porta]
(898) MAR: [incompreensível]
(899) MÃE: oi!
(900) MÃE: quem mora nessa casinha?
(901) MAR: **Ma(r)ina.**
(902) MÃE: **a gente** pode entra(r)?
(903) MAR: é.
(904) MÃE: pode?
(905) OBS: [risos]
(906) MÃE: **vem cá Marina**.
(907) MAR: uh.
(908) MÃE: **vem cá c(om) a mamãe**.
(909) MÃE: dá um beijinho.
(910) MÃE: **oi tudo bem com você**?
(911) MÃE: vamo(s) da(r) um beijinho assim. [a mãe dá um beijo na criança]
(912) MAR: o(u)t(r)o [pausa] o(u)t(r)o.

Já nesse exemplo, podemos notar que, no início, a mãe propõe um jogo de faz de conta, o que pode ser entendido como um gênero de brincadeira (Bakhtin, 2007, Bruner, 1975). O diálogo do cotidiano e a narrativa se misturam, e tanto a mãe quanto a criança parecem se deslocar entre o papel de narradoras e personagens desse faz de conta. É o que se observa nos turnos 893 e 894, que muito se assemelham com a fala de uma personagem da história; em seguida, nos turnos 895, 896 e 897, a mãe orienta a criança sobre o prosseguimento da brincadeira; o papel de personagens é retomado pela mãe a partir do turno 899. A criança não hesita em entrar nesse jogo com a mãe, e o deslocamento da primeira para a terceira pessoa em situações como essa deixa ainda mais evidente a atuação, tanto da mãe quanto da criança, como personagens-participantes ou observadores-narradores da cena enunciativa.

Exemplo 6:

Continuação da mesma sessão. Agora, MÃE e MAR estão lendo um livro.

(1163) MÃE: ulálá esses papais compram tudo p(a)ra Juliette.
(1164) MAR: petit papa, petit papa.
(1165) MAR: amanhã é fermé.
(1166) MÃE: amanhã, amanhã o manege vai (es)ta(r) fechado?
(1167) MAR: é.
(1168) OBS: [risos]
(1169) MAR: (a)cabo(u).
(1170) MÃE: quem conta essa história **p(a)ra você** todo dia?
(1171) MAR: **Ma(r)ina**.
(1172) MÃE: não, quem conta p(a)ra você aqui no quarto?
(1173) MÃE: quem lê p(a)ra você essa história?
(1174) MAR: Marina.
(1175) OBS: oh.
(1176) MÃE: não, quem é que lê p(a)ra você essa história?
(1177) MAR: **mamãe**.
(1178) MÃE: **não, mamãe não**.
(1179) MÃE: quem é que lê todo dia essa história p(a)ra você?
(1180) MAR: mamãe.
(1181) MAR: não é mamãe?
(1182) MÃE: não.
(1183) MAR: não.
(1184) MÃE: não, quem é que lê p(a)ra você?
(1185) MAR: não, é a mamãe.
(1186) MAR: le(ia) mamãe.
(1187) MÃE: mas à noite antes de você toma(r) o gagao.
(1188) MÃE: quem é que lê p(a)ra você? Quem é que lê p(a)ra você?
(1189) MÃE: antes de você toma(r) o gagao.
(1190) MÃE: quem?
(1191) MÃE: fala.
(1192) MAR: **num sabe**.
(1193) MÃE: ã?
(1194) MAR: num sabe.

O que nos chamou a atenção nesse trecho é o fato de a maioria de verbos utilizados serem conjugados no presente. Segundo Snow (1977):

- a linguagem materna é restrita ao "aqui e agora", conjugada no tempo presente e referente a objetos visíveis e comentário sobre atividades contínuas;
- as mães empregam um número de características especiais na fala apresentada à criança, cuja intenção é envolvê-la na interação, clarificando e elevando sua contribuição.

> Analisando as falas maternas e paternas dirigidas às crianças, McLaughlin, Schutz e White (1980) verificaram que os pais apresentavam, de modo significativo, mais expressões diretivas para controlar a linguagem da criança do que as mães. De igual modo, Bright e Stockdale (1984), estudando a interação de 29 díades mãe/criança e pai/criança em situação de jogo, observaram que os pais apresentaram mais diretivos, durante a interação com sua criança, se comparados à mãe. Para os pesquisadores, esse resultado pode estar relacionado com a função da figura paterna no contexto social, uma vez que o controle é uma atitude vista como uma obrigação da figura dentro da família, aspecto que vem corresponder aos padrões culturais. (Fonsêca e Salomão, 2005: 80)

Segundo a hipótese da "ponte" (Tomasello et al, 1990), o pai por ser menos familiar que a mãe e mais familiar que as outras pessoas do contexto não familiar, tem um papel intermediário entre a linguagem materna e a fala das outras pessoas.

> Isso ocorre porque o pai, ao se relacionar com a criança, exige linguisticamente mais dela, se comparado à mãe. Dessa forma, prepara a criança para se comunicar com pessoas que não têm nenhum conhecimento acerca das suas competências. (Fonsêca e Salomão, 2006: 92)

Podemos dizer, nesse caso, que não é apenas um caso de tratarmos da fala da mãe ou da fala do pai, mas também da língua falada pelo pai e da língua falada pela criança.

É relevante ressaltarmos, ainda, que MAR não utilizou o pronome em nenhuma das ocorrências do passado, embora tenha usado a primeira pessoa marcada no verbo, fato que a diferencia dos monolíngues, que, em geral, não utilizam a primeira pessoa para contarem algo que já ocorreu, como se houvesse um distanciamento temporal.

Para Issler (1997: 4):

> É um engano crer que o "eu" da criança pequena tem o mesmo significado que o do adulto. Para a criança pequena o "eu" parece estar preso de tal modo ao contexto do "aqui e agora" que não pode se deslocar no tempo – no passado e no futuro –, nem no espaço – no espaço virtual criado pelo espelho.

Considerações finais

Nossa intenção com esse pequeno recorte dos nossos dados foi apontar para o fato de que não é possível ver a aquisição gramatical como um processo independente do pragmático e do discursivo no funcionamento da marcas de referência do *eu* e do *tu/você*, dentro do diálogo entre a criança e os pais. Isso porque as produções da criança parecem estar ligadas a uma estabilidade dos enunciados e, especialmente, ao encadeamento deles. Concordamos com Salazar-Orvig et al. (2010: 399), quando a autora afirma que os resultados de suas pesquisas

> confirmam a relevância de um estudo pragmático da emergência dos pronomes que leva em conta as condições dialógicas da aquisição. Entretanto, as condições dialógicas não devem ser entendidas simplesmente como "cópia", por parte da criança, das produções adultas. Nossos dados sugerem que as produções infantis estão predominantemente ancoradas em um espaço intersubjetivo dentro do diálogo. Na verdade, a maioria dos referentes mencionados pelas crianças foram mencionados anteriormente pelo adulto. Em uma abordagem Bakhtiniana (Bakhtin, 1986), isto significa que as crianças utilizam o discurso de seu interlocutor para elaborar o próprio discurso. (tradução nossa)

A linguagem da criança se constrói em paralelo com as questões cognitivas e sociais, tais como a habilidade de seguir o olhar do outro, de atrair a atenção, de entender intenções, capacidade de fazer analogias, categorizar e simbolizar (Morgenstern, 2009).

Como vimos, a situação de interação é extremamente importante (e talvez determinante) para a entrada da criança na linguagem e, quando tratamos de crianças bilíngues, a maneira como essa entrada nas duas línguas acontece depende da situação e também da relação estabelecida entre criança/pai/língua e criança/mãe/língua.

Notas

1 A pesquisa de doutorado de Paula Cristina Bullio, orientada por Alessandra Del Ré, intitulada "A criança bilíngue: marcas de referência como constituição da subjetividade", trata de muitas outras questões.

2 São apenas pistas, já que o processo de constituição se revela também de outras formas: pelo não verbal, pelo não dito etc.

3 Para mais esclarecimentos sobre as discussões já realizadas sobre o conceito de bilinguismo, sugerimos a leitura do capítulo "Bilinguismo: sujeitos, línguas e culturas em diálogo", no livro *A linguagem da criança: um olhar bakhtiniano* (Paula, Bullio e Bueno, 2014).

4 Entendemos por *code-switching* o uso das duas línguas ao mesmo tempo.

5 Os estudos da autora centram-se na referência de terceira pessoa, mas pensamos ser possível traçar um paralelo entre os usos das marcas de referência também de primeira e segunda pessoas.

6 Lembramos que, neste capítulo, trataremos apenas dos pronomes pessoais.

[7] Constituído por um total de 15 sessões, sendo 8 com a mãe e 7 com o pai.

[8] Ver nota 1.

[9] Para as análises, contamos com o programa Excel, pautando-nos em algumas categorias criadas para facilitar o olhar do pesquisador para o linguístico e o discursivo.

Bibliografia

BAKHTIN, M. *Para uma filosofia do ato responsável.* Trad. Valdemir Miotello e Carlos Alberto Faraco. São Carlos: Pedro & João Editores, 2010.

_____. *Estética da criação verbal.* Trad. Maria Ermantina Galvão Gomes Pereira. São Paulo: Martins Fontes, 2006.

_____. Discurso na vida e discurso na arte. Trad. Cristovão Tezza do artigo "Discourse in Life and Discourse in Art", publicado como apêndice in: VOLOSHINOV, V. N. *Freudianism: a marxist critique.* New York: Academic Press, 1976. [1. ed. 1926].

BRAZ, F. S.; SALOMÃO, N. M. R. A fala dirigida a meninos e meninas: um estudo sobre o input materno e suas variações. In: *Psicologia*: reflexão e crítica, 15(2), 2002, pp. 333-44.

BRUNER, J. Uma nova teoria de aprendizagem. Cambridge/Massachussets: Cambridge University Press, 1969.

_____. The Ontogenesis of Speech Acts. *Journal of Child Language*, Cambridge, v. 2, 1975, pp. 1-19.

_____. Introdução. In: VYGOTSKY, L. S. *Pensamento e Linguagem.* São Paulo: Martins Fontes, 1991.

_____. *Atos de significação.* Porto Alegre: Artes Médicas, 1997.

BUDWIG, N.; BAMBERG, M. "Language and its role in understanding intentional relations: Research tool or mechanism of development?". *Behavioral and Brain Sciences.* Cambridge, v. 19, n. 1, mar. 1996, pp. 125-26.

CAËT, S. "De l'éclosion à la grammaticalisation de la référence à soi et à l'interlocuteur dans les productions d'une enfant francophone". *Journal of French Language Studies*, 2012, pp. 77-93.

CARVALHO, G. M. "Linguagem e autismo: a questão dos 'pronomes pessoais'". *Confluência – Revista do Instituto de Língua Portuguesa.* Rio de Janeiro, n. 39/40 – 2º semestre de 2010/1º semestre de 2011.

CAVALCANTE, M.; NÓBREGA, P. Aquisição de linguagem e dialogia mãe-bebê: o envelope multimodal em foco em contextos de atenção conjunta. *Revista Investigações*, n. 2, v. 25, 2012.

CHARNEY, R. "Speech roles and the development of personal pronouns". *Journal of child language.* UK, n. 7, 1979, pp. 509-28.

CHOMSKY, Noam. *Syntactic Structures.* The Hague: Mouton, 1957.

CURY, P. Linguagem dirigida à criança pequena: a argumentação em foco. Dissertação de Mestrado. Pós-Graduação em Linguística e Língua Portuguesa. Unesp, Araraquara-SP, 2011.

DE LEMOS, C. T. G. *Em busca de uma alternativa à noção de desenvolvimento na interpretação do processo de Aquisição de Linguagem: parte II.* Relatório Científico, processo 300989/79-2, período de março de 1977 a março de 1999. (mimeo)

_____. "Língua e discurso na teorização sobre Aquisição de Linguagem". *Letras de Hoje.* Porto Alegre, v. 30, n. 4, 1995, pp. 9-28.

_____. A fusão e o destino da palavra alheia. Três momentos da reflexão de Bakhtin. In: BARROS, D. L. P. (org.). *Dialogismo, polifonia, intertextualidade.* São Paulo: Edusp, 1994.

_____. "Los procesos metafóricos y metonímicos como mecanismos de cambio". *Substratum*, Barcelona, v. 1, n. 1, 1992, pp. 121-35.

_____. "Sobre aquisição de Linguagem: e seu Dilema (Pecado) Original". *Boletim Abralin 3*, 1982, pp. 97-136.

_____. "Das vicissitudes da fala da criança e de sua investigação". *Caderno de estudos linguísticos.* Campinas, jan./jun. 2002, pp. 41-69.

_____. "Sobre os pronomes pessoais na fala da criança". *Letras de Hoje*, Porto Alegre, EDIPUCRS, 2004, pp. 9-25.

_____. "Poética e Significante". *Letras&Letras*, Uberlândia, v. 25, n. 1, jan./jun. 2009, pp. 207-18.

DEL RÉ, A. (org.). Aquisição da linguagem: uma abordagem psicolinguística. São Paulo: Contexto, 2006.

_____. "Os pronomes 'eu'/ 'você'/ 'ele' no discurso infantil: um jogo de identidade/alteridade". *Estudos Linguísticos*, São Paulo, v. 38, n. 2, maio/ago. 2009, pp. 19-29.

_____. "Jogos de pronomes, marcadores linguísticos e movimento discursivo no diálogo entre uma criança e seus pais: manifestação da subjetividade linguageira?". *Alfa.* São Paulo, v. 54, n. 2, 2010, pp. 405-29.

DUARTE, M. "A evolução na representação do sujeito pronominal em dois tempos". In: PAIVA, M. C.; DUARTE, M. E. L. *Mudança linguística em tempo real.* Rio de Janeiro: Contra Capa, 2003, pp. 115-28.

ELIASSON, M. *Aquisição bilíngue sueco-português: a produção do português brasileiro como a língua mais fraca em crianças bilíngues simultâneas em Estocolmo.* Estocolmo: Department of Spanish, Portuguese and Latin American studies/Stockholm University, 2012.

FERREIRA JÚNIOR, J.; CAVALCANTE, M. "Subjetividade e aquisição de linguagem: por uma abordagem enunciativa." *Graphos*, João Pessoa, v. 10, n. 2, dez. 2008.

FIGUEIRA, R. "A criança na língua: marcas de subjetivação na aquisição do gênero." *Letras de Hoje*. Porto Alegre, v. 39, n. 3, set. 2004, pp. 61-74.

FONSÊCA, P. N.; SALOMÃO, N. M. R. "Análise comparativa das falas materna e paterna dirigida às crianças." *Paidéia*, v. 15, n. 30, 2005, pp. 79-91.

_____. "Contingência Semântica das falas materna e paterna: uma análise comparativa." *Psicologia*: reflexão e crítica, v. 19, n. 1, 2006, pp. 91-7.

FRANÇOIS, F. *Morale et mise en mots*. Paris: L'harmattan, 1994.

_____. *Enfants et récits: mises em mots et "reste"*. Lille: Presses Universitaires du Septentrion, 2004.

GALVES, A. O enfraquecimento da concordância no Português Brasileiro. In: ROBERTS, I.; KATO, M. (orgs.). *Português Brasileiro*: uma viagem diacrônica (Homenagem a Fernando Tarallo). Campinas: Unicamp, 1993, pp. 387-408.

GROJEAN, F. The Bilingual's language mode. In: NICOL, J. *One Mind, Two Languages*: Bilingual Language Processing. Oxford: OUP, 2001.

HICKMANN, M. *Children's Discourse*: Person, time and space across languages. Cambridge: CUP, 2002.

HOUWER, A. *The acquisition of two languages from birth*: a case study. Cambridge: CUP, 1990.

_____. Bilingual Language Acquisition. In: FLETCHER, Paul; MACWHINNEY, Brian. *The Handbook of Child Language*. Malden: Blackwell Publishing, 1995.

_____. "How different are monolingual and bilingual acquisition?" *A Journal of English Language, Literatures in English and Cultural Studies*, n. 43, 2002.

ISSLER, D. S. "A Aquisição de 'eu' e 'tu' na relação mãe-criança: intersecções entre a Linguística e a Psicologia. *Letras de Hoje*, v. 32, n. 4, 1997.

KARMILOFF-SMITH, A. "Language and cognitive process from a developmental perspective." *Language and Cognitive processes*, v. 1, n.1, 1985, pp. 61-85.

KATO, M. "Nomes e pronomes." *Letras de Hoje*. Porto Alegre, EDIPUCRS, v. 36, n. 3, 2001, pp. 101-12.

LOPES, R. V. "O que a aquisição inicial da sintaxe revela sobre parametrização? O caso dos objetos e estruturas afins." *Letras de Hoje*. Porto Alegre, v. 42, n.1, mar. 2007, pp. 77-96.

_____. "Bare nouns and DP number agrément in the acquisition of Brazilian Portuguese." *Selected Proceedings of the 9th Hispanic Linguistics Symposium*. Somerville: Cascadilla Proceedings Project, 2006, pp. 252-62.

MAGALHÃES, T. "A aquisição dos pronomes sujeitos no PB e no PE." *Letras de Hoje*. Porto Alegre, v. 42, n. 1, mar. 2007, pp. 97-112.

MORGENSTERN, A. Un je en construction – Genèse de l'auto-désignation chez le jeune enfant. Ophrys, 2006.

_____. L'enfant dans la langue. Paris: PSN, 2009.

MORGENSTERN, A., BRIGAUDIOT, M., NICOLAS, C. "Me found it, I find it, à la recherche de 'je' entre deux et trois ans." *Faits de Langues 3 – La Personne*, 1994, pp. 123-31.

NEWPORT, E. Contrasting conceptions of the critical period of language. In: CAREY, S.; GELMAN, R. (eds.). *The epigenesis of mind*: Essays on biology and cognition. Hillsdale, NJ: Erlbaum, 1977, pp. 111-30.

NOVAES, C. "Representação mental do sujeito nulo no português do Brasil." *Revista de Estudos da Linguagem*, v. 6, 1997.

OCHS, E.; SCHIEFFELIN, B. *Language socialization across cultures*. Cambridge: CUP, 1999.

PAULA, L. de; BULLIO, P.; BUENO, R. G. Bilinguismo: sujeitos, línguas e culturas em diálogo. In: DEL RÉ, A.; PAULA, L.; MENDONÇA, M. C. (orgs.). *A linguagem da criança*: um olhar bakhtiniano. São Paulo: Contexto, 2014.

PERRONI, M. C. "Sobre o conceito de estágio em aquisição da linguagem." *Caderno de estudos linguísticos*. Campinas, n. 26, jan./jun. 1994, pp. 7-16.

SALAZAR-ORVIG, A. Entre Gramática y Pragmática: Adquisición de los determinantes en francés. In: Luis Miranda (ed.). *Actas del V Congreso Nacional de Investigaciones Lingüístico-Filológicas*. Cátedra Unesco para la Lectura y la Escritura en América Latina (Sede Perú). Lima, 2008, pp. 55-87.

_____. *Les mouvements du discours*: style, référence et dialogue dans des entretiens cliniques. Disponível em: <http://www.cairn.info/revue-langage-et-societe-2008-1-page-37.htm>. Acesso em: ago. 2010.

_____. *L'acquisition en dialogue des expressions référentielles: approches multidimensionnelles*. In: Programme enfants et enfance, edition 2009, projet diaref.

SALAZAR-ORVIG, A. et al. "Emergence des marqueurs anaphoriques avant 3 ans: le cas des pronoms de troisième personne." Calap. La cohesion chez l'enfant, n. 24, 2004, pp. 57-82.

_____. "Une étude sur les premières expressions référentielles. Le cas des pronoms." Tranel, n. 41, 2005, pp. 15-25.

_____. "Dialogical beginnings of anaphora: the use of third person pronouns before the age of 3." *Journal of pragmatics*, n. 42, 2010a, pp. 1842-65.

_____. "Dialogical factors in toddlers' use of clitic pronouns." First language, v. 30, n. 3-4, 2010b, pp. 375-402.

_____. "Les mouvements du discours: style, reference et dialogue dans des entretiens cliniques." Paris: Harmattan, 1999.

Salazar-Orvig, A.; Bernicot, J.; Veneziano, E. "Les reprises: dialogue, formes, fonctions et ontogenèse." *La linguistique*, v. 42, 2006, pp. 29-50.

Salazar-Orvig, A.; Elamotte-Legrand, R.; Hudelot, C. "Dialogues, mouvements discursifs, significations." Fernelmont: E.M.E., 2008.

Santos Lopes, C. R. "Pronomes pessoais." In: Brandão, S.; Vieira, S. (org.). *Ensino de gramática*: descrição e uso. São Paulo: Contexto, 2007, v. 1, pp. 103-14.

Silva, C. L. da Costa. *A criança na linguagem*: enunciação e aquisição. Campinas: Pontes Editores, 2009.

Simões, L. "Sujeito nulo na aquisição do Português do Brasil." *Caderno de Estudos Linguísticos*. Campinas, n. 36, jan./jun. 1999.

Snow, C. E. The development of conversation between mothers and babies. *Journal of Child Language*, v. 1, n. 22, 1977, p. 4.

Tomasello, M. *The cultural origins of human cognition*. London: Harvard University Press, 1999.

Tomasello, M.; Brooks, P. J. "Early syntactic development: A Construction Grammar approach." In: Barrett, M. (ed.). *The Development of Language*. Londres: Psychology Press, 1999, pp. 161-190.

Tomasello, M.; Carpenter, M. Shared Intentionality. In: *Developmental Science*, v. 121–125, jan. 2007.

Véras, R. M.; Salomão, N. M. R. "Interações entre díades mãe-criança que apresentam a linguagem expressiva típica e díades mãe-criança que apresentam a linguagem expressiva atrasada." *Interação em Psicologia*, v. 9, n. 1, 2005, pp. 165-76.

Vieira, Alessandra J. "Condutas explicativas e pronomes pessoais na fala infantil." *Estudos Linguísticos*. São Paulo, v. 39 n. 2, maio/ago. 2010, pp. 452-61.

Aquisição/aprendizagem de língua estrangeira

Patrícia Falasca
Amanda de Oliveira Silva
Cibele Krause-Lemke

Refletir acerca de questões que tratam do processo de aquisição/aprendizagem de uma língua estrangeira (LE) implica, também, abrir-se para o debate a respeito de como certas perspectivas de estudo consideraram esse instigante processo. Muitos pontos de partida são encontrados no campo da Linguística e, aqui, temos por objetivo aproximar as reflexões que se voltam à aquisição/aprendizagem de LE e as ideias bakhtinianas, que, aos poucos, têm sido trazidas para o campo da Aquisição de Linguagem. Contudo, não pretendemos, neste capítulo, esgotar as possibilidades de tal aproximação, mas propor reflexões iniciais sobre o tema.

Para isso, discorremos sobre certas questões inerentes ao campo de aquisição/aprendizagem de línguas, de um ponto de vista discursivo, considerando a entrada no mundo simbólico da linguagem como a abertura para o desenvolvimento da própria cognição do indivíduo por meio da linguagem e, também via linguagem, a constituição do ser enquanto sujeito na sociedade em que se insere. Assim, nosso principal objetivo é analisar, de uma perspectiva bakhtiniana, registros de interação colhidos em sala de aula de LE e, com eles, exemplificar possíveis aplicações da perspectiva bakhtiniana na área de LE, à medida que formos apresentando os pontos em discussão nesta breve reflexão.

Os fragmentos aqui apresentados originam-se de dois diferentes *corpora* de pesquisa. Um deles consiste em dados de pesquisa em desenvolvimento[1] obtidos a partir de filmagens de aulas de inglês como LE para crianças entre 3 e 5 anos. O outro, de um trabalho já finalizado, é composto por entrevistas e relatos escritos por alunos adultos, aprendizes de inglês como LE.[2]

Para melhor compreensão do que será abordado, é necessário esclarecer o uso que fazemos de alguns termos recorrentes ao longo do texto, tais como língua estrangeira (LE), segunda língua (L2) e língua-alvo (LA). Primeiramente, é importante ressaltar que tanto a LE quanto a L2 são adquiridas/aprendidas após a aquisição da língua materna (LM). No que se refere ao conceito de língua estrangeira (LE), entende-se que é uma língua estudada fora do contexto de um falante nativo, tal como ocorre com muitos brasileiros que aprendem o inglês em escolas de idiomas no Brasil – situação da qual decorrem os *corpora* aqui apresentados e que servem de base para discutirmos os processos de aquisição/aprendizagem de línguas. Já uma segunda língua (L2) caracteriza-se por ser diferente da LM, aprendida dentro de seu país como um falante nativo. Como exemplo da ocorrência de L2, consideramos as pessoas que, para adquirir/aprender outra língua, vão até um país que a tenha como língua oficial e a aprendem em contato com os falantes, em situações reais de uso (Leffa, 1988). Já a LA é considerada por nós como sinônimo de LE.

É importante notar que, no cerne das reflexões que propomos, o foco recai sobre o processo de aquisição/aprendizagem e os próprios aprendizes de LE. Outras particularidades, tais como os processos de contato linguístico e de aplicação de aspectos formais decorrentes da aquisição/aprendizagem de uma LE ou de L2, não serão aqui tratados.

Outro ponto importante a ser esclarecido diz respeito aos conceitos de aquisição e aprendizagem de línguas. É tradicionalmente aceito, em concordância com Krashen (1982, 1999, 2003), que tais processos são diferenciados pelo fato de a aquisição se dar de forma inconsciente, sem estudo formal da língua, assim como acontece com a aquisição da LM. Já a aprendizagem é tomada como um estudo formal, no qual a língua é aprendida de maneira consciente, ora com foco nas regras, ora com foco no uso, resultando em um sistema advindo do trabalho sistematizado do estudo e/ou ensino da língua.

Em nossa perspectiva de estudos, contudo, essa distinção não se faz necessária – ou desejável. Entendemos que há pontos que diferenciam a aprendizagem de uma língua em ambiente formal ou em ambiente naturalístico, porém, não concebemos que aquisição e aprendizagem sejam dois conceitos distantes e estanques entre si, justamente por considerarmos que, durante a aprendizagem, pode ocorrer a aquisição e vice-versa. É também notável que ainda não foi possível definir o limite entre esses dois processos. Dessa forma, nos referimos a tais conceitos de forma conjunta, sem diferenciá-los entre si.

Por outro lado, é importante frisar nossa compreensão de que a aquisição/aprendizagem de LE empreendida por crianças ou adultos possui suas peculiaridades. Buscamos, assim, trazer exemplos que ilustrem ambas as faixas etárias em contato com a LA, sem discutirmos, em muitos momentos, as especificidades desse processo em uma ou outra faixa, já que nosso foco, aqui, é pensar em como as contribuições do Círculo de Bakhtin podem colaborar para a reflexão na área de ensino-aprendizagem de línguas.[3]

Bakhtin e a área de estudos em língua estrangeira

Trabalhos recentes têm destacado a contribuição do Círculo de Bakhtin aos estudos que abordam o ensino-aprendizagem de LE, mesmo sem esses autores terem, originalmente, se dedicado exclusivamente a essa área ou a de Aquisição de Linguagem.

Para tratarmos da contribuição das reflexões desenvolvidas pelo Círculo de Bakhtin, é importante analisarmos o contexto histórico dos estudos na área de LE e, de certa forma, observarmos a incompletude de certas abordagens teóricas para explicar os aspectos relacionados ao ensino-aprendizagem de LE, principalmente do ponto de vista do aprendiz, em que pesem os elementos de ordem subjetiva e interpessoal implicados no uso de uma LE.

Na década de 1960, com a revolução trazida para a Linguística por Chomsky, a área de estudos sobre LE preocupava-se em descrever a língua adquirida pelos aprendizes, principalmente as suas estruturas gramaticais. Não havia o interesse em focalizar a comunicação, a língua em uso, mas as propriedades universais da língua adquirida/aprendida. Já a Psicolinguística preocupava-se com os processos internos pelos quais o aprendiz passava ao aprender uma LE e as estratégias utilizadas por eles nesses processos (Marchenkova, 2005). Contudo, tanto o Inatismo quanto a Psicolinguística não abordaram os aspectos sociais e culturais do ensino-aprendizagem de LE, hoje vistos como fundamentais para essa área de estudos.

O impactante artigo de Firth e Wagner (1997), na publicação *The Modern Language Journal*, chamou a atenção desse campo de pesquisa para a necessidade de uma mudança de abordagem teórica. Segundo Firth e Wagner (apud Marchenkova, 2005), os estudos nessa área deveriam balancear as dimensões cognitivas e sociais do ensino-aprendizagem de LE. Lafford (2007) afirma que esse artigo tem importância até os dias atuais no que tange ao debate envolvendo as abordagens cognitivas e sociais:

> Este artigo tem sido uma referência no contínuo debate no campo de aquisição de L2 entre os pesquisadores que veem a aquisição de L2 como um processo cognitivo individual, que acontece na mente do aprendiz, e os que acreditam que a aquisição de linguagem é um processo essencialmente social pelo qual os aprendizes adquirem uma língua-alvo usando-a em interações com os falantes dessa língua-alvo. (Lafford, 2007: 735)

Marchenkova afirma que as ideias bakhtinianas podem expandir a base teórica desse campo, possibilitando que problemas relacionados à linguagem, à cultura e ao sujeito sejam debatidos no âmbito das pesquisas sobre o ensino-aprendizagem de LE. A tese de doutorado dessa autora, aqui citada, é um trabalho relevante para se pensar as ideias bakhtinianas na relação com a área de LE. Segundo ela:

> Esta dissertação fala sobre uma reconhecida necessidade, em termos de teoria em aquisição de L2, de novas abordagens teóricas no estudo sobre linguagem, cultura e identidade. Ela demonstra a relevância da teoria de Bakhtin no que se refere ao diálogo para os estudos de aprendizagem de língua, em

> contextos multilíngues e multiculturais. Nenhuma outra tentativa com este foco e com estes detalhes já foi feita com o objetivo de introduzir as ideias de Bakhtin no campo de aquisição de L2, e esta dissertação pretende dar o primeiro passo nessa direção. (Marchenkova, 2005: 9)

Desse modo, os estudos desenvolvidos por Bakhtin e o Círculo em relação à linguagem humana e ao conceito de *dialogismo* podem ser mobilizados como uma forma de trazer aos estudos em LE a possibilidade de abordar e compreender as questões sociais e culturais envolvidas na aquisição/aprendizagem de LE. Como afirmam Bakhtin/Voloshinov (2010), "[...] cada palavra se apresenta como uma arena em miniatura onde se entrecruzam e lutam os valores sociais de orientação contraditória. A palavra revela-se, no momento de sua expressão, como o produto da interação viva das forças sociais" (Bakhtin/Voloshinov, 2010: 6). Assim, ao considerar apenas os aspectos cognitivos envolvidos na aquisição/aprendizagem de LE deixa-se de lado a própria essência da língua/linguagem. Defendemos que a melhor postura a ser adotada ao tratar do fenômeno aqui abordado seja o balanceamento entre as dimensões cognitivas e sociais envolvidas nesse processo. A partir dos postulados de Bakhtin e o Círculo podemos trazer contribuições para ambas as dimensões, como explicitaremos ao longo deste capítulo.

Se a palavra é "o produto da interação viva das forças sociais", como vemos em Bakhtin/Voloshinov (2010: 67), acreditamos que a área de LE deva abordar o ensino-aprendizagem da palavra estrangeira do ponto de vista interpessoal, no qual as relações de poder (como a de professor-aluno na sala de aula) e os aspectos ideológicos sejam levados em conta para melhor entender como se dá a relação do aprendiz com a LE que estuda.

Com o conceito de *dialogismo* apresentado pelo Círculo de Bakhtin ao longo de toda a sua obra (Bakhtin/Voloshinov, 2010; Bakhtin, 1976, 1981, 2000), podemos dar aos estudos de ensino-aprendizagem de LE um caráter mais vivo e dinâmico, ao retratar as experiências vivenciadas pelo aprendiz de forma mais realista. Se postularmos que a realidade da linguagem é dialógica, ou seja, todo enunciado é sempre tomado em relação aos demais enunciados que o precedem e aos que serão por ele suscitados, em uma relação contínua com a palavra do outro, é importante considerar que os aprendizes de LE necessariamente precisam adentrar a corrente de comunicação dialógica da LA para, assim, se tornarem sujeitos nessa língua. Como afirma Fiorin:

> [...] todos os enunciados no processo de comunicação, independentemente de sua dimensão, são dialógicos. Neles, existe uma dialogização interna da palavra, que é perpassada sempre pela palavra do outro, é sempre e inevitavelmente também a palavra do outro. Isso quer dizer que o enunciador,

> para constituir um discurso, leva em conta o discurso do outrem, que está presente no seu. Por isso, todo discurso é inevitavelmente ocupado, atravessado, pelo discurso alheio. O dialogismo são as relações de sentido que se estabelecem entre dois enunciados. (Fiorin, 2006: 18-9)

Muitas vezes, o que é visto nas salas de aula de LE é a desconsideração do caráter dialógico da linguagem. Exemplo disso são as metodologias utilizadas em cursos de LE que priorizam o ensino da gramática (que geralmente é ensinada para o aluno de forma descontextualizada, isto é, sem apontar para o aluno a relação entre regras linguísticas e seu uso real, na comunicação diária) ou repetições de diálogos que, por vezes, não são significativos para os alunos, mas são postos como fontes para o desenvolvimento dos aprendizes na LA.

Se levarmos em conta as reflexões anteriores, as quais pontuam que o nosso discurso é perpassado pelo discurso do outro, precisamos assumir que uma LE será ensinada e adquirida/aprendida de forma mais eficaz se os aprendizes tiverem acesso à palavra alheia; e isso somente pode acontecer em contextos de comunicação permeados de mostras da cultura do outro, dos falares dessa língua-outra-estrangeira que está sendo aprendida, por meio da interação entre os falantes – seres que se constituem socialmente por meio da linguagem.

Bakhtin e o Círculo colaboram, portanto, oferecendo-nos um interessante aporte teórico para embasar estudos na área da linguagem em geral, e nós, estudiosos interessados no ensino-aprendizagem de LE, podemos lançar mão das contribuições bakhtinianas para compreender e solucionar muitas problemáticas existentes atualmente na área. No entanto, como afirma Marchenkova, os estudos em LE que têm como base a perspectiva de Bakhtin ainda são marginais: "O número de estudos inspirados pelo pensamento de Bakhtin vem crescendo, mas ainda é marginal no campo de aquisição de L2" (Marchenkova, 2005: 25).

Para ilustrar com mais precisão a relevância dos estudos bakhtinianos para a área de LE, iremos, em seguida, abordar alguns temas de extrema importância, a saber: o que consideramos *língua*, a relação entre o eu e o outro, o papel da interação na aquisição/aprendizagem de uma LE e questões relacionadas à identidade e à subjetividade dos aprendizes.

Linguagem e subjetividade

Partindo da ideia de Bakhtin/Voloshinov de que "a palavra deve ter nascido e se desenvolvido no curso do processo de socialização dos indivíduos, para ser, em seguida, integrada ao organismo individual e tornar-se fala interior" (2010: 65), acreditamos que a linguagem é um fenômeno de base social, pois ela se desenvolve no processo de interação entre os indivíduos de uma dada sociedade.

Se tomarmos como base a aquisição da língua materna, a criança a adquire no contato e na interação com as pessoas ao seu redor – geralmente os pais e outros familiares –, à medida que toma as palavras dos outros para si. Desse ponto de vista, a palavra do *eu* sempre será constituída pela palavra do *outro*. Portanto, adquirir/aprender uma língua, tanto a LM quanto a LE, não é a apenas entrar em contato com um conjunto de formas linguísticas, mas entender a função dessas formas em uso, ou seja, em um determinado contexto social, por meio das interações com o outro. Como é afirmado por Bakhtin/Voloshinov (2010: 127):

> A verdadeira substância da língua não é constituída por um sistema abstrato de formas linguísticas nem pela enunciação monológica isolada, nem pelo ato psicofisiológico de sua produção, mas pelo fenômeno social da interação verbal, realizada através da enunciação ou das enunciações. A interação verbal constitui assim a realidade fundamental da língua.

Vejamos um exemplo dessa relação entre os enunciados e o seu contexto enunciativo em uma sala de aula de inglês para crianças de 3 a 5 anos de idade. No fragmento a seguir, três alunas estão desenvolvendo uma atividade de pintura. No início do trecho, a professora (PRO) utiliza o verbo *finish* para confirmar se uma das aprendizes (GIO) havia terminado a pintura, após a aluna levantar a folha do desenho e olhar para a professora. Em resposta, GIO confirma positivamente com a cabeça, e a professora se volta para uma segunda aluna (FER), utilizando o mesmo verbo para verificar se a atividade já havia sido encerrada. Depois de conversar rapidamente com essas duas alunas, a terceira (JUL), que até então se mantinha em silêncio, termina de colorir o desenho e fala pela primeira vez no trecho, como podemos observar:

Exemplo 1:

PRO: finish?	terminou?
PRO: uau.	uau.
PRO: very beautiful.	muito bonito.
PRO: very very beautiful.	muito muito bonito.
PRO: congratulations.	parabéns.
PRO: finish FER?	terminou FER?
PRO: yes?	sim?
PRO: ó falta a doll.	ó falta a boneca.
PRO: a doll vai deixar ela sem pintar tadinha.	a boneca vai deixar ela sem pintar. tadinha
PRO: oh no cookie.	ah não cookie.

PRO: watch out cookie.	cuidado cookie.
PRO: se a teacher tropeçar vocês vão falar watch out pra mim?	se a professora tropeçar vocês vão falar cuidado pra mim?
PRO: antes de eu tropeçar.	antes de eu tropeçar.
PRO: fala watch out teacher.	fala cuidado professora.
PRO: pra eu não cair né.	pra eu não cair né.
PRO: ok? tem que avisar antes.	ok? tem que avisar antes.
JUL: prontinho finishes.	**prontinho terminei.**
PRO: finish?	terminou?

Ao enunciar, a aluna dialoga com os enunciados utilizados pela professora para confirmar o término da atividade, lançando mão do mesmo verbo (*finish*). Ela, ao usar esse verbo, evidencia o fluxo da corrente comunicativa existente dentro do contexto da sala de aula, vivenciado pelas participantes (as alunas e a professora). Em nenhum momento das aulas observadas, o verbo *finish* foi ensinado. Entretanto, a aluna demonstra que compreendeu a função comunicativa dessa palavra e, então, a transporta para o seu próprio discurso, o que poderia indiciar a constituição de uma nova identidade[4] na relação com a LE.

Quando uma criança adquire/aprende a sua LM, a dissociação do contexto acontece de forma mais escassa, pois, concomitantemente com a aquisição da LM, a criança desenvolve a própria consciência, constitui-se como sujeito no mundo, fato que somente é possível por meio da linguagem. Porém, quando um sujeito adquire/aprende uma LE, principalmente em um contexto formal de ensino, ou seja, dentro da sala de aula, esse rompimento da língua com seu contexto enunciativo acontece de forma mais recorrente. Na sala de aula de LE, encontramos situações reais de comunicação, mas, ao mesmo tempo, simulam-se outras condições de comunicação (por exemplo, situações de compras em lojas, de almoços/jantares em restaurantes). Nesse sentido, o elo da língua com sua realidade contextual se rompe facilmente. Como um aluno poderá adquirir/aprender as formas linguísticas referentes a um contexto (por exemplo, o de almoço/jantar em um restaurante), se essa situação não lhe parece real ou plena de significados? O exemplo dado, muito comum nas aulas de língua estrangeira, demanda um imenso esforço por parte do professor de línguas, que poderá tornar a língua ensinada viva ou somente um conjunto de formas linguísticas que, para serem utilizadas pelos aprendizes, necessitam da sua boa memória ou da capacidade de dialogar com outros discursos já vivenciados. Assim, além do domínio da estrutura em si, cabe ao professor aliar experiências com a cultura estrangeira de tal forma que lhe seja possível ressignificar a forma em uso. Em *Discurso na vida e discurso na arte*, vemos que:

> Palavras articuladas estão impregnadas de qualidades presumidas e não presumidas. O que se chama de "compreensão" e "avaliação" de um enunciado (concordância ou discordância) sempre engloba a situação pragmática extraverbal. A vida, portanto, não afeta um enunciado de fora; ela penetra e exerce influência num enunciado de dentro, enquanto unidade e comunhão da existência que circunda os falantes e unidade e comunhão de julgamentos de valores essencialmente sociais, nascendo deste todo sem o qual nenhum enunciado é possível. (Bakhtin/Voloshinov, 1926: 10)

Vale ressaltar as contribuições de Bakhtin/Voloshinov (2010) no que diz respeito às noções de "descodificação/compreensão" e "reconhecimento/identificação". Para os autores, quando descodificamos uma dada forma linguística é porque a compreendemos dentro de um contexto, de uma situação enunciativa específica. A atividade de descodificar exige que o sujeito, no caso particular aqui tratado, o aprendiz de LE, seja capaz de compreender uma forma linguística estrangeira a partir de uma situação precisa de comunicação. Por exemplo, quando um aluno mostra um bom desempenho na aula, a professora pode dizer "*nice job*" para o aluno. Nesse contexto, o enunciado "*nice job*" tem uma significação positiva de reconhecimento pelo bom trabalho feito pelo aluno. Entretanto, imaginemos uma atividade entre grupos em que a professora dá alguma informação secreta para um dos grupos (como o nome de um objeto, de uma pessoa etc.) e os outros grupos precisam adivinhar essa informação por meio de dicas. Se, por acaso, um dos membros do grupo revelar a informação secreta de forma não intencional, a professora poderá brincar, em tom irônico e dizer "*nice job*". Nessa segunda situação, a enunciado "*nice job*" tem uma significação negativa, no intuito de mostrar para o aluno que ele fez algo "incorreto" (revelou a informação secreta) para aquela determinada situação vivenciada em sala de aula. Se o aprendiz levar em conta somente a forma linguística, ele poderá entender que a professora o elogiou quando disse "*nice job*" na segunda situação. Porém, se o mesmo aluno descodificar esse enunciado, ele entenderá que o que fez foi "incorreto" e estragou o jogo entre os grupos. Portanto, descodificar, para Bakhtin/Voloshinov (2010: 96), vai muito além da forma linguística. Essa habilidade envolve a capacidade de, "num contexto concreto preciso, compreender sua significação numa enunciação particular".

Por outro lado, reconhecer/identificar relaciona-se à noção de *sinal*. Para o autor, um sinal diferencia-se da noção de *signo linguístico*. O sinal é

> uma entidade de conteúdo imutável; ele não pode substituir, nem refletir, nem refratar nada; constitui apenas um instrumento técnico para designar este ou aquele objeto (preciso e imutável) ou este ou aquele acontecimento (igualmente preciso e imutável). O sinal não pertence ao domínio da ideologia. (Bakhtin/Voloshinov, 2010: 96)

Já o signo linguístico é descodificado, pois sempre envolve um valor que vai além da forma linguística pura.

O que acontece no ensino-aprendizagem de LE é que os alunos, muitas vezes, reconhecem/identificam, mas não descodificam/compreendem. Se os aprendizes de LE não forem capazes de descodificar/compreender, a LE pode se tornar algo desestimulante para eles. Esse fato ocorre muito frequentemente quando os aprendizes são orientados a decorar listas de verbos ou outros itens lexicais e, recorrentemente, acabam esquecendo o que decoraram, pois as palavras decoradas não foram significativas para eles, não apresentaram nada além da sinalidade. Por consequência, alguns aprendizes acabam acreditando que são incompetentes, pois não conseguem aprender a LE, quando, na verdade, o problema não está relacionado à capacidade intelectual, mas, sim, a uma inadequação metodológica, que transformou a LE em um conjunto de sinais, e não de signos linguísticos.

Neste ponto, podemos ponderar, também, sobre as questões estruturais da LE e o aprendizado dessa língua descontextualizado. Vejamos o exemplo a seguir. Trata-se da fala de um aluno que, apesar de já ter os conhecimentos gramaticais do posicionamento esperado para os adjetivos e substantivos em língua inglesa (adj > subst) e da necessidade de haver sempre um sujeito presente na oração, uma vez que já os estudou em sala de aula, em sua fala ele não os aplica. Assim, o aluno segue o posicionamento comum à língua portuguesa, sua LM, base para sua organização psíquica e linguística (subst > adj; sujeito oculto).

Exemplo 2:

É [pausa] I I like the United Kingdom 'cause **is** a **a country very traditional.**	É [pausa] Eu gosto do Reino Unido, **pois é um um país muito tradicional.**

Pudemos observar o uso da mesma estrutura (subst > adj) no inglês pelas crianças de 3 a 5 anos de idade. No fragmento a seguir, a professora diz que irá premiar a aluna que disser algo presente no desenho que as alunas estão pintando. Duas das crianças interagem com a professora: GIO e JUL. Observemos o exemplo:

Exemplo 3:

PRO: vai ganhar *reward* quem fala alguma coisa do desenho que tem no desenho.	vai ganhar um prêmio quem fala alguma coisa do desenho que tem no desenho
PRO: mostra pra teacher o que tem no desenho vai ganhar um reward	mostra pra professora o que tem no desenho vai ganhar um prêmio
GIO: um train	um trem
PRO: um train	um trem
PRO: what color is the train?	qual é a cor do trem?
JUL: red	vermelho
PRO: red	vermelho
PRO: what else?	o que mais?
JUL: hum?	hum?
PRO: what else?	o que mais?
JUL: o que qui é isso?	o que que é isso?
PRO: red train o que mais tem?	trem vermelho, o que mais tem?
JUL: ball blue	**bola azul**
PRO: blue ball	bola azul
JUL: yellow plane	**avião amarelo**
PRO: very good!	muito bem!
PRO: e o outro toy é o que?	e o outro brinquedo é o que?
JUL: doll yellow	**boneca amarela**
PRO: very good yellow doll	muito bem boneca amarela

Apesar de produzir uma vez a forma mais esperada do inglês (*yellow plane* – adj > subst.), a aluna JUL utiliza, por duas vezes, a estrutura inversa (*ball blue* e *doll yellow* – subst. > adj.), evidenciando a influência da estrutura da LM no uso da LE. Durante as análises dessa sala de aula, pudemos observar que, na maioria das vezes, as crianças utilizam a estrutura subst. > adj.

Como explicitado anteriormente, uma das características essenciais da língua é sua realidade dialógica. Como já mencionamos, a palavra do *eu* sempre é constituída pela palavra do *outro*, ou seja, o eu cria o seu próprio discurso a partir do discurso alheio, e esse fato constitui a faceta social da linguagem. Tal como afirma Fiorin (2006: 30), "O primeiro conceito de dialogismo diz respeito, pois, ao modo de funcionamento real da linguagem: todos os enunciados constituem-se a partir de outros". Ao refletirmos acerca dessa afirmação de Fiorin, percebemos que, muitas vezes, falta o acesso, por parte dos aprendizes, ao discurso alheio em LE – mostras de interações verbais, para além daquelas disponibilizadas em livros didáticos, literatura de forma geral, propagandas, estudo de elementos culturais da língua que estão aprendendo, entre outros, para que, ao conhecerem esse discurso e ao se apropriarem dele, possam construir o seu próprio; em outras palavras, que construam sua maneira de significar nessa língua estrangeira. A palavra do outro, muitas vezes, limita-se às interações com o professor ou aos textos disponibilizados por materiais didáticos. Assim, se o aluno não tem outras oportunidades de prática em LE, seu processo de aquisição/aprendizagem poderá ficar comprometido.

Portanto, durante o ensino-aprendizagem de LE, é importante que os aprendizes também se tornem agentes de seu processo de aprendizagem e "persigam" o discurso alheio como fonte de constituição de seu discurso na LA. Atualmente, com o uso das ferramentas tecnológicas, como a internet e as TVs a cabo, o acesso ao discurso estrangeiro é facilitado, principalmente em língua inglesa. Assistir a filmes na LE, ouvir músicas, ver programas de TV, ler notícias de jornais estrangeiros, fazer amigos falantes nativos ou que se comuniquem na LE são algumas das alternativas encontradas nos dias atuais pelos aprendizes de LE na sua "corrida" às possibilidades de prática nessa língua.

Exemplificamos a relação que o aprendiz de LE constrói com o discurso alheio por meio de uma sequência interacional na mesma sala de aula de inglês para crianças de 3 a 5 anos de idade. Nesse exemplo, a professora (PRO) mostra fotos de animais em uma tela grande de projetor, pronuncia o nome de cada animal em inglês e pede para que todas as alunas repitam o nome. Ao ver a foto do pato e ouvir a professora pronunciando *duck*, uma das crianças (CRI), de 3 anos, demonstra uma reação diferente das demais.

Exemplo 4:

PRO: esse é o duck. [apontando para a foto no telão]	esse é o pato. [apontando para a foto no telão]
CRI: duck.	pato.
PRO: let's say duck.	diga pato.
CRI: aquele ali no desenho do [ininteligível] o patinho chama duck. [interrompendo a repetição do nome e apontando para a foto do pato no telão]	aquele ali no desenho do [ininteligível] o patinho chama duck. [interrompendo a repetição do nome e apontando para a foto do pato no telão]

Nesse exemplo, podemos observar que, ao entrar em contato com o nome do animal em inglês (*duck* – pato), a aluna dialoga com os discursos por ela já vivenciados, associando a palavra ensinada em sala de aula a outro contexto, o de um desenho animado a que ela assiste fora da escola. Infelizmente, na gravação não é possível esclarecer o nome do desenho citado pela aluna, mas, pela interação entre ela e a professora, fica claro que a palavra "*duck*" é relacionada pela criança a uma das personagens do desenho: o patinho, que, em tal desenho, chama-se Duck.

Outra característica importante da língua é a sua realidade ideológica. Dentre as diferentes concepções de ideologia, buscamos as que se mostram mais relevantes para as ideias desenvolvidas neste artigo. Em Voloshinov (apud Ponzio, 2009: 114), "por ideologia entendemos todo o conjunto dos reflexos e das interpretações da realidade social e natural que tem lugar no cérebro do homem e se expressa por meio das palavras [...] ou outras formas sígnicas". Além disso, Ponzio afirma que:

> Uma definição do termo ideologia em Bakhtin, certamente mais adequada ao uso efetivo que se encontra na definição já mencionada de Volochinov, pode-se fazer utilizando a definição do tipo genético-funcional que A. Schaff propõe: ideologia é um sistema de concepções que está determinado pelos interesses de um determinado grupo social, de uma classe, e que, baseado em um sistema de valores, condiciona atitudes e comportamentos tanto dos sujeitos do grupo em questão como dos outros grupos sociais, quando se converte em ideologia dominante. (Ponzio, 2009: 114)

Ao levarmos em consideração as concepções de ideologia anteriormente citadas, podemos ponderar que, ao aprender uma LE, o aprendiz fará *novas interpretações da realidade*, pois a LE lhe abre um novo mundo social e, consequentemente, ideológico, distinto do de sua LM. O aprendiz de LE, então, passa a compreender a realidade social de diferentes formas, já que a LE lhe proporciona *caminhar* por lugares antes desconhecidos, como flagramos em relatos escritos por alunos adultos, dos quais apresentamos um exemplo:

Exemplo 5:

It's a sensation like I'm breaking a big wall in front of me and discovering a new and fascinating place that I have never been before. (Eduardo [nome fictício], 36 anos)	É uma sensação como se eu estivesse quebrando uma grande parede em minha frente e descobrindo um lugar novo e fascinante, onde eu nunca havia estado antes. (tradução nossa)

Ao interpretar a realidade de formas distintas por meio da LE, o aprendiz poderá também realizar as suas ações de formas distintas, se levarmos em conta a ideia de Schaff sobre ideologia exposta anteriormente por Ponzio.

Essas novas interpretações da realidade social e o novo condicionamento das ações do aprendiz podem resultar em modificações em sua subjetividade ao adquirir/aprender uma LE. É importante, no entanto, lembrar que tais processos nem sempre são atravessados de forma pacífica por todos os alunos; muitas vezes, eles demonstram grandes dificuldades em se deixar tomar pelas novas formas de encarar a realidade, necessariamente trazidas pela LE. Essas afirmações nos levam a duas concepções imprescindíveis para que sejam compreendidas tais modificações ocorridas – ou não – no aprendiz: as noções de *subjetividade* e *identidade*, as quais são discutidas a partir de uma perspectiva discursiva, de base bakhtiniana, conforme propomos nesta reflexão.

Bauman (2005), no livro *Identidade*, associa o conceito de identidade a *comunidades de ideias* e *pertencimento*. Entendemos *comunidades de ideias* como os diferentes grupos sociais que se unem e se identificam através de crenças. Por exemplo, a identidade dos chamados "emo" ou a identidade de torcedores fanáticos de futebol. A ideia de *pertencimento* é necessária à identidade. Somente quando o sujeito percebe que tem algo em comum com as opiniões ou conceitos de certa *comunidade de ideias* é que sente que pertence a ela. Em outras palavras, ele identifica-se com ela.

Segundo Del Ré, Hilário e Vieira (2012), o sujeito não é detentor de uma identidade única e definida. Pelo contrário, ele possui diversas identidades que estão em um ininterrupto processo de constituição. Se as identidades do sujeito dependem de sua identificação com as comunidades de ideias com as quais ele entra em contato e sente que pertence a elas, o processo de constituição de identidades será constante, pois depende das relações sociais que estabelece com os outros sujeitos, já que estas são contínuas e mutáveis.

Na aquisição/aprendizagem de LE, o aprendiz, consequentemente, constitui-se de formas diferentes, pois entra em contato com sujeitos distintos, realidades sociais diferentes, e com outro universo de possibilidades discursivas e ideológicas, diferentes das apresentas por sua LM. Portanto, a aquisição/aprendizagem de LE vem acompanhada da possibilidade de surgimento de novas identidades em seus aprendizes. O pertencimento do aprendiz à comunidade de ideias da LE contribuirá para seu processo de se colocar como sujeito nessa língua.

Atrelado ao conceito de identidade, temos o de *subjetividade*. Como já afirmamos, o sujeito é dialógico e inacabado. Além disso, de acordo com Bakhtin (2000), o sujeito é social e singular. Mas como ser social e singular ao mesmo tempo? Social porque se constitui no diálogo com o outro e, da mesma forma, constitui esse outro. Como afirma Geraldi (2010): "[...] o 'sujeito consciente' só pode ser entendido como socialmente constituído. [...] o ato consciente realizado pelo sujeito é fundado na sua relação com a linguagem. A língua penetra na vida e a vida penetra na língua e esta se faz a matéria da consciência de cada um" (Geraldi, 2010: 139). E singular, pois cada ato de comunicação é único e insubstituível. A escolha das palavras, a entoação, como o sujeito organiza o já dito são as características do que existe de subjetivo na linguagem e, como Ponzio afirmou, torna cada ser único. Del Ré, Hilário e Vieira (2012: 63) corroboram essa ideia de sujeito, dizendo que:

> [...] cada "ato singular" – cada manifestação em forma de linguagem, de diálogo, de discurso – é marcado pela subjetividade do locutor, revelando um sujeito que enuncia, que se manifesta, que toma posição frente a outros discursos. A manifestação da subjetividade se dá, então, na singularidade do ato.

Assim, acreditamos que a subjetividade se dá naquilo que diferencia um sujeito do outro e se evidencia no processo de recriação dos enunciados. Tal subjetividade é formada na linguagem e pela linguagem, à medida que a criança vai adentrando em sua LM. Tal como o próprio sujeito, a subjetividade não é fechada em si, mas está aberta às constantes reformulações, a depender das relações estabelecidas entre os sujeitos, ao longo de sua vida. Acreditamos ser essa subjetividade a base psíquica do indivíduo, abrindo a ele os caminhos para desenvolver diversas facetas, relacionadas aos diferentes diálogos com os quais toma contato. Consideramos que uma dessas facetas está atrelada às identidades, e, por sua vez, à identidade que pode emergir no sujeito juntamente com (e pela) a LE.

Sala de aula, interação e aquisição/aprendizagem de LE

Ao refletir sobre as ideias bakhtinianas e sua aproximação com os estudos sobre LE, não podemos deixar de questionar de que maneira os conceitos difundidos por essa corrente de pensamento podem contribuir para o ambiente de ensino/aprendizado de línguas, bem como podem fazer parte da reflexão docente e das relações estabelecidas entre professor e aluno (e mesmo aluno-aluno), dentro da sala de aula.

Inicialmente, parece-nos de extrema importância considerar o caráter dialógico da linguagem e a necessidade de interação com o outro, para que se consiga construir o conhecimento. Assim, ao conceber a linguagem como um encadeamento de enunciados, no qual cada enunciado é um elo na cadeia infindável de diálogos presentes na sociedade, como o fizeram os estudiosos do Círculo de Bakhtin, pensamos, conforme afirmado anteriormente, que a criança adquire sua LM através da entrada na linguagem pela palavra do outro que, aos poucos, se torna sua própria palavra (Bakhtin, 2000). De forma semelhante, consideramos a relação professor-aluno baseada em diálogos dentro e fora da sala de aula e da sucessiva tomada da palavra do outro para si, sempre produzindo novos elos no ininterrupto encadear de enunciados. Para que tal encadeamento ocorra, é necessário que haja interação com o outro – as vozes sociais, o professor, os colegas de aula, os enunciadores dos bens culturais etc.

Ao considerarmos a linguagem como um fenômeno social, presente na interação entre os indivíduos de uma dada sociedade, consideramos, também, que a interação, tanto no contexto formal de ensino, na sala de aula, quanto na vida cotidiana dos aprendizes, se mostra fundamental para o processo de aquisição/aprendizagem da LE. A interação, portanto, é uma das características mais importantes do processo vivenciado pelos aprendizes de LE.

> [...] a própria sala de aula pode ser um ambiente que facilita que os itens ensinados sejam utilizados pelos alunos de maneira próxima à natural, dependendo da aproximação e das formas de interação mantidas, ainda que no contexto de simulação que impera em sala de aula. Para tanto, acreditamos que a interação [...] entre os alunos/participantes da aula seja de extrema importância, promovendo o processo aquisição/aprendizagem. (Falasca, 2012: 28)

Discutir questões de interação em sala de aula, sobretudo, nos remete às ideias de Vygotsky (2001, 2007), o qual postula que o desenvolvimento cognitivo humano é o resultado de interações sociais entre sujeitos. Assim, a aprendizagem se dá à medida que sujeito e interlocutor interagem e o conhecimento é alcançado, pois existe o suporte do interlocutor (ou tutor). Nessa perspectiva, a fala é mediadora do pensamento e é através dela que se torna possível controlar os processos mentais como consequência da internalização do que os outros dizem e também daquilo que se diz aos outros, no momento de interação.

Mais especificamente, trazidos para a área de aquisição/aprendizagem de LE, tais conceitos contribuem para a compreensão da maneira como os alunos aprendem/adquirem a LA à medida que interagem em sala de aula (Lightbown, Spada, 2006: 47), sendo o professor e os demais alunos os interlocutores e tutores, em um ambiente colaborativo de construção de conhecimentos.

Tomada dessa forma, a sala de aula, em suas inúmeras formas e facetas, é o lugar onde o diálogo (e, com ele, o dialogismo) e a interação podem ser incentivados, de forma a levar os alunos a efetivar o seu contato com a LA em um contexto colaborativo de construção de conhecimento.

Reconhecendo que nem todos os indivíduos estão igualmente abertos para o contato com a LE, acreditamos que o ambiente em sala de aula deve ser leve, para que os alunos sintam-se livres para participar da construção do conhecimento sem que haja uma imposição para tal. Assim, apesar da definição dos papéis de professor e aluno, que também não devem ser perdidos de vista, ambos os lados participantes podem trabalhar em contexto interacional, permitindo que o conhecimento seja internalizado por meio da interação.

Nessa concepção de aula, observamos o distanciamento da habitual pressão existente em alguns cursos de línguas, tal como é percebido nos trechos 6, 7 e 8 que seguem. Nesses excertos, retirados de relatos escritos por alunos adultos de um curso de línguas em uma escola de idiomas, é inserida tal percepção da aula como uma abertura para a interação e o diálogo, em seus amplos significados e de maneira próxima à natural. Nesses trechos, os alunos opinam sobre o andamento das aulas.[5]

Exemplo 6:

(1)	It's a good environment, that make easy to learn, because we haven't the stress to make everytime right or to ask something, which is usual in high school English classes (Gilberto, 19 anos, graduando em Processamento de Dados).	É um ambiente bom, que facilita a aprendizagem, pois nós não temos o estresse de ter que acertar toda vez ou de fazer perguntas, o que é comum nas aulas do ensino médio. (tradução nossa)
(2)	It's cool because are soft classes (Roger, 36 anos, bacharel em Ciências Contábeis).	É legal, pois são aulas leves. (tradução nossa)
(3)	It's very nice and amusing. I got a lot of fun with my dear teacher and my dear friends. I think the class is the highlight of my week (Eduardo, 28 anos, engenheiro mecânico).	É muito legal e divertido. Eu me divirto muito com minha querida professora e meus queridos amigos. Eu acho que a aula é o ponto alto da minha semana. (tradução nossa)

Embora os relatos apresentados correspondam a uma faceta do ensino – as escolas de idiomas –, acreditamos que essa mesma dinâmica seja importante em outras modalidades de ensino de línguas, nas escolas públicas e nos cursos regulares ofertados pelas instituições educativas. Assim, aprender uma LE em um ambiente de interação no qual os papéis, apesar de estarem delimitados, se misturam em um espaço de colaboração e de construção de conhecimento em que os traços identitários e a subjetividade dos aprendizes – elementos tão importantes para a entrada do sujeito na LE – têm um espaço para emergir, são fatores que abrem portas para uma aprendizagem significativa da LA.[6]

Considerações finais

Considerando os aspectos aqui tratados, observamos que a perspectiva bakhtiniana de estudos aporta às questões de aquisição/aprendizagem de LE um saber singular em muitos aspectos, a começar pela concepção de língua enquanto algo em movimento e, também, ao considerar os sujeitos em constituição na/pela língua. É de se notar, ademais, que, para os estudiosos do Círculo, a língua/linguagem não pode ser analisada senão pelo seu caráter social e ideológico. O desenvolvimento desses conceitos garante que as questões relativas aos processos de aquisição/aprendizagem ocupem uma posição privilegiada em meio universitário, permitindo, por exemplo, que os aspectos relacionados à interação – dentro e fora da sala de aula – ganhem destaque e sejam colocados em pauta nas pesquisas linguísticas e educacionais.

Outro ponto importante diz respeito às noções de subjetividade, identidade e interação, que puderam ser construídas e reformuladas a partir dos conceitos desenvolvidos pelo Círculo. Tais saberes nos possibilitam refletir, por exemplo, a respeito das mudanças no sujeito aprendiz, após tomar contato e inserir-se nas práticas na LA. Em nosso ponto de vista, tomar contato com o novo recorte histórico e social possibilitado pela LE modifica a forma pela qual o sujeito se relaciona com o mundo e lhe dá diferentes maneiras de considerar a realidade que o cerca. Assim, adentrar na LE significa também, em certa medida, permitir-se modificar, ressignificar-se, para comunicar-se na outra língua.

Assim, esses novos saberes nos impulsionam a refletir acerca do papel do professor, da dinâmica na/da sala de aula perante esse processo de mudanças que acompanha a aquisição/aprendizagem de línguas. Eles também, nos permitem questionar de que maneira e em que medida é possível colaborar para que o aluno consiga aproximar-se da LA, incentivar e promover mudanças que se dão a partir das novas aprendizagens, bem como levar os alunos a utilizarem-se delas em seu dia a dia. Assim, tanto os professores quantos os alunos, ao reconhecerem que o ensino e a aprendizagem de uma língua estrangeira os expõem a um novo recorte do real – quanto antes consigam se rearticular aos diferentes saberes que advêm dessa experiência –, terão mais sucesso em sua tarefa.

As contribuições do Círculo de Bakhtin podem, ainda, trazer inúmeras ideias ao campo de Aquisição de Linguagem e, consequentemente, de Aquisição/Aprendizagem de Línguas. Este capítulo buscou, portanto, elencar alguns pontos em que podemos utilizar os saberes desenvolvidos no âmbito do dialogismo para as questões que envolvem a área de estudos em língua estrangeira e, assim, abrir espaço para outras reflexões que dele se originem, compondo, mais uma vez, a corrente de diálogos essencial da linguagem.

Notas

1 *A constituição da subjetividade na aquisição/aprendizagem de LE: um estudo sobre crianças brasileiras aprendizes de inglês*, de Amanda de Oliveira Silva, FCL-Unesp, campus de Araraquara, SP. Apoio CNPq.

2 *Aquisição/Aprendizagem de LE: subjetividade, identidade e deslocamentos identitários*, (Falasca, 2012), FCL-Unesp, campus de Araraquara, SP. Apoio Capes.

[3] Para maior aprofundamento no âmbito de tais peculiaridades, ver Falasca (2012), Bueno (2013), Silva (2014) e Marchezan et al. (no prelo).

[4] Para uma discussão a respeito dessa questão, consultar Del Ré et al. (2012).

[5] Reportamos aqui os trechos da forma como foram produzidos pelos alunos, sem qualquer correção gramatical ou ortográfica da língua inglesa.

[6] Uma discussão sobre a emergência da singularidade dos sujeitos em atividades escolares também é feita no capítulo "Aquisição da escrita e gêneros do discurso" do presente livro.

Bibliografia

BAKHTIN, M. M. *The dialogic imagination.* Ed. Michael Holquist; Trad. Caryl Emerson & Michael Holquist. Austin: University of Texas Press, 1981.

_____. *Estética da criação verbal.* Trad. Maria Ermantina Galvão G. Pereira. 2. ed. São Paulo: Martins Fontes, 2000.

BAKHTIN, M.; VOLOSHINOV, V. N. Discurso na vida e discurso na arte. In: VOLOSHINOV, V. N. *Freudianism*: a marxist critique. Trad. Cristovão Tezza. New York: Academic Press, 1976. (1. ed. 1926)

BAKHTIN, M.; VOLOSHINOV, V. N. *Discurso na vida e discurso na arte.* Trad. para fins acadêmicos de C. A. Faraco e C. Tezza, mimeo, 2000. (1. ed. 1926)

______. *Marxismo e filosofia da linguagem.* São Paulo: Hucitec, 2010.

BAUMAN, Z. *Identidade*: entrevista a Benedetto Vecchi. Rio de Janeiro: Jorge Zahar, 2005.

DEL RÉ, A.; HILÁRIO, R. N.; VIEIRA, A. J. Subjetividade, individualidade e singularidade na criança: um sujeito que se constitui socialmente. *Bakhtinianas*, São Paulo, v. 7, n. 2, jul./dez. 2012, pp. 57-74.

FALASCA, P. *Aquisição/Aprendizagem de LE*: subjetividade e desdobramento de identitários. Dissertação (Mestrado em Linguística e Língua Portuguesa). Faculdade de Ciências e Letras, Universidade Estadual Paulista, Araraquara, 2012.

FIORIN, J. L. *Introdução ao pensamento de Bakhtin.* São Paulo: Ática, 2006.

FIRTH, A.; WAGNER, J. On discourse, communication, and (some) fundamental concepts in SLA research. *The Modern Language Journal*, v. 81, n. 3, 1997, pp. 285-300.

GERALDI, J. W. *Ancoragens*: estudos bakhtinianos. São Carlos: Pedro e João editores, 2010.

KRASHEN, S. D. *Second language acquisition and second language learning.* Oxford: Pergamon Press, 1981.

_____. *Principles and practice in second language acquisition.* Oxford: Pergamon Press, 1982.

_____. Three Arguments against Whole Language & Why They are wrong. Portsmouth: Heinemann, 1999.

_____. *Explorations in language acquisition and use.* Portsmouth: Heinemann, 2003.

LAFFORD, B. A. Second language acquisition reconceptualized? The impact of Firth and Wagner (1997). *The Modern Language Journal*, v. 91, n. 5, dez. 2007, pp. 735-56.

LEFFA, V. J. Metodologia do ensino de línguas. In: BOHN, H. I.; VANDRESEN, P. *Tópicos em linguística aplicada*: o ensino de línguas estrangeiras. Florianópolis: Ed. da UFSC, 1988, pp. 211-36.

LIGHTBOWN, P. M.; SPADA, N. *How languages are learned.* Oxford: OUP, 2006.

MARCHENKOVA, L. A. *Interpreting dialogue*: Bakhtin's theory and second language learning. Tese (Doutorado em Filosofia). College of Education, The Ohio State University, 2005.

PONZIO, A. *A revolução bakhtiniana*: o pensamento de Bakhtin e a ideologia contemporânea. São Paulo: Contexto, 2009.

VYGOTSKY, L. S. *A construção do pensamento e da linguagem.* São Paulo: Martins Fontes, 2001.

_____. *A formação social da mente.* 7. ed. São Paulo: Martins Fontes, 2007.

Aquisição da escrita e gêneros do discurso

Natalia Grecco
Marina Célia Mendonça

A presença dos gêneros do discurso nas relações de ensino/aprendizagem tem sido objeto de estudos, discussões e propostas, os quais encontramos materializados em diversas produções recentes no Brasil, dentre elas trabalhos acadêmicos, documentos oficiais e materiais didáticos. Neste texto, nosso objetivo é, a partir das concepções de linguagem desenvolvidas nos escritos do Círculo de Bakhtin, bem como por meio de reflexões produzidas nesses escritos sobre a natureza dos gêneros do discurso, colocar em foco a produção escrita infantil em contexto escolar, inserindo mais uma voz em resposta a essa presença.

Bakhtin (1997) propõe que a unidade de estudo da linguagem seja o enunciado, unidade concreta de uso linguístico, a qual pressupõe um locutor real, situação de locução, valores expressivos, uma resposta a enunciados já ditos, uma projeção da compreensão responsiva do outro. Ou seja, para o autor, enunciado e enunciação se completam, porque o primeiro só se realiza e pode ser analisado/estudado na sua relação com o segundo. O que delimita o enunciado não são suas categorias formais, mas aspectos ligados à enunciação e à alteridade: a tomada da palavra por um locutor e seu "acabamento" – esse "acabamento" pressupõe a alternância de locutor, a palavra do outro.

Nessa perspectiva, enunciado é compreendido como enunciação-evento, em que se integram sujeito, ética e singularidade. Bakhtin escreve sobre o ato ético em um de seus primeiros textos, que chegou incompleto aos seus leitores, na década de 1980. Nesse escrito filosófico, em perspectiva que é desenvolvida ao longo da obra do Círculo, o autor toma a linguagem como *ação* sobre o mundo e sobre a própria linguagem. Podemos afirmar o seguinte sobre o que o Círculo chama de enunciado concreto – que é o objeto de análise nesse enfoque:

1) Não somente reflete a realidade como material sígnico que é, mas reflete a realidade refratando-a. O enunciado não refrata a realidade porque está carregado de valores, de ideologias num sentido "desencarnado", mas ele refrata

a realidade porque é uma compreensão dessa realidade por um sujeito, é resposta desse sujeito (*o enunciado é ação sobre o mundo porque é resultado de uma compreensão responsiva de um sujeito*);

2) O enunciado se produz no diálogo com outros enunciados, por um sujeito em compreensão responsiva das palavras do outros, que inicialmente são palavras alheias, e depois são sentidas como palavras próprias. É um sujeito já prenhe de palavras próprias, que antes foram alheias. (*O enunciado é ação sobre o discurso do outro/sobre a linguagem – na memória do passado*);
3) O enunciado se produz no diálogo com outros enunciados possíveis do interlocutor, imediato ou não. Esse diálogo, além de produzir uma imagem do outro no discurso do eu, interfere no discurso por vir, sendo um elo da corrente discursiva (*o enunciado é uma ação sobre o discurso do outro que é o interlocutor – na memória do futuro*);
4) O enunciado, ao se produzir no diálogo com os outros enunciados possíveis do interlocutor, projeta-se para o futuro; e o sujeito não pode eximir-se da responsabilidade desse dizer. Tem por característica, assim, a respondibilidade (*é resposta e será também respondida por outro, já que se projeta para esse outro, futuro*) e a responsabilidade (*é um ato que faz parte da existência do sujeito, para o qual o sujeito não tem álibi*). [...]
5) A responsabilidade faz do enunciado um ato singular, que só pode ser assumido pelo sujeito – não há álibi para a existência, nos diz Bakhtin (2010) (*o enunciado está relacionado necessariamente ao ato de dizer marcado historicamente, ato de dizer por um sujeito que interpreta, nesse momento histórico, a realidade e outros discursos, interpreta de forma única, irrepetível*).
6) O enunciado tem um projeto de dizer de um sujeito (*dizer é uma ação participativa do sujeito; o sujeito tem intenções, mas não é todo-poderoso nem suas intenções são plenamente satisfeitas pelo outro, porque eu e outro não se confundem: o outro não é acessível totalmente ao eu, nem o eu é acessível integralmente ao outro*). (Mendonça, 2012: 112-114)

É no interior dessa concepção de linguagem, a qual se encontra também em outros escritos do Círculo (Bakhtin, Voloshinov, 1992, 2001), que se produz a noção de gêneros de discurso, tipos relativamente estáveis de enunciados.

Os gêneros, nessa concepção (Bakhtin, 1997), por se constituírem como "espaços/tempos" de linguagem relativamente estáveis, relacionam-se não só com o *já dito,* com que dialogam de forma imediata ou não (pode-se dizer que essa memória é fator de relativa estabilização do gênero), mas também se relacionam com um *porvir* (a memória do futuro), fator de instabilidade/movimento. Assim, os gêneros do discurso materializam o encontro dessa relativa estabilidade (na atualização da memória) e instabilidade (esta advinda, em especial, dos aspectos relativos à enunciação e à eventicidade do ato de linguagem). Como não poderia deixar de ser, os gêneros do discurso são entendidos, na obra do Círculo, como "espaços-tempos" (e não simplesmente estruturas ou tipos textuais) de produção do singular, "espaços-tempos" de relações dos sujeitos por meio dos enunciados concretos, "espaços-tempos" de diálogo que atualizam a memória em processo de criação do novo. Os gêneros, por conseguinte, são produções sígnicas marcadas não somente pela história, como também pelo acontecimento, que irrompe na história em enunciados concretos, atualizados pelo sujeito.

Dessa forma, há uma constante transformação dos gêneros discursivos na infinita cadeia enunciativa, a qual o autor entende por grande temporalidade (Bakhtin, 1997), transformação esta também condicionada pela relação entre o que Bakhtin chama de gêneros primários (os do cotidiano) e secundários (produzidos em esferas como a científica, a artística, a jurídica, a política). Em contato uns com os outros, conforme essa perspectiva, os gêneros se modificam e se complementam. Quando as esferas sociais se desenvolvem, transformando-se, alguns gêneros surgem, outros desaparecem, ainda outros se diferenciam ou se ressignificam. A variedade e a mudança, observadas num momento histórico ou ao longo do tempo, podem dar-se temática, estilística e/ou composicionalmente.[1]

Podemos destacar que os gêneros do discurso são marcados por uma arquitetônica, ou seja, pelas condições histórico/ideológicas específicas e pelas finalidades de cada esfera de ação, e nesse sentido esses aspectos produzem as possibilidades de dizer em cada uma das esferas. Mas essas possibilidades são, na perspectiva do Círculo, espaços de contínua construção (e, por isso, contínuo movimento).

Dessa maneira, é de se esperar que os gêneros do discurso se produzam na esfera didático-pedagógica[2] marcados pelos valores que definem as práticas que se dão nessa esfera. Assim, apesar de os gêneros aparecerem em documentos oficiais brasileiros sob influência de escritos do Círculo de Bakhtin (em especial, do texto "Os gêneros do discurso", publicado em *Estética da criação verbal*), ao migrarem para a esfera didático-pedagógica, o que foi objeto de estudo e reflexão na filosofia da linguagem desenvolvida pelo Círculo é atualizado em diferentes formas: é concebido como mera superfície textual, descontextualizado, destituído do seu processo de enunciação (Brait, 2000); passa a ser considerado "objeto de ensino" ao integrar práticas não de uso da linguagem que tenham por centralidade o texto, mas práticas de conferência de conteúdos (Geraldi, 2010); sofre processo de "estereotipação", no qual se anula a presença do sujeito-aluno (Geraldi, 1984), e de fetichização/estabilização, em que o produto do conhecimento científico é tomado como modelo de práticas a serem "repetidas", desconsiderando o movimento e a historicidade inerentes à produção do conhecimento científico e de seus produtos/conceitos (Geraldi, 1991).

Neste capítulo, não cabe fazer exposição detalhada dessas críticas ao enfoque que as atividades de ensino/aprendizagem dão aos gêneros do discurso. Contudo, é fundamentalmente sob influência dos escritos de Geraldi, citados anteriormente, que produzimos as reflexões a seguir, centradas nas respostas que as crianças dão ao discurso escolar e aos "gêneros escolares". Nessa resposta, há um jogo entre a estabilidade e a instabilidade dos gêneros e entre a maior ou menor presença do sujeito em sua produção escrita.

A resposta da criança na produção escrita infantil

Durante o processo de escolarização, prática, sobretudo, produtora de normas e sob forte influência de ideologias dominantes no contexto histórico e social em que ela se produz, evidentemente o aprendiz não pode manifestar "livremente" sua subjetividade; geralmente, já está circunscrito a uma atividade didático-pedagógica proposta, a um gênero estabilizado nas práticas produzidas na didatização do conhecimento, a um discurso que é materializado nas práticas escolares.

Vários estudos nas ciências humanas defendem essa força da instituição escolar na (re)produção de valores e práticas sociais dominantes. Nesses casos, tem-se uma escola *com poder*, (re)produtora de estruturas sociais. Podemos citar duas das posições mais difundidas entre nós: *A reprodução* (Bourdieu, Passeron, 1982) e *Aparelhos Ideológicos de Estado: notas sobre os Aparelhos Ideológicos de Estado* (Althusser, 1992). Para Althusser, a escola é o mais importante Aparelho Ideológico de Estado nas sociedades capitalistas maduras. O autor defende que essa instituição exerce um papel de inculcação diferenciada de ideologias, fazendo uma "divisão" de ensinamentos: aparelhando uns para o exercício da dominação e outros para serem dominados. Dessa maneira, haveria uma distribuição diferenciada de conhecimentos/valores entre as classes, via escola, que perpetuaria a estrutura social vigente.

Bourdieu e Passeron, como Althusser, também defendem que a instituição escolar tem por função a (re)produção da estrutura social, sem que possa haver possibilidade de que sua função seja transformadora. A escola privilegiaria as classes mais favorecidas economicamente, que possuiriam o "capital linguístico escolarmente rentável", numa economia embasada em relações de força simbólicas.

> Nesse modelo teórico, argumenta-se que, como os alunos das classes populares não possuem a linguagem legitimada pela escola, eles fracassam porque as atividades pedagógicas supõem um conhecimento prévio dessa linguagem a nível prático. A instituição escolar vale-se de um trabalho

> pedagógico atado às classes privilegiadas, isto é, um trabalho pedagógico que procura inculcar um arbitrário cultural dominante; esse trabalho é exercido por sujeitos revestidos de autoridade pedagógica, legitimada e por isso desconhecida enquanto poder arbitrário. E a inculcação se faz no sentido de promover um *habitus* que seria capaz de ajudar a reproduzir a estrutura social. Assim, um agente reativa a história em seu estado objetivo (acumulada ao longo do tempo) quando a incorpora através do *habitus* [...]. A escola, nesse contexto, seria instrumento fundamental da continuidade histórica, funcionando como uma "transmissão do capital genético" na ordem da cultura [...]. (Mendonça, 1995: 45)

Bourdieu e Passeron (1982: 28) são pessimistas em relação à ação transformadora da escola já que, para eles, uma ação pedagógica que reflita sobre as relações de força que legitimam e criam o arbitrário cultural, que tome o arbitrário cultural enquanto bem arbitrário, é impossível. Nesse caso, nos termos de Geraldi (1991), as relações de ensino descontextualizam o que é fruto de práticas históricas (na ordem da cultura e da ciência), cristalizam, estabilizam o que é instável e passível de ressignificação, pois produto de objetivação e construção histórica.

Nos dois casos, a história age sobre o sujeito (ou, no caso de Althusser, produz o sujeito), em práticas centralizadoras. No entanto, as práticas para as quais olhamos neste capítulo são as que se realizam às margens, nos movimentos-resposta dos sujeitos, no processo de ressignificação que realiza cada contrapalavra da criança ao discurso hegemônico da escola. Assim, temos nesse caso um sujeito *agente* – situado/constituído histórico, psico e socialmente –, assumindo posições valorativas em diálogo com os discursos do outro, bem como produzindo incursões sobre os gêneros nas atividades de linguagem. Pretendemos mostrar aqui que, apesar da tentativa de imposição do gênero (tanto em sua forma composicional quanto em relação ao tema), a criança consegue fazer pequenos movimentos nos quais podemos ver emergir sua subjetividade.

É preciso dizer que o conceito de subjetividade é polêmico na área de Aquisição da Linguagem e muda de acordo com o aporte teórico. Nessa área, bem como nos escritos do Círculo de Bakhtin, muitas vezes os termos singularidade, individualidade e subjetividade aparecem como sinônimos, mas em certas ocorrências parecem ter significados distintos. Essa é uma das preocupações sobre as quais os grupos GEALin e NALingua se debruçam na tentativa de encontrar uma definição para os termos, a qual seja coerente com os estudos realizados. Para o grupo GEALin há uma diferença entre subjetividade e individualidade/singularidade – entendidas no senso comum como sinônimas.

> Digamos, então, que cada "ato singular" – cada manifestação em forma de linguagem, de diálogo, de discurso – é marcado pela subjetividade do locutor, revelando um sujeito que enuncia, que se manifesta, que toma posição diante de outros discursos. A manifestação da subjetividade se dá, então, na singularidade do ato. No entanto, os vestígios deixados pelo locutor em seu discurso não revelam tudo aquilo que o constitui enquanto sujeito – nem poderiam, visto que o enunciado está inserido em um espaço e um tempo determinado, como resposta a outro enunciado. (Del Ré et al., 2012: 63)

A partir dessas reflexões do grupo, tomamos a singularidade – as marcas da subjetividade inscritas na cadeia enunciativa – como ponto central do texto do aprendiz para as análises. Para nós, ainda, a alteridade é elemento essencial para a configuração da subjetividade, por isso a relação do discurso do aprendiz com o discurso do outro é fundamental: "Dessa forma, o *eu* só pode ser visto como objeto a partir de certo distanciamento (exotopia): o *eu*, visto por mim, é sempre inacabado (é o outro que me confere certo acabamento, ainda que este não esteja esgotado, seja provisório)". (Del Ré et al., 2012: 67)

A seguir, discutimos algumas produções textuais escolares. Antes de apresentarmos esses textos, é interessante entendermos em qual contexto de produção foram escritos.[3] Os textos foram recolhidos no ano de 2010, em uma escola da periferia da cidade de Araraquara (interior do estado de São Paulo), no segundo ano do ensino fundamental 1. Apesar da localização da escola e do público atendido por ela – crianças com poucas condições econômicas –, eram alunos que tinham contato frequente com a leitura e a escrita, incentivados pela professora, que, todo mês, lia ao menos um livro infantil para eles e pedia que reescrevessem a história contada. A reescrita era antecedida por perguntas sobre o enredo da obra; após respondidas essas questões, os alunos escreviam em seu caderno o que tinham entendido da história, o que estamos aqui chamando de reescrita. A pesquisa (Grecco, 2012) da qual apresentamos os textos traz produções de três crianças. Aqui, mostramos alguns textos de duas delas: JOA e JUL (nomes fictícios).

Eis um texto de JOA,[4] de 7 anos:

> Era uma vez uma ovelhia cha-
> mada maria as outras foram para
> o paulo norte as outras disser-
> am que friu e maria disse que
> friu e as outras disseram que
> gripe e maria também as ovelha-

s foram para o deserto e maria disse
que calor. Maria disse que gripe e
depois as ovelhas foram comer jilo
e Maria disse eu não gosto de jilo
e depois elas foram pro Cortovado e to-
das pularam as 40 todas quebraram
a perna todas choraram meemeee
chegou a vez de Maria Maria deu uma
requebradinhae virou as costa e
foi comer camaram.

Trata-se de uma reescrita do livro infantil *Maria vai com as outras*, de Sylvia Orthof. Nesse livro, a ovelha Maria faz tudo o que as outras ovelhas fazem, por isso o apelido "vai com as outras". No fim da história, ela desiste de pular do Corcovado com as demais ovelhas e vai comer feijoada. No texto lido pela professora, a carga valorativa relacionada a valores éticos é grande – como sabemos, o cunho moralizante é uma característica de várias histórias infantis –, mas a valoração não é expressa de modo direto, literal, assim como é feito nas fábulas. Porém, notamos que algumas crianças percebem o cunho moralizante e o inserem de modo explícito em seus escritos, como veremos no segundo texto a ser analisado.

Na reescrita de JOA, podemos perceber que ele não foi mero "receptor" da leitura feita pela professora; assim como postulado por Bakhtin, o sujeito dá sua contrapalavra ao discurso do outro, gerando nela um pequeno movimento:

> [...] o ouvinte, ao perceber e compreender o significado (linguístico) do discurso, ocupa simultaneamente em relação a ele uma ativa posição responsiva: concorda ou discorda dele (total ou parcialmente), completa-o, aplica-o, prepara-se para usá-lo, etc.; essa posição responsiva do ouvinte se forma ao longo de todo o processo de audição e compreensão desde o seu início, às vezes literalmente a partir da primeira palavra do falante. (Bakhtin, 1997: 271)

Um exemplo que dá indícios da posição ativa e responsiva do aluno em questão é como ele compõe o final da história. Na história de Orthof, a ovelha Maria desiste de pular do Corcovado, e vai comer feijoada – "pensou e viu que andava enganada / então entrou num restaurante e comeu uma feijoada" (2002: 25) –, mas JOA substitui feijoada por camarão.

A escolha de quais elementos manter ou excluir da história já mostra a subjetividade do escrevente; no caso de JOA, por exemplo, excluem-se as partes repetitivas da história, como a frase "A Maria ia sempre com as outras", reafirmada três vezes durante o livro infantil. Nesse caso, na exclusão de um já dito, ela marca sua subjetividade.

Por outro lado, ele reafirma a estrutura de tantas outras histórias infantis, que começam com "Era uma vez". Esse não é o caso de todos os textos de JOA, como veremos em outras produções suas, mas percebemos que é comum as crianças usarem as estruturas das narrativas infantis (em especial, os contos de fadas adaptados para o infante) como um suporte para iniciar e terminar seus textos. Essa característica também mostra a inserção da criança no gênero:

> Em cada época, em cada círculo social, em cada micromundo familiar, de amigos e conhecidos, de colegas, em que o homem cresce e vive, sempre existem enunciados investidos de autoridade que dão o tom, como as obras de arte, ciência, jornalismo político nas quais as pessoas se baseiam, as quais elas citam, imitam, seguem. (Bakhtin, 1997: 294)

Aproximando essa afirmação dos textos dos quais dispomos (reescritas de narrativas), podemos afirmar que, para as crianças que os escreveram, considerando que estão inseridas no contexto escolar, esses "enunciados investidos de autoridade" são as histórias infantis contadas/lidas pelo professor, bem como outros enunciados proferidos por ele ou por sujeitos que se colocam na posição de detentores do discurso dessa instituição ou do valor do letramento (mãe, pai, avó, irmão mais velho etc.).

Bakhtin ainda complementa que a experiência discursiva de qualquer sujeito desenvolve-se em interação constante com os enunciados dos outros. E, para ele, essa experiência pode ser caracterizada pelo processo de assimilação – mais ou menos criador – das palavras do outro. Em nosso caso, as crianças levam em conta as palavras do adulto (professor, pais etc.) e são também influenciadas pela literatura infantil (manifesta em gêneros como contos de fadas, em especial, que é o gênero com o qual mais têm contato nesse período da escolarização). Sobre a figura do professor, inserida no contexto (escolar) dos alunos, podemos propor que o dizer da criança espera dele uma compreensão responsiva ativa, o que define grande parte das características do seu discurso: forma composicional (abertura e fechamento do texto, neste caso), estilo, entre outras.

> Ao falar, sempre levo em conta o fundo perceptível da percepção do meu discurso pelo destinatário: até que ponto ele está a par da situação, dispõe de conhecimentos especiais de um dado campo cultural da comunicação; levo em conta as suas concepções e convicções, os seus preconceitos (do meu ponto de vista), as suas simpatias e antipatias – tudo isso irá determinar a

ativa compreensão responsiva do meu enunciado por ele. Essa consideração irá determinar também a escolha do gênero do enunciado e a escolha dos procedimentos composicionais e, por último, dos meios linguísticos, isto é, o *estilo* do enunciado. (Bakhtin, 1997: 302)

Desse modo, consideramos que a criança, uma vez que o *outro* a quem dirige seu discurso é o professor, desenvolve seu texto supondo que ele fará uma apreciação dele. Evidentemente essa "percepção"[5] do outro, na escola, pode ser fator que não interfere negativamente na produção textual (no caso citado aqui, entendemos que a criança é bem-sucedida na atividade de recontar, pois, apesar de apresentar problemas com a norma ortográfica e com a pontuação, realiza a tarefa solicitada revelando compreensão do texto lido e colocando em seu texto marcas de sua subjetividade). A "percepção" do outro pode, por outro lado, ser fator que interfere negativamente nessa produção, como revelam estudos realizados com a escrita de jovens em situação de concurso vestibular e em escrita escolarizada.[6]

Nessa proposta de recontar uma história, JOA não pode escolher o gênero de discurso no qual produzirá seu texto, já que esse é definido na solicitação da professora; porém, nota-se que ele dá indícios de autoria ao "preencher" as características que o gênero solicitado possui (as palavras do outro são ressignificadas por ele em pequeno movimento; ele lhes dá uma resposta a partir do que, sendo palavras do outro, já lhe parecem próprias).

É interessante notarmos, na produção de JOA, a tentativa de produção do discurso direto – outra característica estilística das narrativas infantis. Na história original temos:

> Um dia, todas as ovelhas foram para o Polo Sul. Maria foi também. E atchim! Maria ia sempre com as outras. Depois todas as ovelhas foram para o deserto. Maria foi também. – Ai, que lugar quente! As ovelhas tiveram insolação. Maria teve insolação também. Uf! Uf! Puf!
> Maria ia sempre com as outras. Um dia, todas as ovelhas resolveram comer salada de jiló. Maria detestava jiló. Mas, como todas as ovelhas comiam jiló, Maria comia também. Que horror! Foi quando, de repente, Maria pensou: "Se eu não gosto de jiló, por que é que eu tenho que comer salada de jiló?" Maria pensou, suspirou, mas continuou fazendo o que as outras faziam. (Orthof, 2002: 3-7)

O texto de JOA é composto por representações da fala da personagem principal, Maria. Mas é notável que ele não introduz sinais de pontuação como dois-pontos e travessão, o que é perfeitamente compreensível, pois está começando seu processo de escolarização e ainda está sendo introduzido em atividades institucionais de letramento. Entretanto, esse também é um indício de que o processo de escolarização já traz consequências para a escrita dos aprendizes, principalmente pela tentativa de reprodução das marcas formais do gênero solicitado pela escola (nesse caso, o uso do discurso direto). Podemos ainda destacar que, durante a atividade em sala, a professora valorizava a fala das personagens, pois, durante a leitura, utilizava-se de recursos expressivos que chamavam atenção do ouvinte, como a onomatopeia, o que também pode ter influenciado a escolha de JOA em manter a fala da personagem na forma do discurso direto. Observe-se que, sem a pontuação, as falas das personagens aproximam-se do discurso indireto livre, o que pode indiciar que a criança se desloca da posição de narrador para herói livremente.

A padronização dos gêneros do discurso na escola já foi abordada, como citado anteriormente, por Geraldi. Destacamos aqui mais um estudo, o de Abaurre, Fiad e Mayrink-Sabinson (1997), que propõe o conceito de *estilo escolar*, uma manifestação típica da produção textual escolar, resultado de práticas impositivas e homogeneizantes da escola.

Apesar das imposições da esfera escolar, nosso interesse aqui, como já ressaltado, é olhar para o fato de que as crianças fazem pequenos movimentos quando do uso do gênero, os quais permitem entrever sua subjetividade. O texto de JUL é outro exemplo desse movimento:

> Era uma vez uma ovelha
> chamada Maria e onde as ovelhas ia
> ela ia as ovelhas ia dece o monte
> A Maria também deceu o monte
> A ovelhas ia subi o monte maria
> também subiu o monte.
> As ovelhas foi pro norte maria
> tambem foi ai que flil ai que flil.
> Ai as ovelhas foi pro paulo su a
> maria também foi ai que calor.
> Ai as ovelhas foi come jiló
> a Maria detestava jilo mais
> comel gilo ai as ovelhas foi
> pula a ponte ai foi uma
> foi duas até chega 42 ai
> foi a Maria a Maria foi pula
> não não vo pula ai a Maria
> foi pro restaurante comer feijuada
> ai ela falo não vo se mais tonta
> vo fazer oque eu quise.

Como podemos perceber na produção anterior, a autora escreve o desfecho como o da história lida: a ovelha deixa de acompanhar as demais e vai ao restaurante comer feijoada. Porém, JUL insere em seu texto um discurso valorativo explícito, o de que ser "Maria vai com as outras" não é uma atitude positiva, mas é uma atitude "tonta"; enquanto ter opinião própria é uma atitude positiva. É notável que essa é uma leitura da criança, visto que essa visão não é proposta pela autora do livro infantil de forma explícita, que termina a história da seguinte maneira: "Agora, mé, Maria vai para onde caminha seu pé" (Orthof, 2002: 18). Mas trata-se de uma leitura prevista: a criança compreende o "projeto de dizer" do enunciador da história e o explicita.

Percebemos uma diferença no modo como JUL e JOA retratam a fala das personagens. Este insere as falas com a ajuda dos verbos *dicendi*, e aquela coloca as falas sem a presença desses verbos, como no caso: "ai as ovelhas foram pro Norte e Maria também foi ai que frio ai que frio". Assim como JOA, JUL não coloca pontuação que marque o limite entre a fala do narrador e da personagem, o que mostra que seu contato com a escrita ainda é incipiente, apesar da sapiência já revelada no processo de marcar sua subjetividade nos textos. Em relação a essa presença do sujeito no texto, podemos, no entanto, perceber que JUL é mais literal em sua reescrita, trazendo mais elementos do texto da autora para o seu, tais como: "maria detestava jiló" e "foi uma foi duas até chegar 42". JOA, por outro lado, parafraseia com mais liberdade a história ouvida da boca da professora, o que pode indiciar maior autonomia desse autor no processo de escrita.

Os alunos que são os sujeitos da pesquisa de onde retiramos os textos que aqui discutimos escreveram cinco reescritas durante o ano letivo. Apresentamos mais uma delas, a fim de que possamos perceber a recorrência das marcas do sujeito em duas produções de cada um. Trata-se da reescrita do livro *Eu era um dragão*, de Ana Maria Machado. Essa narrativa conta a história de três crianças, aparentemente irmãs, que brincam de imaginar situações em sua casa. Marcos imaginava ser um herói, Luísa queria ser um dragão e Taís imaginava ser uma rainha. Pensavam estar em um reino distante, passando por várias aventuras, quando a mãe interrompe-os, pedindo para que arrumem a bagunça do quarto e comam bolo de chocolate. Nesse momento, Luísa afirma que não é "dar um jeito no quarto", mas, sim, no reino, levando as personagens a gargalhar.

Notamos que a reescrita a seguir, de JOA, é mais extensa que a já apresentada; acreditamos que isso acontece porque foi produzida no fim do ano letivo, quando os alunos já haviam tido mais contato com o texto escrito. Na narrativa de JOA, percebemos, novamente, sua preocupação em configurar "corretamente" esse gênero do discurso no que tange aos aspectos estilísticos, pois insere falas dos personagens, além de caracterizá-los, descrevê-los.

> Era uma vez duas me-
> ninas brincando e surgiu Marco o herói e a
> Luísa disse.
> – Oi Marcos. E o Marcos respondeu.
> – Eu não sou mais o Marcos olhem
> pra mim eu sou um herói. E o Marcos dis-
> se.
> – Vamos dar a volta ao mundo. E eles correram para a cozinha e pegaram seus cavalos e mais capas e foram num lugar distante e chegaram e o Marcos disse.
> – Este é o lugar.
> E surgiu um dragão soltando fogo pela boca e fumaça
> pelas narinas.
> Taís, a rainha, e suas sete princesinhas
> em cima de uma torre enorme.
> E tinha um rio fundo e o Marcos chamou
> seus homens e o dragão foi atravessar
> o rio, o Marcos com a espada mágica, quando o dragão
> foi atravessar o rio Marcos deu uma espadada no dragão
> e quebrou o feitiço e era um cachorro cheirando bolo de chocolate.
> – Mais que bagunça é essa. E o Marcos disse.
> – Não é bagunça. E a mãe disse.
> – Vamos arrumar esse quarto. E a filha respondeu.
> – Não é quarto, é o reino mágico. E o Marcos disse:
> – É mais primeiro vamos comer o bolo né?

O texto da autora Ana Maria Machado não se inicia com "Era uma vez", mas novamente JOA inspira-se nas características dos contos de fadas para compor seu texto, dando indícios de que dialoga com o estilo desse gênero. No texto de Machado, também não há descrições dos personagens ou cenários, mas JOA descreve-os, como em "dragão soltando fogo pela boca e fumaças pelas narinas", "torre enorme", "rio fundo", "espada mágica". Nesse caso, nossa hipótese é de que a criança dialoga com um modelo de narrativa que inclui a descrição em sua composição. Esse modelo também incluiria, estilisticamente, o discurso direto – JOA reafirma, como se observa em sua produção, parte do estilo da história original quando insere diálogos na forma do discurso direto, a mesma forma usada pela autora. Desse modo, em diálogo com gêneros mais ou menos escolarizados a que tem acesso em seu processo de letramento, essa criança costura-os em um tecido próprio, isso se pudermos entender que pequenos movimentos sobre a palavra do outro geram novos produtos.

No fim do texto de Machado, a mãe chega ao quarto das crianças e pede para que eles arrumem a bagunça, e elas respondem que não irão arrumar o quarto, mas, sim, o reino, o que faz todas rirem. JOA percebe o humor gerado e o reproduz no fim de sua história. Nesse caso, a criança abandona o modelo do "E foram felizes para sempre" em favor do desfecho proposto pela autora, destacando o inesperado que traz o riso do ouvinte, aspecto relacionado à "interação criativa" com o outro, tão cara nas atividades de contação de histórias.

Diferentemente de JOA, ao recontar a mesma história, JUL atém-se ao enredo, ao desenrolar da ação, desenvolvendo pouco a relação de envolvimento entre autor e seu destinatário – parece-nos que ela assume a palavra para executar uma tarefa escolar, devolvendo o texto à professora. Veja-se que ela também utiliza o discurso direto, nesse caso já explorando os verbos introdutores da fala das personagens e os sinais de pontuação.

> Num belo dia Luisa e Taís
> brincando quando chegou o Marcos
> e elas falaram:
> – Oi Marcos.
> – Olha, não sou o Marcos.
> – Olha é um herói,
> falou as duas, pegaram
> seus cavalos e correram.
> Chegaram no reino muito encantado
> muito distante com seus cavalos. Neste estante Luisa virou
> dragão e Tais
> rainha. O
> dragão pulou para bater na rainha,
> o herói chegou e bateu com sua espada no dragão, o
> dragão virou um cachorro que sentiu cheiro de bolo de chocolate.
> Nisto chegou sua mãe e falou
> – Vão arrumar a bagunça.
> – Não mãe, vamos arrumar o reino encantado,
> mas antes vamos comer o
> bolo de chocolate

Dentro da homogeneização prevista no estilo escolar, é interessante notarmos que cada aluno faz pequenos movimentos na atualização do gênero que revelam a individualidade. No caso de JOA, em seu último texto, a ênfase recai sobre o estilo esperado pelo gênero; desse modo, ele insere diálogos, descrições e preocupa-se bastante com a forma, com o uso da pontuação, por exemplo. Como se nota, é em sua atualização que encontramos a *diferença*. Essas produções infantis, como enunciados concretos, são resultados de um trabalho do sujeito sobre a memória, mas um trabalho movido pela alteridade, pelo porvir do discurso, pelas relações das crianças com seu outro-interlocutor (professor, colega etc.) e com sua história de letramento.[7]

Notas

[1] Nos Parâmetros Curriculares Nacionais de Língua Portuguesa do ensino fundamental 2 (1998), a influência das ideias de Bakhtin é grande. Veja-se um trecho desse documento, em que se listam características dos gêneros:
a) Conteúdo temático: o que é ou pode tornar-se dizível por meio do gênero;
b) Construção composicional: estrutura particular dos textos pertencentes ao gênero;
c) Estilo: configurações específicas das unidades de linguagem derivadas, sobretudo, da posição enunciativa do locutor; conjuntos particulares de sequências que compõem o texto etc. (Brasil, 1998, p. 21)

[2] A esfera didático-pedagógica também é o contexto explorado de três outros capítulos deste livro, a saber, "Aquisição/aprendizagem de língua estrangeira", "O discurso reportado em manuscritos escolares", "A narrativa: espaço de jogo, experiência(s) e reflexão".

[3] Para mais informações e textos, consultar Grecco (2012), disponível em: <http://portal.fclar.unesp.br/poslinpor/teses/Natalia_Ap_Grecco.pdf>. Acesso em: 4 abr. 2014.

[4] Considerando que os textos originais não nos permitem obter uma boa imagem, optamos por transcrever da mesma forma como eles foram produzidos pelas crianças, sem nenhum tipo de ajuste ou correção.

[5] Não pretendemos realizar aqui uma discussão do nível de consciência das atividades desenvolvidas pela criança quando das ações de e sobre a linguagem. Partimos do princípio, baseado em escrito de Bakhtin (1997), de que, nessas atividades, essa consciência vai se produzindo na interação com o outro, sendo uma consciência sempre da perspectiva da criança, uma consciência sempre em construção e incompleta.

[6] Ver, a respeito, Britto (1984).

[7] O presente texto dialoga com o texto "Aquisição e escrita", no livro *A linguagem da criança: um olhar bakhtiniano*, Contexto, 2014.

Bibliografia

Abaurre, B.; Fiad, R. D.; Mayrink-Sabinson, M. L. T. *Cenas de aquisição da escrita*: o sujeito e o trabalho com o texto. Campinas: Mercado de letras, 1997.

Althusser, L. *Aparelhos Ideológicos de Estado – notas sobre os Aparelhos Ideológicos de Estado (AIE)*. Tradução de Walter J. Evangelista e Maria Laura V. de Castro. 6. ed., Rio de Janeiro: Edições Graal, 1992.

Bakhtin, M. *Estética da criação verbal*. Trad. Maria Ermantina Galvão G. Pereira. São Paulo: Martins Fontes, 1997.

______. *Para uma filosofia do ato responsável*. Trad. Valdemir Miotello e Carlos Alberto Faraco. São Carlos: Pedro & João Editores, 2010.

Bakhtin, M.; Voloshinov, V. N. *Marxismo e filosofia da linguagem*. Trad. Michel Lahud e Yara Frateschi Vieira. São Paulo: Hucitec, 1992.

______. *Palavra própria e palavra outra na sintaxe da enunciação*. São Carlos: Pedro & João Editores, 2011.

Bourdieu, P.; Passeron, J. C. *A reprodução*. Trad. Reynaldo Bairão. 2. ed. Rio de Janeiro: Francisco Alves, 1982.

Brait, B. PCNs, gêneros e ensino de língua: faces discursivas da textualidade. In: Rojo, R. (org.). *A prática de linguagem em sala de aula*: praticando os PCNs. São Paulo: EDUC; Campinas: Mercado de Letras, 2000.

Brasil. SECRETARIA DE EDUCAÇÃO FUNDAMENTAL. *Parâmetros curriculares nacionais*: terceiro e quarto ciclos do ensino fundamental. Brasília: MEC/SEF, 1998.

Britto, P. L. Em terra de surdos-mudos (um estudo sobre as condições de produção de textos escolares). In: Geraldi, J. W. (org.). *O texto na sala de aula*. Cascavel: Assoeste, 1984.

Del Ré, A.; Hilário, R. N.; Vieira, A. J. Subjetividade, individualidade e singularidade na criança: um sujeito que se constitui socialmente. *Bakhtiniana, Rev. Estud. Discurso* (*on-line*), v. 7, n. 2, 2012, pp. 57-74. ISSN 2176-4573.

Geraldi, J. W. (org.). *O texto na sala de aula*. Cascavel: Assoeste, 1984.

________. *Portos de passagem*. São Paulo: Martins Fontes, 1991.

________. *A aula como acontecimento*. São Carlos: Pedro & João Editores, 2010.

Grecco, N. A. G. Algumas marcas de singularidade nos textos escolares de alunos do 2º ano do ensino fundamental. Araraquara. Dissertação de mestrado. Faculdade de Ciências e Letras, Unesp, 2012.

Machado, A. M. *Eu era um dragão*. São Paulo: Global, 2002.

Machado, I. Gêneros discursivos. In: Brait, B. (org.). *Bakhtin*: conceitos-chave. 4. ed. São Paulo: Contexto, 2008.

Mendonça, M. C. *Silenciamentos produzidos em questões de leitura*. Campinas, 1995. Dissertação de mestrado. Instituto de Estudos da Linguagem, Universidade Estadual de Campinas.

________. Desafios metodológicos para os estudos bakhtinianos do discurso. In: GEGe (Grupo de Estudos dos Gêneros do Discurso) (org.). *Palavras e contrapalavras*: enfrentando questões da metodologia bakhtiniana. São Carlos: Pedro & João Editores, 2012.

Orthof, S. *Maria vai com as outras*. São Paulo: Editora Ática, 2002.

Discurso reportado em manuscritos escolares

Eduardo Calil
Catherine Boré
Kariny Amorim

Estudos contrastivos que elegem a aquisição de linguagem escrita do português em comparação com outra língua são praticamente inexistentes. Dentre estes, podemos mencionar o livro *Chapeuzinho Vermelho aprende a escrever: estudos psicolinguísticos comparativos em três línguas*, organizado por Moreira (1996). Nessa obra coletiva, publicada há quase 20 anos, as pesquisadoras Clotilde Pontecorvo, Emília Ferreiro, Nadja Moreira e Isabel Garcia Hidalgo contrastam alguns aspectos[1] do clássico conto de fadas *Chapeuzinho Vermelho*, reescrito por alunos falantes de português, espanhol e italiano, de escolas de ensino fundamental do Brasil, do México, do Uruguai e da Itália.

Apesar das dificuldades que estudos contrastivos apresentam,[2] na medida em que a análise da produção textual deve considerar as semelhanças e diferenças entre as línguas, assim como o modelo didático-curricular próprio de cada sistema de ensino, a comparação entre o modo como alunos falantes de línguas diferentes apropriam-se de elementos relacionados à produção textual pode ajudar a compreender, por um lado, os recursos que cada língua oferece para isso e, por outro, como o ensino e a prática didática contribuem e interferem no processo de aprendizagem de escreventes novatos.[3]

Soma-se a isso o fato de haver, em nosso caso, uma forte especificidade do objeto investigado, a saber, o discurso reportado em textos escritos. Definido, de modo geral, como um ato enunciativo em que o locutor/narrador retoma a fala do outro, suas formas de manifestação são extremamente heterogêneas e complexas, indo muito além da normativa e quase escolar subdivisão gramatical: discurso direto, discurso indireto e discurso indireto livre.[4]

Nos capítulos do livro indicado inicialmente, das diferentes formas de manifestação de discurso reportado, apenas o discurso direto é destacado nas análises dos textos escritos pelos alunos. Em um dos capítulos, Ferreiro analisa a pontuação e a organização textual. No capítulo 5, Ferreiro e Moreira analisam alguns tipos de repetição nas reescritas de *Chapeuzinho Vermelho*. Ainda que o discurso direto não seja o objeto específico de investigação das autoras, elas o justificam por duas razões. Em primeiro lugar, conforme Ferreiro, "quando se utiliza a pontuação no interior do texto, esta tende a se concentrar dentro e em torno dos fragmentos de discurso direto" (Ferreiro, 1996: 129), apesar de esse tipo de discurso reportado não ser determinante para a presença da pontuação nos textos dos alunos, como a própria autora reconhece. A segunda justificativa, apresentada no capítulo sobre as repetições lexicais, diz respeito ao diálogo canônico entre a Chapeuzinho e o Lobo disfarçado de vovó. Os achados de Ferreiro e de Ferreiro e Moreira destacam alguns pontos importantes para o estudo do discurso reportado em textos infantis. Um deles é a relação entre a presença de verbos introdutores em "entradas pospostas"[5] ao discurso direto e o "aumento na quantidade e variedade de pontuação" (Ferreiro, 1996: 142). Outro é o fato de ser "bastante razoável que [o escritor principiante] recorra a reiterações léxicas para marcar os limites da enunciação que põe na boca de seus personagens" (Ferreiro, Moreira, 1996: 168). Ou seja, nesse capítulo, as autoras apresentam vários fragmentos de textos infantis em português e espanhol, destacando que a repetição dos verbos declarativos teria como função "manter claramente os limites das palavras de 'outro' (que não é o narrador) dentro da narrativa, agregando ademais [...] uma distinção cuidadosa do falante e, às vezes, também do destinatário" (Ferreiro, 1996: 141).

Usando parte do mesmo *corpus*,[6] constituído pelas reescritas de *Chapeuzinho Vermelho* por alunos brasileiros da 1ª à 4ª série do ensino fundamental,[7] Soares (1999) e Figueiredo (1998) apresentam estudos iniciais sobre questões relacionadas especificamente aos discursos direto e indireto.

Soares discute a passagem do relato do narrador para o discurso direto das personagens, indicando a alta frequência com que os alunos lançam mão do que a autora chama de "transição direta"; isto é, ao apresentar o discurso direto dos personagens, os alunos o fazem sem introduzir sintaticamente (verbos *dicendi* ou *sentiendi*) ou gráfico-espacialmente (pontuação, troca de linha) a mudança de perspectiva enunciativa. Eles indicam a voz do personagem sem verbos introdutores; o leitor somente pode reconhecer "quem fala" a partir da mudança de flexões verbais, marcas pronominais, elementos dêiticos e/ou onomatopeicos. Quando há a presença de verbos introdutores de discurso direto, o verbo *dicendi* "dizer" predomina dentre os 11 tipos identificados. Porém, seu estudo indica que o nível de letramento do aluno pode interferir na diversidade dessas ocorrências. Os textos dos alunos da 1ª à 4ª série,[8] de classe média, apresentam um maior declínio da presença desse verbo e uma maior variedade de verbos *dicendi* em relação aos textos dos alunos de classe baixa.

O trabalho de Figueiredo propõe-se a "verificar a frequência do discurso indireto e analisar o conteúdo e a estrutura deste tipo de enunciação" (Figueiredo, 1998: 92) e chega às mesmas conclusões que Soares, afirmando que os alunos da "1ª série são os que produzem menos o discurso indireto, principalmente, em sua forma desenvolvida, preferindo a reduzida infinitiva", mas que, continua o autor, "a escolaridade influencia o uso do discurso indireto, pois a criança está mais exposta à leitura, à produção de textos e a tarefas, etc.".

Esses estudos psicolinguísticos, feitos a partir dos contos reescritos de *Chapeuzinho Vermelho*, tratam a emergência dos discursos direto e indireto no texto do escrevente novato (alunos dos anos iniciais do ensino fundamental) de um ponto de vista gramatical e normativo. Talvez pelo fato de o discurso reportado não ter sido o objeto de estudo desses autores, eles não tenham se preocupado em apresentar nenhuma reflexão sobre seu estatuto e os diferentes modos pelos quais ele pode se manifestar. Além disso, os autores dão pouco destaque para os usos feitos pelos alunos dos discursos direto e indireto e para o fato de haver um texto-modelo que, de certo modo, os alunos tentam reproduzir. Ou seja, a construção do discurso reportado já está circunscrita pelos personagens da história recontada, pela trama entre eles, por suas falas e pelas cenas mais importantes. O fato de se escrever um texto que se tem na memória talvez não permita generalizações desses achados para situações em que alunos inventam e escrevem narrativas ficcionais, nas quais não há nem personagens, nem falas, nem tramas definidas previamente.

Essa limitação dos trabalhos citados e a quase inexistência de estudos contrastivos envolvendo a produção de texto de alunos brasileiros e a de alunos de outro país são dois argumentos importantes para o investimento nesse campo de saber. Nossa investigação[9] pretende contribuir para a caracterização e a compreensão dos processos de apropriação do discurso reportado, entre alunos brasileiros e franceses, partindo de uma perspectiva teórica discursivo-enunciativa e sócio-histórica, cujo estatuto está intimamente relacionado a uma concepção dialógica do funcionamento da linguagem.[10]

Dialogismo e discurso reportado

Situamos nosso estudo sobre o discurso reportado no campo do dialogismo bakhtiniano. É na seção "Do discurso romanesco", do livro *Estética e teoria do romance*, de M. Bakhtin (1978), que encontramos alguns desenvolvimentos consagrados ao conceito de dialogismo. Nenhuma definição é dada por Bakhtin, mas a leitura dessa célebre seção deu lugar a duas importantes interpretações francesas: a de Jacqueline Authier-Revuz (1995) e a de Jacques Brès (2006), ambas destacando três tipos de dialogismo, a partir das distinções feitas pelo próprio Bakhtin. É impossível resumir o funcionamento e a complexidade dessa seção, mas nos reteremos em algumas passagens como ponto de partida para a compreensão de nosso trabalho. O diálogo foi estudado somente como forma composicional da estrutura da fala; mas a dialogização interior (tanto na réplica quanto no enunciado monológico) que penetra em toda a sua estrutura, em todos os seus estratos semânticos e expressivos, foi quase sempre ignorada. "O discurso nasce no diálogo como sua réplica viva e forma-se em uma ação dialógica mútua com a palavra do outro, no interior do objeto. O discurso conceitualiza seu objeto graças ao diálogo." (Bakhtin, 1978: 102-3, grifos nossos, tradução nossa).

É, portanto, essa ação dialógica com a fala do outro que serve de entrada para a nossa noção de discurso reportado. Sem distinguir, como o fez Bakhtin, entre dialogismo interior do objeto (isto é, o objeto do discurso penetrado antes de tudo pelos diferentes discursos que o precederam, dialogismo nomeado "interdiscursivo" nas análises de Brès) e dialogismo como resposta antecipada e interiorizada da fala do autor (ou dialogismo "interlocutivo", como ele também nomeia), reteremos as características fundamentais destacadas por Bakhtin nesta mesma seção.

Basta escutar e refletir sobre as falas que se ouve por todos os cantos para afirmar: no falar vivo de todo homem que vive em sociedade, ao menos a metade das palavras que se pronunciam são do outro (reconhecidas como tais), transmitidas em todos os graus possíveis de exatidão e de imparcialidade (ou mesmo, de parcialidade).

> [...] É indispensável notar o seguinte: a fala do outro efetivada em um contexto, por mais exata que seja sua transmissão, sofre sempre alguma modificação de sentido. O contexto que engloba a fala do outro cria um fundo dialógico, cuja influência pode ser muito importante. [...] A fala do outro, introduzida no contexto de um discurso, estabelece com o contexto que a consagra, não um contato mecânico, mas um amálgama químico (no plano do sentido e da expressão); o grau de influência mútua pelo diálogo pode ser bastante grande. Eis porque, quando se estuda as diferentes formas de transmissão do discurso do outro, não se pode separar o procedimento de elaboração deste discurso do procedimento de seu enquadramento contextual (dialógico): os dois procedimentos estão indissoluvelmente ligados. (Bakhtin, 1978: 158-159, tradução nossa)

O discurso reportado, quer seja a expressão da linguagem ordinária, quer seja representado em textos literários, é expressamente mencionado por Bakhtin como um fato de dialogismo, em razão do contexto que une e separa, ao mesmo tempo, duas enunciações. É, com efeito, dentro de um único enunciado que se encontram associadas duas enunciações emanadas de enunciadores distintos. O modo de associação, entretanto, é variável: no discurso direto, as enunciações são justapostas e o contraste das situações de enunciação se marca pelas modificações, afetando, gramaticalmente, o tempo, o modo e a pessoa. Mas os elementos de representação da palavra do outro no discurso direto podem acompanhar uma coloração de contextos, nos quais aparecem enunciados estrangeiros: por exemplo, a utilização de um léxico específico diferente das duas enunciações. Um exemplo notável nos é oferecido pelas onomatopeias que os jovens escreventes apresentam no discurso direto em textos que eles inventam (Calil,

Del Ré, 2009; Calil, 2008; Calil, Boré, 2011). Esse discurso "estrangeiro" é integrado pelos escreventes sem o verbo introdutor, em uma colisão violenta com as palavras do narrador, mas nós detectamos bem que se trata de palavras emprestadas das histórias em quadrinhos populares ("gibis").

Outro modo de associação é aquele do discurso indireto, que toma mais frequentemente uma forma sintática de subordinação,[11] cuja variedade de formas é muito extensa: de fato, o discurso indireto é o lugar de uma reapropriação das palavras do outro pelo enunciador e, correlativamente, como Bakhtin assinala, de uma deformação/assimilação desse "discurso do outro" (Authier-Revuz, 1995) pelo enunciador principal, que transmuta em suas próprias palavras, as palavras do outro, deixando, por vezes casualmente, expressões, com aspas ou não, pertencentes ao discurso reportado.[12]

Esse modo de fazer coabitar duas enunciações em uma só é menos visível do que acontece no discurso direto, mas ela ilustra uma forma de heterogeneidade "constitutiva" (Authier-Revuz, 1995) que pode se prolongar dentre inumeráveis ramificações. Por exemplo, uma das variações do discurso indireto é o discurso "narrativizado", que menciona somente o fato de que um ou vários enunciadores falaram e, portanto, não reportam senão um ato de fala; entretanto, há toda uma gama de possiblidades de representação desse ato: "eles discutiram sobre as férias durante horas", "eles se divertiram ao contar suas narrativas de férias", "eles ficaram emocionados evocando suas lembranças das férias", "eles trocaram confidências sobre suas férias" etc. Uma infinidade de variedade de perspectivas é aberta pelo enunciador, cuja subjetividade é aqui interpretativa do tom, da atmosfera e do contexto atribuído ao acontecimento de linguagem reportado.

Enfim, a representação mais célebre do dialogismo, encarnada no discurso reportado, encontra-se no que Bakhtin nomeou de "bivocalidade", que nós conhecemos sob a forma de "discurso indireto livre". Nas análises que se seguem, nós veremos que os jovens escreventes recorrem a elas, de um modo por vezes difícil de discernir, cada vez que a voz do enunciador principal e aquela do enunciador reportado se confundem, se superpõem, de forma que não se pode atribuir, de modo seguro, se é a voz do narrador ou do locutor representado. Por exemplo, "era uma vez uma mulher que queria uma criança". Isso diz respeito à mulher que diz "eu quero um filho" e cujo enunciado é reportado? Ou, então, é o enunciado do narrador que descreve o desejo da mulher? As duas vozes se confundem em uma mesma enunciação, marcada pela interpretação que lhe fará o leitor: a ambivalência manifesta aqui a fusão de duas vozes dentro de um mesmo enunciado, manifestação maior do dialogismo em funcionamento na língua e, sem dúvida, não deliberada pelo escrevente.

O discurso indireto livre foi analisado por Voloshinov (1929) em seu grande estudo sobre o discurso reportado.[13] Para ele, esse dialogismo é de natureza social, e não psicológica ou expressiva. "Não é a Palavra que é a expressão da pessoa interior, mas é a pessoa interior que é a Palavra expressada ou interiorizada. A Palavra é a expressão das trocas sociais, da interação." (Voloshinov [1929, 1930] 2010: 451, tradução nossa).

Essa concepção é bastante próxima das análises psicológicas de Lev Vygotsky, referentes à linguagem interior e sua socialização. Apresentaremos, aqui, brevemente, algumas hipóteses resultantes de trabalhos recentes sobre essa questão (Boré, 2009, 2010).

Retomando a tese vygotskyana segundo a qual a atividade da criança é modelada sobre e pelas relações com o outro, pelo intermédio da linguagem, assume-se que é no diálogo socializado, externo, face a face, que a criança começa suas primeiras aprendizagens simbólicas (Boré, 2010). Tudo o que lhe é enviado no curso da interação prática com o adulto ou com seus pares segue um caminho cognitivo, mas também sensitivo e mental, que se interioriza ao longo dos contatos repetidos. É isso que se passa quando a criança imita, inicialmente de modo externo, os diálogos com personagens mudos ou ausentes, como a boneca, o pequeno irmão que não está lá ou o cachorro que não pode responder. Pouco a pouco, esses diálogos podem ser antecipados, e imaginados silenciosamente. É a linguagem interior descrita por Vygotsky que começa, com a possibilidade de obter a resposta ou a reação do outro. O outro ausente se constitui, então, na figura com a qual podemos dialogar ou situar mentalmente. Não é somente às palavras do outro, mas à sua entonação, à sua pessoa inteira que a criança reage; e nós encontramos aqui o Bakhtin do dialogismo. Nesse estado, a criança é, segundo Vygotsky, capaz de utilizar os signos escritos por semiotizar sua experiência.

Os trabalhos do psicólogo americano Harris (2005) sobre a imaginação da criança reforçam essas análises. Nas histórias que contamos ou que lemos, a criança é capaz de imaginar uma situação (outro lugar, outro tempo) e ter reações que não são ditas; assim, por exemplo, em *Chapeuzinho Vermelho*, o lobo diz à vovó que ele é a Chapeuzinho Vermelho, mas o leitor sabe que ele não é e deve imaginar o que pensa a vovó, que vai abrir a porta para o lobo. Escutando essas histórias, a criança aprende a construir interiormente o ponto de vista de um outro, diferente do seu, e fazer jogar, assim, dois discursos distintos.

Na escrita, a possibilidade de contar uma história é mais difícil do que no oral, quando a réplica real do interlocutor relança o diálogo pela retomada "direta" das palavras do outro. O diálogo entre os personagens é, assim, uma nova etapa da entrada na escrita, interpretada como a projeção escrita do diálogo "egocêntrico" da criança, descrita por Vygotsky (Boré, 2010). Daí a hipótese seguinte: certos diálogos representados na escrita seriam a expressão de um conteúdo dialógico interno preexistente à construção de personagens; a troca verbal traduziria, assim, os movimentos conscientes sem individualizar verdadeiramente os personagens, ainda que possamos falar de uma dualidade de pontos de vista entre os escreventes.

De modo mais geral, não podemos imaginar um personagem sem representar igualmente sua linguagem, que o constitui. A representação de seu conteúdo, dialogal ou dialógico, conforme o caso, poderia ser aproximada da linguagem interior vygotskyana: os diálogos representados nas narrativas de ficção são os traços funcionais dessa linguagem, que apresenta analogias com o dialogismo bakhtiniano (Boré, 2009b). Assim, pode-se colocar a hipótese do estatuto do diálogo nos processos de invenção como traço de um dialogismo manifesto. É isso que permite dizer que o diálogo é "o motor da invenção" (Boré, 2009b).

Foram categorizadas várias formas de diálogo e de dialogismo no *corpus* estudado (Boré, 2010: 162): um dialogismo externo representado, que coloca em cena a voz de dois interlocutores pela voz do locutor principal; um diálogo direto representado sem hierarquia de vozes; um dialogismo interno representado, no qual o aluno se esforça em mostrar os pensamentos de um personagem falando para ele mesmo. Essas categorias encontram-se também em textos brasileiros (Calil, Boré, 2011).

No desenvolvimento que segue, analisa-se em detalhes a representação do diálogo em textos escritos por jovens alunos, indicando que a variedade e o número de diálogos representados poderia testemunhar sua capacidade de inventar histórias.

Contos etiológicos, propostas de produção e manuscritos escolares: o recorte sobre os enunciados de discurso reportado

O *corpus* composto pelos manuscritos brasileiros e franceses foi constituído a partir de situações de produção de textos similares e sob condições socioeconômicas equivalentes. Eles foram coletados entre os meses de março e julho de 2011, em duas salas de aula, uma brasileira e outra francesa, por alunos de mesma faixa etária (8 anos de idade), com acesso à cultura letrada veiculada através de literatura infantojuvenil, filmes, programas de televisão, jogos eletrônicos etc.

Em comum acordo com a equipe pedagógica de cada escola e assumindo uma concepção de ensino de língua materna apoiada em uma perspectiva sócio-histórica, o trabalho de leitura e produção textual favoreceu o letramento escolar e destacou o gênero textual "contos etiológicos" como referência para a produção dos alunos. A escolha desse gênero deu-se não só porque é um importante gênero da literatura infantojuvenil e presente em livros didáticos dos dois países, como indicam as lendas e os mitos que tais materiais comumente apresentam, mas também por serem narrativas ficcionais curtas, cuja temática está relacionada à explicação fantasiosa sobre as características de animais ou fenômenos da natureza, contada por um narrador, geralmente com a participação de personagens e diálogos entre eles.

Para que fosse garantida uma condução didática comum às duas salas de aula, foi elaborado um projeto didático com 20 contos etiológicos, quase todos encontrados na literatura infantil dos dois países.[14] As respectivas professoras eram orientadas a ler, semanalmente, pelo menos uma história e a solicitar produções de texto com tema livre ou título sugerido. Iremos analisar neste capítulo os manuscritos escolares produzidos em três propostas semelhantes, conforme indica a tabela a seguir.

Tabela 1: Propostas de produção textual nas escolas brasileira e francesa.

Produção textual nas escolas brasileira e francesa				
Proposta	**País**	**Data**	**Instruções**	**Manuscritos**
P1	BR	03.05.2011	Inventar uma história (tema livre)	7
	FR	10.03.2011	Inventar uma história (tema livre)	14
P2	BR	07.06.2011	Inventar uma história (tema livre)	6
	FR	20.06.2011	Inventar uma história (tema livre)	12
P3	BR	19.07.2011	Inventar uma história com o título "Por que o cachorro faz 'au-au' e o gato faz 'miau'?"	7
	FR	27.06.2011	Inventar uma história com o título "Por que o cachorro faz 'au-au' e o gato faz 'miau'?"	11
Total de Manuscritos				57

Das três propostas, as duas primeiras tiveram tema livre. Para a terceira proposta, os dois professores deram o mesmo título para seus alunos inventarem o texto. Em nossa coleta, obtiveram-se 57 manuscritos escolares, sendo 20 produzidos na escola brasileira e 37 na escola francesa. Essa diferença deve-se ao fato de haver mais alunos em uma sala do que em outra. Todos os manuscritos foram escritos em dupla.

Em razão de nosso objetivo, fizemos a transcrição normativa desses manuscritos, eliminando as rasuras, corrigindo problemas ortográficos e separação de palavras. A partir disso, pudemos estabelecer o número de palavras por manuscrito e por proposta. Como nosso foco de análise incide sobre o discurso reportado, consideramos aqueles enunciados que indicam um ato de enunciação, marcado pela voz do narrador ou de personagens. Identificamos, portanto, enunciados com discurso reportado (EDR) e alguns tipos de estrutura em que eles se manifestam. A seguir, apresentamos alguns exemplos para ajudar no entendimento de nossa análise.

Tabela 2: EDR e tipos de estrutura.

EDR e o tipo de estrutura que o acompanha			
Ma[15]	BR	Ma	FR
1.	Verbo introdutor *dicendi* + discurso indireto (VID + DI[16])		
001BR	a baleia pediu comida ao tubarão./[17]	016FR	le petit enfant demande [à sa mère][18] s'il pouvait devenir président[19].
2.	Verbo introdutor *dicendi* + discurso narrativizado (VID + DN)		

009BR	o / gato fez um acordo em libras com / a senhorita zebra.	011FR	et la lune commence à écrire une lettre / d'amour[20].
3.	Verbo introdutor dicendi + discurso direto (VID + DD)		
017BR	e o cachorro / disse [ao gato] – você quer me deixar com fome?	016FR	le président dit [au enfant]: tu est trop petit![21]
4.	Verbo introdutor *dicendi* + que + discurso indireto (VID + que + DI)		
002BR	aí, ela [a sra. Tartaruga] disse que só / com a estratégia do sol.	Ø	Ø
5.	Verbo introdutor *dicendi* + discurso indireto livre (VID + DIL)		
Ø	Ø	021FR	Il était une fois une femme qui n'avait pas d'enfant et / voulait des animaux comme enfants[22]
6.	Verbo introdutor *sentiendi* + discurso indireto (VIS + DI)		
008BR	[mas, não iriam aguentar ficar sem comer] e o rei o leão / ordenou fazer isso.	026FR	le petit homme pleuras de son arbre / qu'il avait fait.[23]
7.	Verbo introdutor *sentiendi* + discurso narrativizado (VIS + DN)		
009BR	a zebra ficou com muita / raiva do gato.	029FR	Et après, le chat et / le chien se disputait.[24]
8.	Verbo introdutor *sentiendi* + discurso direto (VIS + DD)		
Ø	Ø	023FR	[et un animal avait tremper sa patte dans l'eau] et cria – l'eau est bonne[25]
9.	Sem verbo introdutor + discurso direto (s/ VI + DD)		
002BR	[narrador/borboleta falando para a sra. Tartaruga] aí, ela – como / vou alcançar o sol se não sei voar.? / Se também não tenho asas e a senhora não / sabe colocá-las?	034FR	[narrateur en disant comme le chat parle] et – miaou, miaou.[26]
10.	Discurso direto (DD)		
007BR	[leão perguntando para sua mãe] – tá na hora do almoço, já, mamãe?	014FR	[la mère dit au enfant] Viens goûter!!!![27]
11.	Discurso direto + incisa com verbo *dicendi* (DD + iVD)		
016BR	[cachorro respondendo para o gato] está certo – disse o cachorro.	Ø	Ø
12.	Discurso direto + incisa com verbo *dicendi* + discurso direto (DD + iVD + DD)		
012BR	[coelho falando para a lebre] – já sei o que posso / fazer – disse o coelho – vou apostar uma / corrida com você.	Ø	Ø
13.	Discurso direto do narrador (DDn)		
Ø	Ø	024FR	[narrateur en parlent au lecteur] Et maintenant, / quand c'est qu'il y a des loups garous dans / LE coin, on fait attention.[28]
14.	Discurso indireto livre (DIL)		
Ø	Ø	005FR	et soudain quand il [l'homme préhistorique] a entendu un bruit! splatche!] C'était un / truc bizarre.[29]

Quantificaremos esses 14 tipos de EDR, comparando suas ocorrências com os manuscritos dos dois países, para que possamos observar suas semelhanças e diferenças.

Manuscritos brasileiros e manuscritos franceses: observações gerais

Para que possamos iniciar a comparação das ocorrências de verbos introdutores de DR e das formas de DD identificadas nos manuscritos escolares franceses (FR) e brasileiros (BR), faz-se necessário descrevermos algumas características gerais deste *corpus*. Uma primeira observação refere-se à quantidade de palavras por manuscrito.

Tabela 3: Quantidade de palavras por proposta BR e FR (todos os manuscritos).

Palavras por propostas BR e FR (todos os manuscritos)								
	BR				FR			
	Manuscritos	Palavras	Média	Mediana	Manuscritos	Palavras	Média	Mediana
P1	7	565	80,7	77	14	871	62,2	72
P2	6	599	99,8	85	12	953	79,4	74,5
P3	7	841	120,1	99	11	872	79,2	75
TT	**20**	**2005**	**100,2**	**87**	**37**	**2696**	**73,6**	**74,5**

O total de manuscritos FR é quase o dobro dos manuscritos BR em razão do número de alunos em cada sala de aula. Porém, os alunos brasileiros escrevem textos mais longos que os alunos franceses, como pode ser observado pela média e pela mediana de palavras por proposta. Em todas as propostas, a média e a mediana são maiores nos manuscritos BR. Esses manuscritos apresentam um número maior de palavras do que o total de palavras dos manuscritos FR, com uma diferença geral de quase 30%. Dizendo de modo mais preciso, a diferença entre a média de palavras do total de manuscritos BR e FR é de 26,6%, ou seja, considerando o total dos manuscritos BR há uma média de 100,2 palavras, enquanto no total dos manuscritos FR essa média cai para 73,6 palavras. Essa tendência se mantém se observarmos somente os manuscritos que apresentam DR.

Tabela 4: Quantidade de palavras por proposta BR e FR (manuscritos com DR).

Palavras por propostas BR e FR (somente os manuscritos com DR)								
	BR				FR			
	Manuscritos	Palavras	Média	Mediana	Manuscritos	Palavras	Média	Mediana
P1	3	293	97,6	82	4	331	82,7	79,5
P2	6	599	99,8	65	6	516	86	84,5
P3	7	931	133	100	10	606	60,6	59
TT	**16**	**1823**	**110,1**	**82,3**	**20**	**1453**	**76,4**	**79,5**

Um primeiro aspecto que se destaca na tabela 4 refere-se à quantidade de manuscritos com ocorrências de DR. A diferença entre eles diminui significativamente, havendo 16 manuscritos BR e 20 manuscritos FR, indicando uma importante quantidade de manuscritos FR sem ocorrência de DR: dos 37 manuscritos FR, apenas 17 apresentam DR, ou seja, quase a metade dos manuscritos FR (45,9%) não traz qualquer indicação do discurso do outro. Nos manuscritos BR, por sua vez, apenas 4 dentre os 20 manuscritos coletados (20%) não há ocorrência de DR.

Além dessa diferença, apesar de haver quase o mesmo número de manuscritos BR e FR com DR, pudemos identificar que houve, em relação à tabela 3, um aumento entre o número total de palavras dos manuscritos BR (média total de 110,1 palavras) e o número total de palavras dos manuscritos FR (média total de 76,4 palavras), perfazendo uma diferença de 33,7%. De fato, se compararmos as tabelas 3 e 4, temos interessantes resultados:

- Em todas as propostas, a média de palavras por manuscrito BR é maior do que a média de palavras por manuscrito FR.
- A média total de cada conjunto de manuscritos confirma essa tendência, havendo um aumento de 7,1% no número de palavras dos manuscritos BR, quando considerados somente aqueles que apresentam ocorrências de DR.

Tipos de estrutura de DR presentes nos manuscritos BR e FR

As formas de ocorrência do DR, apesar de os alunos serem escreventes novatos, é diversa. Encontramos 14 tipos (com variantes relativas à presença de gerúndios ou de modalização do verbo nas produções escritas francesas) que caracterizam esses DR.

Tabela 5: Tipos de DR nos manuscritos BR.

Tipos de DR nos manuscritos BR															
Pro	**Ma**	**1. VID + DI**	**2. VID + DN**	**3. VID + DD**	**4. VID + que + DI**	**5. VID + DIL**	**6. VIS + DI**	**7. VIS + DN**	**8. VIS + DD**	**9. s/VI + DD**	**10. DD**	**11. DD + iVD**	**12. DD + iVD + DD**	**13. DDn**	**14. DIL**	**TT**
P1	3	2	0	3	2	0	0	0	0	1	9	0	0	0	0	**17**
P2	6	4	3	13	0	0	2	0	0	0	4	0	1	0	0	**27**
P3	7	4	9	23	0	0	0	1	0	0	3	1	0	1	0	**42**
TT	**16**	**10**	**12**	**39**	**2**	**0**	**2**	**1**	**0**	**1**	**16**	**1**	**1**	**1**	**0**	**86**

Tabela 6: Tipos de DR nos manuscritos FR.

		Tipos de DR nos manuscritos FR														
Pro	**Ma**	**1. VID + DI**	**2. VID + DN**	**3. VID + DD**	**4. VID + que + DI**	**5. VID + DIL**	**6. VIS + DI**	**7. VIS + DN**	**8. VIS + DD**	**9. s/VI + DD**	**10. DD**	**11. DD + iVD**	**12. DD + iVD + DD**	**13. DDn**	**14. DIL**	**TT**
P1	4	1	2	8	0	1	0	0	0	0	2	0	0	0	3	**17**
P2	6	1	1	5	0	4	1	0	1	0	1	0	0	1	1	**16**
P3	10	5	0	24	0	1	0	1	0	1	5	0	0	0	0	**37**
TT	**20**	7	**3**	37	**0**	**6**	**1**	**1**	**1**	**1**	**8**	**0**	**0**	**1**	4	**70**

De acordo com as tabelas 5 e 6, há proporcionalmente mais enunciados de DR nos manuscritos BR do que nos manuscritos FR: no primeiro conjunto, existe uma relação de 16 manuscritos para 86 EDR, enquanto no segundo conjunto, uma relação de 20 manuscritos para 70 EDR. Esse dado coincide com o número maior de palavras por manuscrito indicado nas tabelas 3 e 4, sugerindo que há uma relação entre o tamanho do texto e a emergência de DR nesses contos inventados por alunos brasileiros.

Os 14 tipos de DR identificados é o resultado da soma dos dois conjuntos de manuscritos brasileiro e francês. Considerados separadamente, temos nos manuscritos BR somente 11 tipos de ocorrência de DR diferentes, não ocorrendo os tipos VID + DIL (coluna 5), VIS + DD (coluna 8) e DIL (coluna 14). Nos manuscritos FR também não houve a ocorrência de três tipos, porém com características diferentes em relação aos tipos dos manuscritos BR: VID + que + DD (coluna 4), DD + iVD (coluna 10) e DD + iVD + DD (coluna 12).

Entretanto, se considerarmos os tipos de maior ocorrência, há uma coincidência importante a destacar. Nos dois conjuntos temos uma alta incidência do tipo 3 (VID + DD), com 39 ocorrências para os manuscritos BR e 37 para os manuscritos FR, e do tipo 10 (DD), com 16 ocorrências para BR e 8 para os FR. Esses indicadores sugerem que tanto para os alunos brasileiros quanto para os alunos franceses o tipo de DR mais frequente é o DD, precedido, geralmente, de verbo introdutor *dicendi*. Resultado que confirma nossos achados (Boré, 2004a, 2004b, 2009a).

Esse ponto traz outra questão relevante para entendermos as diferenças e semelhanças de ocorrências de DR em narrativas ficcionais inventadas por alunos escreventes do Brasil e da França: quais são os verbos introdutores que caracterizam esses manuscritos?

Léxico referente aos verbos introdutores de discurso reportado (VIDR)

Considerando tanto os verbos *dicendi* e *sentiendi*, identificamos 25 ocorrências nos manuscritos brasileiros e 20 nos manuscritos franceses, com criações bastante interessantes nas duas línguas.

Tabela 7: Tipos de ocorrência lexical de VIDR em manuscritos BR e FR (verbos *dicendi* e *sentiendi*).

Tipos de ocorrência lexical de VIDR em manuscritos BR e FR			
N°	**BR**	**N°**	**FR**
1.	Ficar com muita raiva (com o sentido de "esbravejar")		
2.	dar um grito de guerra	**1.**	Crier
		2.	Prendre le cri "ouah ouah" (para "aboyer")
3.	Desculpar-se		
4.	Fazer (com o sentido de "falar")	**3.**	Faire
5.	Anunciar		
6.	Brigar	**4.**	Se disputer
7.	Chorar	**5.**	Pleurer de
8.	Falar		
9.	Decidir	**6.**	Décider
10.	Dizer	**7.**	Dire
11.	Comunicar-se		
12.	Dar uma dica (com o sentido de "sugerir")		
13.	Expulsar		
		8.	Vouloir (avoir l'intention de)
14.	Chamar	**9.**	Appeler
15.	Implorar		
		10.	En avoir assez de (verbo *sentiendi* envolvendo palavras)
		11.	En avoir marre
		12.	Imaginer (verbo de cognição)
		13.	Croire
16.	Mandar		
		14.	S'apercevoir (verbo de cognição)
17.	Ordenar		
18.	Pedir		
19.	Pensar	**15.**	Se dire (au sens de "penser")
20.	Perguntar	**16.**	Demander
21.	Reclamar	**17.**	Ne pas être d'accord
22.	Responder	**18.**	Répondre
23.	Fazer um acordo em libras	**19.**	Écrire une lettre (disant)
24.	Rezar		
25.	Ter uma ideia (com o sentido de "pensar")	**20.**	Trouver une idée

Nota-se uma diferença no número de verbos introdutores entre os manuscritos brasileiros e franceses (25 contra 20), mas o mais interessante é o número de equivalência (13 verbos são comuns ou equivalentes lexicalmente nas duas línguas). Seria necessário fazer um estudo sintático e semântico mais aprofundado para verificar a identidade da construção e do campo semântico dessas ocorrências. Mas o problema é delicado, porque esses jovens escreventes ainda são aprendizes de sua língua e, em certos casos, as formas empregadas são invenções lexicais que é preciso analisar (por vezes, interpretar), antes de categorizar.

Entretanto, podemos avançar várias hipóteses permitindo compreender as diferenças constatadas:

a) Maior diversidade VIDR na literatura infantil brasileira e, em particular, nos contos etiológicos lidos para os alunos do que na literatura francesa (essa grande diversidade poderia ser correlata à maior fluidez sintática do português em relação ao francês, na construção de frases com DR);
b) diferenças relacionadas ao currículo nacional de cada país e à prática didática[30] de cada professor;
c) manuscritos BR serem mais longos;
d) participação de um número maior de personagens por história;
e) maior presença de DD por história.

O fator *a* poderia ser verificado em um estudo específico, tomando como medida de referência e amostragem para análise os contos lidos aos alunos dos dois países e fazendo um inventário lexical dos VIDR e de suas construções. Em relação ao fator *b*, pouco podemos dizer a respeito, uma vez que exigiria uma metodologia e documentação diferente daquela que obtivemos para este estudo. Quanto ao fator *c*, já observamos que o fato de haver um número maior de palavras nos manuscritos brasileiros não se reflete no número de enunciados com DR nem especificamente em enunciados com verbo introdutor e DD. Tanto nos manuscritos BR quanto nos manuscritos FR encontramos uma quantidade similar de ocorrências de DD precedido ou não por verbo introdutor.

Nosso *corpus* oferece, contudo, condições de quantificarmos os dois últimos fatores da relação citada. Primeiramente, iremos indicar a presença de personagens.

Tabela 8: Quantidade de personagens por proposta BR e FR (manuscritos com DR).

Quantidade de personagens por proposta BR e FR (manuscritos com DR)								
	BR				FR			
	Manuscritos	Personagens	Média	Mediana	Manuscritos	Personagens	Média	Mediana
P1	3	10	3,3	2	4	16	4	4
P2	6	27	4,5	4	6	17	2,8	2
P3	7	25	3,6	3,5	10	37	3,7	3,5
TT	**16**	**62**	**3,8**	**3,5**	**20**	**70**	**3,5**	**3,5**

Há certa regularidade na quantidade de personagens nos manuscritos dos dois países. O número mediano de personagens é bastante semelhante, variando entre dois a quatro personagens por proposta. A média de personagens por manuscrito também está próxima: os 16 manuscritos BR apresentam uma média total de 3,8 personagens por manuscrito. Os 20 manuscritos FR trazem uma média total de 3,5 personagens. Esse dado indica que a quantidade de personagens não estaria interferindo nas ocorrências de VIDR.

Resta compararmos a quantidade de tipos de VIDR para verificarmos se há relação com a maior variação lexical apresentada pelos manuscritos BR. Para isso, retomaremos algumas informações das tabelas 3 e 4.

Tabela 9: Comparação entre os tipos de VIDR[31] nos manuscritos BR e FR.

Tipos de VIDR nos manuscritos BR e FR			
Tipo		BR	FR
1	VID + DI	10	7
2	VID + DN	12	3
3	VID + DD	39	37
4	VID + QUE + DI	2	0
5	VID + DIL	0	6
6	VIS + DI	2	1
7	VIS + DN	1	1
8	VIS + DD	0	1
TT		**66**	**56**

Das 86 ocorrências de DR indicadas na tabela 3 dos manuscritos BR, 66 delas envolvem a presença de verbos introdutores *dicendi* e *sentiendi*. Das 70 ocorrências de DR nos manuscritos FR, conforme a tabela 4, 56 delas trazem algum tipo de verbo introdutor. Isso resulta em porcentagens semelhantes para a ocorrência desses tipos de verbo relacionados ao DR, correspondendo, respectivamente, a 76,7% para os manuscritos brasileiros e 80% para os FR.

Essa pequena diferença de 3,3% entre as ocorrências de VIDR seria outro índice de que a diversidade lexical de VIDR não estaria relacionada diretamente à quantidade de ocorrências de DR. Tampouco estaria relacionada à quantidade de palavras por proposta, como já mencionamos anteriormente.

Essas observações levam-nos à hipótese de que a diferença teria alguma relação com as propriedade linguísticas dos textos literários que caracterizariam o gênero conto etiológico, mas uma verificação dessa hipótese deverá ser feita em trabalho futuro.

Considerações finais

Indicações significativas podem ser destacadas deste estudo comparativo.*

1) Sobre o plano quantitativo, constatamos que:

- As narrativas inventadas pelos alunos brasileiros são mais longas, havendo, em média, 26,6% mais palavras do que aquelas escritas pelos alunos franceses.
- Há um maior número de manuscritos BR com DR (80% dos manuscritos BR; 54,1% dos manuscritos FR).
- Quando comparados somente os dois conjuntos de manuscritos com DR, a diferença média de palavras por manuscrito aumenta em 7,3%, chegando a 33,7%.
- Esse aumento poderia indicar uma relação entre a quantidade de palavras e a quantidade de ocorrências de DR nos manuscritos BR.
- Essa relação entre quantidade de palavras e quantidade de DR pode ser ainda sugerida pela comparação entre o número de palavras nos manuscritos BR e FR que apresentam DR: nos dois conjuntos de manuscritos com ocorrência de DR há um aumento médio no número de palavras.

Tais constatações parecem sugerir que o trabalho de invenção é alimentado e ampliado pela presença de discurso reportado.

2) Sobre o plano qualitativo, o estudo mostra diferenças, ao mesmo tempo, na variedade e na natureza lexical dos verbos introdutores. Contudo, constatamos um emprego dominante do verbo "dizer" nos alunos brasileiros e franceses, e, sobretudo, um tipo de estrutura de discurso reportado dominante nos dois países: a ocorrência do discurso direto com verbo *dicendi* (VID + DD). Essa estrutura encontra-se, ainda, massivamente presente na proposta 3, cujo título "Por que o cachorro faz 'au-au' e o gato faz 'miau'?" dado pela instrução parece induzir o discurso direto.

Isso justificaria a presença de 23 e 24 EDR com a estrutura VID + DD nos manuscritos brasileiros e franceses, respectivamente.

* N.O.: A seguir, os autores apresentam considerações que contemplam aspectos quantitativos e qualitativos acerca do *corpus* analisado. Outrossim, esse procedimento remete às discussões que fazemos sobre metodologia em estudos de Aquisição da Linguagem na apresentação deste livro. Consultar também *Aquisição da linguagem: a singularidade, a recorrência, as generalizações* (Del Ré et al., 2014).

Esse dado parece estar relacionado ao quadro teórico que elaboramos: a estrutura dialogal do DD representado é uma reminiscência do discurso interior dialógico que permite à criança criar um universo ficcional, ao menos para as crianças dessa faixa etária.

3) Esses pontos devem, entretanto, ser confirmados por trabalhos posteriores. Com efeito, o presente estudo incide apenas sobre uma pequena amostra de manuscritos de alunos de uma única sala de aula de cada país. Evidentemente, a investigação deve ser alargada. Como observamos, muitas questões restam a investigar.

Uma das primeiras a ser desenvolvida seria aquela relativa ao gênero textual, o conto etiológico. Esse gênero é um subgênero da narrativa tradicional, mais curto e com foco explicativo – ou mesmo fantasista –, que é diversamente interpretado pelas crianças. A esse respeito, a apresentação que se faz sobre o plano didático é capital. Tal ponto deve ser aprofundado, principalmente sobre a recepção que fazem os jovens alunos, meninos e meninas, desse tipo de conto.

Além disso, esse tipo de conto é frequentemente traduzido, e os modelos de tradução que são oferecidos às crianças provavelmente diferem no Brasil e na França, principalmente no que concerne ao discurso reportado.

Para os contos etiológicos específicos de cada país comparado, observamos que são sobretudo as estruturas sintáticas, lexicais e semânticas dos verbos introdutores que devem ser sistematicamente estudadas e cruzadas com os tipos de verbo introdutor utilizados pelos alunos, a fim de conhecer precisamente as fontes de que dispõem os alunos dos dois países sobre o plano linguístico. A categorização movediça dos verbos *dicendi* e verbos *sentiendi* precisaria também ser mais bem definida.

Enfim, a própria classificação de tipos de estrutura de discurso reportado merece ainda ser discutida, pois as formas intermediárias utilizadas pelos alunos nem sempre se enquadram nas descrições sintáticas das gramáticas normativas. Os resultados deste estudo podem ser alinhados ao que foi encontrado por Ferreiro e Moreira (1996) e dão continuidade a uma discussão timidamente iniciada no campo dos estudos contrastivos em aquisição de linguagem escrita.

Notas

1 A partir de um aporte teórico psicolinguístico e psicogenético, os aspectos eleitos foram: segmentação de palavras, ortografia, pontuação e repetição lexical.

2 Provavelmente essa é uma das razões que justificariam o limitado investimento científico sobre esse objeto de estudo.

3 Consideramos escreventes novatos aqueles cuja prática de produção de texto é recente, isto é, alunos que acabaram de compreender o sistema de notação alfabética, mas ainda não têm estabilizadas a escrita ortográfica, a separação de palavras e as regras gramaticais. Esse critério envolve tanto alunos nos anos iniciais do ensino fundamental quanto alunos de Educação de Jovens e Adultos.

4 Para se poder observar a heterogeneidade própria das formas de manifestação do discurso relatado, inclusive seu caráter sócio-histórico, sugerimos a leitura de Rosier (2008).

[5] Considerando a entrada posposta um "recurso eminentemente literário", a autora usa a sigla EB para esse sintagma e o define como sendo a "menção do falante que, em vez de preceder o discurso direto, localiza-se depois deste". No exemplo dado pela autora, temos: "*aonde vai disse o lobo* (disse o lobo = EB), em vez de *o lobo disse aonde vai* (o lobo disse = E)" (Ferreiro, 1996: 141).

[6] Apesar de dois autores indicarem que esse *corpus* pertence à mesma base de dados usada no estudo contrastivo feito por Ferreiro e Moreira (1996), há divergências em relação ao modo como esses textos foram selecionados. Recortando do material coletado apenas os textos produzidos por alunos brasileiros, de classe baixa e de classe média de escolas públicas e particulares de Fortaleza (Ceará), em Soares (1999) constam 135 textos de alunos da 1ª à 3ª série. Em Figueiredo (1998), por sua vez, a análise incidiu sobre 123 textos de alunos da 1ª à 4ª série do ensino fundamental.

[7] Atualmente, como se sabe, essas séries escolares correspondem ao 2º, 3º e 4º anos do ensino fundamental, ou seja, período em que os alunos têm entre 7 e 9 anos de idade.

[8] Correspondem aos atuais 2º, 3º, 4º e 5º anos.

[9] Este estudo faz parte das investigações desenvolvidas pelo Laboratório do Manuscrito Escolar (LAME), da Universidade Federal de Alagoas, e contou com o apoio do CNPq, processo 454100/2012-4.

[10] Para uma reflexão sobre o uso do discurso direto em narrativas infantis, consultar o capítulo "Aquisição da escrita e gêneros do discurso", no presente livro.

[11] Em francês, principalmente com a subordinação por "que"; por exemplo: "ele disse que...". Mas também pelo infinitivo; por exemplo: "Ele lhe pediu para se calar".

[12] Authier-Revuz nomeia essa forma de "ilhotas textuais" (*îlots textuels*). Exemplo: "Ele disse que ele virá 'certamente'".

[13] Nos capítulos III e IV do livro *Le marxisme et la philosophie du langage*, traduzido para o francês por Patrick Sériot e Inna Tylkowski-Ageeva, encontramos as análises mais detalhadas, referentes à "orientação recíproca da fala do outro" e, em particular, no capítulo IV, sobre o "discurso indireto livre".

[14] Muitas das histórias lidas pela professora francesa faziam parte do livro *Les 365 Contes des pourquoi et des comment* (Bloch, 2007). Buscamos as versões correspondentes em português que também foram lidas para os alunos do Brasil. Isso permitiu um acesso aos mesmos textos, nas diferentes línguas. Algumas das histórias lidas também se encontravam no livro francês *Comment la nuit vint au monde et autres contes brésiliens* (Bloch, 2005).

[15] Ma = manuscrito.

[16] Todas as siglas que acompanham as tabelas indicam a categoria que lhe precede.

[17] A barra indica que o aluno mudou de linha.

[18] Os colchetes destacam o cotexto referente ao EDR, isto é, eles indicam para quem o narrador ou personagem está falando, sobre quem se está falando ou ainda recuperam o enunciado dito anteriormente, ao qual os elementos dêiticos ou o cotexto do EDR fazem remissão.

[19] A criança pergunta à mãe se ele pode ser presidente (tradução nossa).

[20] E a lua começa a escrever uma carta de amor (tradução nossa).

[21] O presidente diz à criança: você é muito pequeno (tradução nossa).

[22] Era uma vez, uma mulher que não tinha filho e queria animais como filhos (tradução nossa).

[23] E o pequeno homem chorou por sua árvore que ele havia feito (tradução nossa).

[24] E depois, o gato e o cachorro brigaram (tradução nossa).

[25] E um animal havia mergulhado sua pata na água e gritou – a água está boa (tradução nossa).

[26] Narrador dizendo como o gato fala e – miau miau (tradução nossa).

[27] A mãe diz à criança: venha provar! (tradução nossa).

[28] Narrador fala ao leitor: e agora, quando há lobisomens por aqui, é preciso ficar atento (tradução nossa).

[29] E de repente, quando ele (homem pré-histórico) escutou um barulho, bum! Foi uma coisa estranha (tradução nossa).

[30] Nessa escola brasileira de orientação construtivista, no 1º e 2º anos do ensino fundamental, não se enfatiza sistematicamente o aprendizado da gramática, da ortografia ou da caligrafia, deixando o aluno mais à vontade para escrever um texto, sem ter que se preocupar com esses aspectos, enquanto na escola francesa o ensino desses conteúdos faz parte de seu currículo oficial, desde o momento em que o aluno inicia o *Cours Preparatoire*, aos 6 anos de idade, momento bastante valorizado pelo treino motor e caligráfico.

[31] Nessa tabela não consideramos os tipos 9, 10 e 13 porque apresentam DD sem verbos introdutores. Os tipos 11, 12 e 14 apresentam verbos relacionados ao DD, mas sem a característica de "verbo introdutor". Esses também não foram considerados.

Bibliografia

AUTHIER-REVUZ, J. *Ces mots qui ne vont pas de soi, boucles réflexives et non-coïncidences du dire*. Paris: Larousse, 1995.

BAKHTIN, M. M. Du discours romanesque. *Esthétique et théorie du roman*. Paris: Gallimard, [1934, 1975]1978, pp. 83-233. (Collection bibliothèque des idées)

BLOCH, M. *Comment la nuit vint au monde et autres contes brésiliens (recueillis par Muriel Bloch)*. Paris: Naïve, 2005.

______. *Les 356 Contes des pourquoi et des comment*. Paris: Gallimard-Jeunesse, [1997] 2007. (Collection Giboulées)

BORÉ, C. L'écriture scolaire: langue, norme, "style": quelques exemples dans le discours rapporté. Revue *Linx*, n. 51, Université de Paris X-Nanterre, 2004a, pp. 91-106.

______. Discours rapportés dans les brouillons d'élèves: vrai dialogisme pour une polyphonie à construire. Revue *Pratiques*, n. 123-4, Polyphonie. Metz: CRESEF, Université de Metz, 2004b, pp. 143-69.

______. Remarques sur la ponctuation du discours direct chez Perrault et Mme. d'Aulnoy. Revue *Linx*, n. 60, Hommages à J. Anis Université Paris Ouest Nanterre la Défense, 2009a, pp. 47-66.

______. Le dialogue de fiction scolaire, moteur de l'invention. In: DUFAYS, J. L.; PLANE, S. (éds.). *L'écriture de fiction en classe de français*. Presses Universitaires de Namur, Cedocef, 2009b, pp. 189-210. (Collection Recherches en didactique du français)

______. *Modalités de la fiction dans l'écriture scolaire*. Préface de Frédéric François. Paris: Harmattan, 2010. (Collection Savoir et Formation)

BRÈS, J.; NOWAKOWSKA, A. Le sens et ses voix. Dialogisme: du principe à la matérialité discursive. PERRIN, L. (éd.). *Recherches linguistiques*, 28. Metz: Université de Metz, 2006, pp. 21-48.

CALIL, E. Cadernos de história: o que se repete em manuscritos de uma criança de seis anos?. In: GÓMEZ, A. C.; BLAS, V. S. (orgs.). *Mis primeiros pasos*: alfabetización, escuela y usos cotidianos de la escritura (siglos XIX y XX). Gijón: Trea, 2008, v. 1, pp. 55-70.

CALIL, E.; BORÉ, C. Annales du Congreso Internacional de la Asociacion de Linguistica y Filologia d'Amérique Latine (ALFAL). *Formas de discurso reportada em narrativas ficcionais escritas por alunos brasileiros e franceses*. Congrès de l'ALFAL. Alcala de Henares: Universidad de Alcala, 2011, pp. 2807-15.

CALIL, E.; DEL RÉ, A. Análise multimodal de uma história inventada: o caso da onomatopeia visual. *Revista da ANPOLL*, v. 2, 2009, pp. 12-38.

FERREIRO, E. Os limites do discurso: pontuação e organização textual. In: MOREIRA, Nadja R. (org.). *Chapeuzinho Vermelho aprende a escrever*: estudos psicolinguísticos comparativos em três línguas. São Paulo: Ática, 1996.

FERREIRO, E.; MOREIRA, Nadja Ribeiro. Trad. Nadja Ribeiro Moreira. As repetições e suas funções na evolução da construção textual. In: Nadja R. Moreira (org.). *Chapeuzinho vermelho aprende a escrever*: estudos psicolinguísticos comparativos em três línguas. São Paulo: Ática, 1996, pp. 158-89.

FIGUEIREDO, J. B. A reprodução de enunciação indireta em narrativas infantis. *Rev. de Letras*, n. 20, v. 1/2, jan./dez., 1998, pp. 91-102.

HARRIS, P. *L'imagination chez l'enfant*. Paris: Retz, 2000(2007).

MOREIRA, N. R. (org.). *Chapeuzinho Vermelho aprende a escrever*: estudos psicolinguísticos comparativos em três línguas. São Paulo: Ática, 1996.

ROSIER, L. *Le discours rapporté en français*. Paris: Ophrys, 2008.

SOARES, M. E. O desenvolvimento da habilidade de organização textual em língua escrita. *Letras de Hoje*, v. 34, n. 3, Porto Alegre, 1999, pp. 101-10.

VOLOSHINOV, V. N. *Le marxisme et la philosophie du langage*. Trad. Patrick Sériot et Inna Tylkowski-Ageeva, édition bilingue, chapitres III et IV. Limoges: Lambert-Lucas, [1929, 1930], 2010, pp. 385-466.

VYGOTSKI, L. S. *Pensée et langage*. Trad. F. Sève. Paris: La Dispute, [1934] 1997.

A narrativa: espaço de jogo, experiência(s) e reflexão

Frédéric François

Por que esse título?[1] Sem dúvida, em primeiro lugar, devido à polêmica contra a imagem de textos que constituiriam fatos incontestáveis independentemente de suas formas de recepção. Claro que há uma materialidade, uma "objetividade" do texto, composta por determinadas palavras, em determinada ordem. Mas essa "objetividade" é a mesma seja para aqueles que a entendem, para aqueles que não a entendem (por exemplo, por ignorância da língua), seja para aqueles que a "entendem" de forma diferente. Essa realidade objetiva não é um "texto", se reconhecermos que para ser um "texto" é preciso que ele "faça sentido". O que pressupõe que ele possa ser recebido desta ou de outra forma.

Então, por que falar de "texto"? Há dois aspectos distintos. Já se falou (e ainda se fala) de "narrativas". Mas duvido que haja uma definição clara, muito menos uma "essência" do que seja uma narrativa, que abrange, na verdade, desde a notícia policial até *Em Busca do Tempo Perdido*. Acima de tudo, parece-me que uma narrativa pode ser distinta de uma "narrativa pura". No caso dos textos de crianças aqui apresentados, vamos discutir a relação que pode haver entre a entrada da criança no jogo solitário do monólogo, como a primeira forma do espaço cultural de suspensão, e algumas das possíveis formas que uma narrativa pode ter, de acordo com as solicitações do adulto, assim como de acordo com os autores. Ou melhor, vamos nos voltar para *um* dos modos de se ler esses textos, para o diálogo que se pode estabelecer com eles, considerando-os, ao mesmo tempo, como retomadas culturais, como criações "literárias", como relações com a experiência e também como formas de se pensar. Nada impede que esses textos sejam, simultaneamente, "jogos", mas ainda assim "sérios".

Uma observação: no uso comum da linguagem, "texto" remete à "escrita". Não seria paradoxal ou tendencioso lidar com textos escritos em uma obra sobre a linguagem da criança? A resposta está ligada antes de tudo aos limites da minha capacidade. Nos anos que se passaram, muito tem sido feito para entender melhor a voz, a entonação, analisar a corporalidade da palavra, tarefa para a qual não me sinto nada competente. É por isso que escolhi apresentar, principalmente, os textos escritos por algumas crianças que estão no último ano da escola primária francesa (9-10 anos). Primeiro, pela razão contingente de que uma professora, Françoise Prax, colocou à minha disposição um conjunto de textos produzidos em suas aulas. Quero expressar aqui todo o meu agradecimento, também por todas as nossas discussões sobre o que podem "querer dizer" os textos infantis. Na verdade, esses textos parecem colocar em evidência uma dupla diversidade de que as crianças são capazes: diversidade segundo as instruções que lhes foram dadas e diversidade entre as crianças, mesmo que tenham "alguma coisa" em comum. Ao mesmo tempo, o que talvez seja mais importante, é a diversidade em termos de experiência subjacente a esses textos, bem como a relação entre experiência e discurso. No entanto, apresentarei, inicialmente, um pequeno trecho que me parece ilustrar o que pode ser a entrada de uma criança de 4 anos na condução do jogo específico do monólogo (oral) solitário, que ainda não possui as amarras da "comunicação habitual".[2] Trata-se de uma transcrição relativamente antiga, em que apenas as palavras estão presentes, sem as entonações ou os movimentos do corpo. Peço aos meus leitores que me desculpem. Mas acredito que o "movimento textual" aparece, apesar dessas ausências.

Em seguida, nos perguntaremos sobre os planos de sentido próprios a tal texto, ou melhor, à leitura de tal texto. É essa abertura para "espécies de sentido" que nos permite falar também de um *diálogo* que se manifesta de duas formas: a da *compreensão* e a da *interpretação*. É um *diálogo* especialmente se considerarmos que o que está em jogo não é o texto em si, mas a forma como ele será lido pelo leitor, o que sugere que a interpretação seria o trabalho de explicitação do que permanece implícito na simples leitura do texto e que tanto uma quanto a outra, em oposição ao conhecimento supostamente "verdadeiro" ou "definitivo", sempre pode ser retomada. Então, vamos usar palavras como *sentido* ou ainda *experiência*, *linguagem*, *texto*, *estilo* etc. sabendo que essas "grandes palavras", mais do que as palavras mais comuns, estão destinadas a mudar de sentido no decorrer das trocas.

O que não podemos/queremos fazer

Em primeiro lugar, não temos a intenção de expor, de forma definitiva, um método antes de utilizá-lo. Justamente porque correríamos o risco de ir contra a maneira pela qual nosso modo de leitura explícita (ou interpretação) "naturalmente" se modifica em função do encontro com um novo texto.

Além disso, evidentemente, os poucos textos que apresentaremos não constituem de modo algum uma "amostra representativa". É, pelo contrário, uma amostra necessariamente tendenciosa, limitada pelo número relativamente pequeno de textos de crianças aos quais tive acesso e, mais do que isso, restrito ao âmbito francófono.

Para não mencionar a especificidade do meio social relativamente rico no qual estão inseridas essas crianças e a cultura narrativa transmitida por essa professora.

Acrescento que outros projetos estão totalmente justificados, como o de tentar rastrear a evolução de uma criança ou de algumas crianças (embora esse método não possa lidar com grandes amostras). Mas eu duvido que possamos, nessa sucessão, falar de um "desenvolvimento" ou "progresso" unívocos. Primeiro, porque entre dois ou mais "textos" terá havido alterações de temas, de interlocutores, de condições materiais de comunicação. Especialmente, não sabemos, realmente, a história dessas crianças, o que as faz (ou não) serem diferentes entre si. Por isso é difícil traçar uma "gênese". Podemos certamente ver o que vem em primeiro lugar e o que vem a seguir, mas não podemos dizer, com segurança, que este fator ou aquele conjunto de fatores explicam o que aconteceu. A essa dificuldade de manter um discurso explicativo, soma-se a questão da quantidade do que é produzido e o que isso representa em termos de desenvolvimento. A menos que consideremos que o tamanho do texto ou frase, a riqueza do vocabulário, o número de conectores ou a utilização do discurso indireto constituem, necessariamente, "progresso". "Mais" não é necessariamente "melhor". Parece preferível se contentar em encontrar constantes e diferenças. De qualquer forma, uma criança é capaz de produzir narrativas, textos que os adultos não poderiam produzir: o "domínio textual" não pode ser normatizado como o domínio de uma ferramenta.

Já mencionamos que falar sobre o diálogo entre o texto e o receptor não significa que tenhamos um conceito claro do que seria esse diálogo. Talvez, no entanto, excluindo essa generalidade, possamos propor que o que importa em um diálogo, qualquer que seja ele, é que ele pressupõe previamente uma dada comunidade (por exemplo, de língua, de traços do mundo percebido, do que é, mais ou menos, a experiência de sentir medo ou de ser feliz). Isso implica, por outro lado, que sejamos capazes de receber o que é diferente de nós, o que, por exemplo, não tenhamos vivido ou imaginado. Com a dupla questão do que só pode ser dado pela linguagem (ou principalmente pela linguagem): o possível, o necessário, o ausente sem dúvida (ainda que sua presença possa ser sentida diretamente). Mas, acima de tudo, saber o que se torna uma experiência real ou imaginária quando ela é dita explicitamente (o que é distinto da maneira como a linguagem está, de alguma forma, presente na experiência em si, com exceção do início da vida). Gostaria de acrescentar que o "diálogo" com o texto não implica uma relação com o que possa ter sido a intenção do autor. Não podemos saber o que foi planejado, quais teriam sido suas rotinas, o que pode tê-lo surpreendido naquilo que lhe "veio à mente".

A única certeza que podemos ter é a de que os textos aqui apresentados não foram escritos por um computador. Mas quem pode dizer qual a relação existente entre o "sujeito que escreve" e o indivíduo que vive na multiplicidade dessas formas de existir? E, de qualquer maneira, eu não conheço as crianças em questão. E mesmo que as conhecesse, isso não me daria acesso ao processo da "criatividade": uma obra não é a manifestação de um sujeito, ela tem seu próprio modo de existência, por menor que seja sua relação com o leitor. Mas assim como não podemos ser claros sobre a natureza do diálogo, voltarmo-nos ao leitor não significa que ele possa ser claro consigo mesmo sobre o modo de explicação. Por exemplo, que ele possa determinar por que ele sente, percebe isso ou aquilo. Da mesma maneira, nenhum de nós sabe que modos de perceber nos são próprios, ou mais ou menos compartilhados com os seres humanos em geral ou com os membros de um determinado grupo, ou até que ponto cada um de nós lê ou não, da mesma forma, textos diferentes.

E agora, que perguntas fazer aos textos?

Antes de chegar aos textos, gostaria de recordar uma série de questões legítimas, mas que, seja pela falta de competência ou pela falta de espaço, não poderei desenvolver aqui. Em primeiro lugar, não aparece aqui a forma gráfica de fato produzida pelas crianças, mas uma transcrição. De qualquer forma, os textos originais apresentavam pouquíssimos erros de ortografia e praticamente nenhum que tivesse dificultado sua compreensão.

Em seguida, não consideramos aqui o que poderia ser chamado de "gramática do texto" (por oposição à gramática das frases isoladas). Insistimos especialmente no que faz a continuidade do texto, com um foco particular nas anáforas, na sucessão dos tempos gramaticais e nos conectivos. Também não há problema nos textos aqui citados no que concerne à manipulação de signos, os quais Weinrich (1973) chamava de "signos insistentes": se "em Paris" ou "esta manhã" aparecerem no início de um texto, isso continua a valer até que outro signo se sobreponha.

O que nos propomos a fazer

Em primeiro lugar, mais uma restrição: entre os temas que gostaríamos de abordar, há os que são muito abrangentes, e, portanto, deles podemos apenas vislumbrar alguns horizontes, mas não esgotá-los. É o caso de tudo o que se refere à forma como o sentido das palavras varia em função do contexto. Da mesma forma, não podemos esgotar o estudo da relação entre a temporalidade linear própria ao texto e a temporalidade própria ao que é apresentado pelo texto. Uma obra, seja ela apresentada ou lida, como realista ou de ficção, tem "certa relação" com uma experiência real ou possível. Uma "experiência real" é multissensorial, multidimensional, em movimento, plural, no mínimo "difícil de dizer". Um texto é, ao contrário, em primeiro lugar, linear em sua forma e composto por unidades discretas. A relação entre a experiência e o texto não pode ser pressuposta. E, depois, a experiência continua, mesmo que a narrativa pare. Não saberia dizer o que é, de um modo geral, uma "boa narrativa". De qualquer forma, não pode ser uma cópia, palavra por palavra, do real.

Enfim, impõe-se o conjunto (heteróclito) de todo ausente que deve ou pode ser convocado na recepção do texto (sem que se tente resolver, "na teoria", a questão da relação dessa "ausência" com o pano de fundo que podemos assumir do autor). Impõe-se ao menos aquilo que *deve* estar presente no leitor para que ele compreenda o texto. E, em seguida, tudo que o texto, além do que diz explicitamente, *pode* fazer pensar, sentir da "realidade" (o que inclui o irreal do passado, do futuro, os medos, as esperanças com as quais lidamos...). É, sem dúvida, nessa abertura do texto para outros horizontes, outras combinações, que a diferença entre aqueles que o percebem é mais óbvia.

Três aspectos serão considerados aqui em correlação. Em primeiro lugar, um texto é um conjunto. Daí a "obrigação" (razoável?) de se perguntar sobre como o fato de pertencer a esse conjunto modifica a forma de significação que será a de cada item apresentado separadamente ou em outro contexto. Haveria aí um "movimento" de estabelecimento dos aspectos locais do texto no texto geral. Em seguida, uma vez que o papel do conjunto tenha sido considerado, retorna-se aos movimentos locais – que a nossa leitura isola – na medida em que eles dão uma forma concreta à aparência do conjunto. Por exemplo, pode-se impor a cada movimento local a unidade temática ou, ao contrário, uma livre circulação de temas. E, então, uma narrativa pode ser composta por uma sucessão de acontecimentos ou, ao contrário, incluir parênteses, explicitações, perguntas. Essa não é, obviamente, uma dicotomia rígida: digamos que haja antes textos que tendem à homogeneidade de modos discursivos e textos que demonstram a heterogeneidade. Essa dupla consideração é, sem dúvida, constitutiva do que chamamos, na maioria das vezes, de "interpretação". Claro que, mais uma vez, tudo depende do diálogo, que é um modo de leitura: os movimentos estão "na" ou "para" nossa leitura, e não na materialidade do texto; quando leio/lemos (a associação desses termos não significa que eu possa partir de mim para os outros, mas, sim, que nunca sabemos o que é específico de cada um de nós e o que não é) algo que é materialmente uma sucessão de palavras ou de enunciados, percebemos movimentos, estilos, modos, diferenças de ênfase. Por oposição ao que é *dito*, no sentido estrito, em um texto, o que os movimentos indicam, esboçam nele? Não há apenas a questão dos movimentos do texto, mas também daquilo que eles nos fazem pensar. Por exemplo, o problema para qualquer adulto do que significa ser criança e as percepções que não podem mais ser as de um adulto, mas que o são, de qualquer forma, pela leitura que ele faz. Cabe aqui uma explicação: "associação" significa de um modo geral uma possibilidade de passar do movimento lido no texto do outro para o nosso próprio movimento de atualização do ausente, não apenas em função de relações limitadas propostas pela "teoria da associação". E, se a grande palavra "literatura" tem um sentido, não é que estamos aqui em um lugar onde esses modos de presença da ausência se desenvolvem mais ou menos livremente em nós, a partir do que nos sugerem os movimentos do texto da criança, nos discursos práticos ou naqueles que devem "dizer a verdade". O livre jogo/associação vale mais que uma separação estrita entre o que seria "discurso da realidade" e "ficção".

Essas considerações indicam, parece-me, o sentido daquilo que podemos entender aqui como "interpretação". Isso incide mais especificamente sobre os significados do texto que desaparecem em uma paráfrase, em um resumo. O que leva a outra pergunta: esses significados definidos podem ser sentidos de qualquer forma? O que acontecerá quando, com maior ou menor peso, tentarmos, nós mesmos, dar-lhes uma forma? Fica a cargo dos leitores responder.

Finalmente, uma vez que vamos apresentar alguns textos que têm como ponto de partida a mesma instrução, é "natural" compará-los, de forma mais ou menos sistemática (observando que, ao contrário dos leitores deste capítulo, tive a vantagem de poder ler todos os textos da classe não reproduzidos aqui), e também comparar os efeitos de diferentes tarefas. Assim, os textos das crianças aqui reunidos são, mais ou menos, narrativas. Porém o importante é a diferença na forma como são narrativas, ou melhor, são recebidos como narrativas. Nesse sentido, meu diálogo com eles será organizado como um diálogo entre eles, já que não podemos comparar esses textos nem à experiência que eles evocam nem ao que seria uma norma, uma "essência" de uma boa narrativa. De qualquer forma, uma narrativa não deve obrigatoriamente começar com a indicação de uma situação, mesmo que ela continue com acontecimentos e que termine com uma conclusão.

Duas questões finais. Esses poucos textos não são "exemplos" destinados a ilustrar uma teoria. São utilizados justamente porque chamaram a minha atenção naquilo que podem ter de específico. Como encontro. Também pela oportunidade que eles nos proporcionaram de poder compará-los para mostrar o que há de comum e diferente na minha/nossa forma de lê-los (não universal ou específica). O que nos fez, espero, sair, pelo menos parcialmente, da dicotomia: ou leitura "subjetiva" ou conhecimento explicativo.

Dito isso, resta um duplo desafio. Primeiro, este texto (como os textos das crianças) foi escrito em francês e será lido em português (do Brasil). Segundo, imagino que a grande maioria dos leitores não terá a mesma idade do autor e, em particular, terá outras referências culturais. Como pode ser visto na bibliografia, as minhas são bastante antigas. Em todo caso, para evitar qualquer eventual desapontamento, anuncio que este não é um trabalho "científico". Mas, de qualquer forma, duvido que possamos ou que devamos dar a uma reflexão sobre a leitura de textos uma forma séria, de verificabilidade, de generalidade, formas que são, geralmente, atribuídas a textos científicos. Digamos que se trata de um ensaio.

Seja qual for o caso, espero que meu diálogo com esses textos possa ser também um diálogo com outras perspectivas abertas aos leitores.

Texto 1 – Alguns trechos de dois monólogos orais precoces

Antes de discutir os textos escritos que são o meu foco neste capítulo, apresento dois trechos de monólogos de uma menina de 4 anos. Ao contrário dos textos escolares, esses monólogos não são, evidentemente, respostas a tarefas; eram muito longos para serem apresentados aqui em sua totalidade. A inevitável arbitrariedade do recorte torna mais difícil destacar o que pode ser característico de diferentes momentos de cada texto. Dito isso, encontramos aqui o que irá aparecer, penso eu, mais tarde: textos com conteúdos diferentes, que se organizam, também, mais ou menos diferentemente, do ponto de vista das formas discursivas. Ou melhor, como não se trata de causa e efeito, os estilos de cada sujeito variam de acordo com o que ele fala, aquilo que ele coloca em movimento.

E esses monólogos solitários, estudados, que eu saiba, pela primeira vez, por Ruth Weir (1962), mostram a precocidade de um "espaço de suspensão" em que o pensamento linguageiro se desenvolve livremente, no qual, entre outras coisas, a violência ou a morte não têm as consequências reais que exibem na "vida real". Daí a necessidade de considerar, antes de a linguagem se tornar interior (independentemente do valor dessa metáfora), o momento em que ela se mostra no exterior, mas na forma de jogo solitário. Acrescento que esses monólogos nos lembram – como se fosse necessário – de que, na sua relação com a linguagem, as crianças não vão "do simples ao complexo".

Os trechos dos dois monólogos que trazemos, aqui, são distintos, o que permite elaborar a dupla comparação do que é constante ou varia em cada um ou entre os dois monólogos. Parece-me preferível comentar aqui o que destacamos em termos de episódios temáticos (recorte certamente discutível) em seu desenvolvimento, sem retornar (ou voltando o menos possível) ao que é recorrente. Mesmo que isso nos leve a comentar mais detalhadamente o início do que a continuação.

Texto I (indicamos por letras o que parece poder ser apontado como representante dos "episódios" tematicamente diferenciados). Em ambos os textos, iniciamos relatando os inícios das gravações transcritas:

<table>
<tr>
<td>a) voilà j'ai rattrapé ça dans l'eau //[3]
voilà j'ai rattrapé ça… ah non c'est mon copain / voilà j'ai rattrapé ça / ah non c'est mon copain! //
oh j'ai attrapé un canard /ça va canard? / oui coin coin / mais c'est peut-être mon copain! //
d'accord / non mais c'est un vrai hein c'est un vrai //
ouais ouais c'est un vrai j'ai rien dit hein /j'ai pas dit ferme ta bouche j'ai rien dit oh non j'ai rien dit oh non…? //
mais mais mais mais mais mais mais mais / j'ai dit mes jouets!/ je vais chercher mes jouets</td>
<td>a) olha peguei esse na água //
olha peguei esse ... ah não, é o meu namorado/ olha peguei esse / ah não é meu namorado! //
oh eu peguei um pato / tudo bem pato? / sim qua qua qua / mas pode ser meu namorado!//
certo / não, mas é um de verdade hein é um de verdade / /
sim sim é um de verdade eu não disse nada hein / eu não disse nada cala a boca, eu não disse nada oh não eu não disse ah não...? / //
mas mas mas mas mas mas mas mas / eu disse meus brinquedos! / vou procurar meus brinquedos</td>
</tr>
</table>

Em primeiro lugar, não estamos "no real": o que chamaremos aqui de "autor" fala desse real, mas não pegou nada na água "de verdade". Por outro lado, ainda na ficção, ele se corrige: de alguma forma, nesse espaço de jogo, é possível fazer um número maior de correções do que no "mundo real". Além disso, essas correções podem, por sua vez, ser totalmente retificadas: primeiro foi ele quem pegou o objeto inicialmente desconhecido, que, em seguida, se torna um pato (primeiro movimento discursivo a ser ressaltado, um exemplo de jogo com a linguagem que seria difícil ou impossível de praticar no mundo da ação). Em seguida, o diálogo consigo mesmo, que será um dos organizadores dominantes do que possui, aliás, a forma monologal, torna possível que ele seja seu namorado (que não precisa ser mais especificado), afirmação por sua vez modalizada por "Pode ser meu namorado". O que introduz, em seguida, o diálogo com o pato: "Tudo bem pato? Sim qua qua". Então vem um duplo "metadiscurso retificado". Aquele no qual o "certo" é corrigido pelo "não mas é um de verdade hein é um de verdade". Em seguida, um trecho no qual se afirma quatro vezes, de maneiras diferentes, que ele não disse nada. Finalmente, uma correção, marcada pela repetição (oito vezes) de *mas* e a indicação que apresenta uma mudança de tema: "Eu disse meus brinquedos / Vou procurar meus brinquedos".

Parece-me que podemos propor aqui duas reflexões, que serão válidas para os demais textos (e não apenas para os desta criança). Em primeiro lugar, percebo que seria estranho querer determinar o "gênero" desse texto. Certamente seu autor "brinca" e, como Freud (1910) observou no famoso artigo sobre "a criação literária e o sonho desperto", nada é mais sério do que este jogo. Podemos dizer que se trata de uma narrativa, já que nos é apresentada uma sucessão de acontecimentos. Mas, ao mesmo tempo, esses eventos não são contados. Eles só existem através do discurso. E esse jogo-evento ocorre por meio de diálogos, correções que fazem a criança emprestar a sua voz para os outros (como, no início do texto, aos patos). Outro organizador dominante é a repetição, com ou sem variações (como de *pegar*, de *namorado,* de *é um de verdade*, de *mas*). Mas há, igualmente, uma multiplicidade de "pontos de vista" que promovem, particularmente, a repetição da negação do tema "Eu não disse nada". Finalmente, há a mudança do texto no decorrer do seu desenvolvimento (mudança esta imperfeitamente captada considerando-se o limitado número de trechos aqui apresentados). Portanto, há, certamente, algo de "genérico" nesse texto (como em qualquer texto?). Assim como há elementos que caracterizam um monólogo oral ou a diversidade de posições discursivas. Mas não parece haver vantagens em se chamar de "gêneros" esses aspectos genéricos recorrentes.

Do mesmo modo, deve-se questionar sobre as diferentes formas possíveis de se "entender" um determinado texto. Aqueles que estavam familiarizados com essa criança poderiam, com certeza, saber o porquê desse tema (aqui os patos, mais adiante o algodão-doce ou os *waffles*, aparecem). Não há como saber. Da mesma forma só é possível constatar a sequência dos enunciados, não prevê-la ou mesmo dar conta dela. Em outras palavras, não é possível compreender exatamente o que significa "poder perceber por que razão é assim e não de outra forma". Mas de que obra, texto, quadro, trecho de música seríamos, nós, capazes de dizer "por que é assim e não de outra forma"? Podemos observar que existem diálogos, perguntas, correções, repetições, e que esse conjunto se impõe, tem uma força-sentido que nos toca de alguma forma, que nós somos tomados pelo movimento do texto, que certamente não poderíamos ter produzido. Não é isso, em geral, o que caracteriza a recepção de um romance ou de um poema? Com o acréscimo (ao menos para mim) da admiração pela liberdade de brincar dessa criança e o prazer que ela me proporciona.

b) hein heu attends mes enfants /ah ouais je rejoue comme l'autre fois la barbe papa / alors vous voulez quoi madame / une barbe papa pour mon p'ti bébé/ d'accord d'accord on va la faire madame / oui j'arrive attends bébé /…? // (*marmonné*) oui ça va arriver tout de suite /tout d'suite tout d'suite oh ouais tout d'suite oh ouais tout d'suite mais attendez cinq minutes… mais quand même… c'est pas grave non c'est pas grave… mais oui… Mais oui… c'est pas grave c'est pas grave /// (*bruits*) heu oui, elle est tout d'suite prête / y'a tout c'qui faut / attendez madame cinq minutes / encore cinq minutes / euh mais bon / oui j'arrive j'arrive // (*marmonné +bruit d'eau…*)… (*ensuite préparation d'une gaufre sur le même régime d'interpellation*)	b) aham esperem meus filhos / ah sim repito como da última vez o algodão-doce /, então o que a senhora gostaria madame /algodão-doce para o meu bebezinho / certo certo vamos fazer senhora / sim está quase pronto espera bebê / ...? // (*murmurando*) sim está quase pronto / quase quase ah sim quase ah sim quase mas espera cinco minutos ... mas tudo bem ... não tem problema não tem problema ... mas claro ... Mas claro... tudo bem tudo bem /// (*ruídos*) ah, sim, tá quase pronto / tem tudo o que a gente precisa / espera cinco minutos madame / mais cinco minutos / oh mas bem / sim está quase está quase/ / (*murmuro + som de água...*) ... (*em seguida, a preparação de um* waffle *no mesmo sistema de interpelação*)

Aqui encontramos a mesma diversidade de posições discursivas, começando com a "metadiscursiva": *repito como da última vez o algodão-doce*, em seguida o "diálogo a uma só voz" (se não me engano) no qual a cliente está presente, mas apenas o vendedor fala de fato, atribuindo um tom sério à necessidade de esperar – algo que eu acho cômico.

c) heu là c'est tout à fait c'que j'veux hein/y'a tout c'qui faut madame pour vous! / y'a tout c'qui faut madame... pour vous! y'a tout c'qui faut madame... pour vous!/y'a du shampooing là...pas de shampoing mais... des trucs / ah là là vous vous taisez enfin!/ j'en ai rien à fout'à vot bébé hein / si... si... si vous... vous... vous me donnez une tape je vais (...?) me tout de suite un gros bâton pour vous tuer / tout de suite / un pistolet pour vous tuer / un pistolet pour vous tuer /alors arrêtez hein! / c'est pas une raison de... de taper / attention gare à vos fesses madame / (*bruits*) elle va arriver (bruits) elle va arriver tout de suite (bruits)/ attendez un p'ti peu / ça va arriver (bruits) / oui elles sont très bonnes très très bonnes mes barbes papa/ ça va arriver / attendez cinq minutes quand même / pas longtemps / ... *(ici reprise du thème de la barbe à papa)* au revoir madame au revoir au revoir hein /	c) āh está certo o que quero āh / temos tudo o que precisar, madame, para a senhora! / temos tudo o que precisar, madame...para a senhora! temos tudo o que precisar, madame...para a senhora! tem xampu ... não tem xampu, mas ... coisas / ah você finalmente calou a boca! / não tô nem aí para o seu bebê eh / se ... se ... se você ... você ... você bate em mim eu vou (...?) pego logo um bastão para te matar / pego logo / uma arma para te matar / uma arma para te matar / agora para hein! / não é razão para... para bater / preste atenção / (*ruído*) tá quase pronto (ruído) / tá quase pronto mesmo (ruído) / espera um pouquinho / tá quase pronto (ruído) / sim, são muito bons muito bons meus algodões doces / tá quase pronto / espera cinco minutos no máximo / quase nada / ... (*aqui retomando o tema de algodão-doce*) tchau senhora tchau tchau hein /

Por que *tudo o que a senhora precisar* admite o aparecimento inesperado (irrupção) do *xampu*, que é imediatamente negado? Não sabemos. Parece-me, de qualquer forma, seguindo a análise de Freud em *Le mot d'esprit et ses rapports avec l'inconscient*, que se pode considerar que os dois primeiros episódios mostram sobretudo um prazer "inocente" do jogo livre da linguagem, da repetição de fórmulas. Enquanto o surgimento da ameaça de violência e de palavras mais ou menos proibidas, *não tô nem aí* e *preste atenção* estaria mais ligado ao prazer "tendencioso", que se manifesta na ocasião do primeiro prazer (qualquer que seja a ideia que tenhamos, além disso, da natureza das "tendências" supostamente subjacente a esses dois prazeres).

d) alors quoi bébé quoi quoi quoi quoi? / tu sais mon papa une fois /quand on était allés à la crèche... pi à la crèche j'ai fait un beau dessin pour toi maman / pour toi maman / mais c'est très bien bébé / un beau dessin pour moi! //mais c'est très bien/ attends hein que j'fais... (*de nouveau ici un long retour sur la marchande et la barbe à papa*)	d) então o que bebê o que o que o que o que? / você conheceu meu pai uma vez / quando fomos ao berçário... uh, no berçário eu fiz um desenho lindo para você mamãe / para você mamãe / mas é muito bonito bebê / um desenho lindo para mim! / mas é muito bonito / espera que eu faço hein ... *(novamente aqui um grande retorno ao vendedor e ao algodão-doce)*

Só podemos constatar que, nesse monólogo, surge outro tema, mais recorrente no que se refere às situações com crianças: trazer um desenho para os pais (aqui, a mãe, o pai começam a aparecer, e em seguida desaparecem) e receber elogios. Não posso garantir que o discurso materno aqui retomado tenha sido proferido exatamente dessa forma. Acredito, sem ter certeza, que o vocativo *bebê* remete ao passado da creche e que a criança está, quando pronuncia essas palavras, no jardim de infância.

Texto II

a) Pan! / le petit oiseau... (*voix tremblée)* y'en a un qu'est mort (*ton apitoyé*) / je sais plus comment faire / oh je.../ je vais vous emmener dans ma maison / je vais vous mettre dans ma cage où l'à de l'eau / j'ai un petit peu peur que vous soit mort/au secours/ aidez-moi // je sais pas comment faire avec vous // cui cui cui cui viens viens / t'as vu mes oiseux i parlent / i dit viens viens viens / viens / oui je viens / ...ton bec /	a) Pá! / o passarinho... (*voz trêmula)* tem um que morreu (*tom de pena*) / eu não sei como fazer / ah eu... /vou levar vocês pra minha casa / colocarei vocês na minha gaiola onde tem água / estou um pouquinho preocupada que vocês estejam mortos / socorro / me ajuda // não sei o que devo fazer com vocês // piu piu piu piu vem vem / você viu meus pássaros eles falam / eles dizem vem vem vem / vem / sim, eu vou / ... seu bico /

Em primeiro lugar, uma questão: mesmo que não seja possível perceber em uma primeira leitura, parece que o *vocês* se dirige "especificamente" a um único pássaro. E, o que é mais complicado, ele está de fato morto como dito no início ou a morte é apenas um temor? Ainda assim, há um elemento de "interpretação referencial" fornecido pela redatora: a água introduzida na ficção é a do banho em que criança está "de verdade". Em todo caso, o *pá pá* refere-se à caça, então será uma questão de abrigar a vítima em uma casa ou em uma gaiola. Ainda assim, a partir de *você viu*..., os pássaros são definitivamente plurais. Ao mesmo tempo, além disso, passamos do tema da morte do pássaro aos pássaros que falam.

b) non mais j'vais téléphoner moi / arrête hein / attends attends / allo je voulais le ca... d'accord / allo je voulais je voudrais le clavier de Valérie/ d'accord / je pourrai la rappeler tout à l'heure / non parce qu'elle sera partie en vacances / **non parce qu'elle sera partie en vacances** (*grosse voix adulte*) / ah bon oh merde / alors heu... au revoir au revoir monsieur/ alors quoi / alors quoi tu veux me dire quoi / non c'est pas méchant / t'as voulu dire que que quoi au téléphone // ...	b) não, mas eu vou ligar / para ãh / espera espera / alô gostaria de... certo / alô eu queria eu gostaria o teclado de Valérie/ certo / eu poderia lembrá-la agora / não porque ela está saindo de férias **/ não porque ela está saindo de férias** (*voz grave adulta*) / ah bem ah merda / então uh... tchau tchau senhor / então o que/ então o que você quer me dizer o que / não, não é mal / você quis dizer que que o que ao telefone // ...

Aqui, uma "interrupção associativa" sobre o tema do telefonema que o receptor poderia eventualmente, por temer ser incoerente, relacionar com o tema do pedido de ajuda. Em seguida, uma passagem em que o passarinho está, com certeza, apenas ferido. Vem então:

c) oh je t'ai blessé / quelle merde / je vais mourir/ je vais aller morte bientôt/quand Caroline va m'voir elle va on va s'marier tellement j'vais aller belle quand j'vais aller morte / vous savez les enfants / j'vais mourir alors....cui cui réveille toi cui cui faut l'emmener à l'hôpital / appelez les policiers / allons venez /les policiers cui cui la fille qui nous garde et qui est morte/ c'est vrai / venez /merci les gardes / i vont me mettre à l'hôpital /d'accord monsieur de ne (?) hôpital / je suis triste que tous mes oiseaux sont malades et sauf toi qui es pas malade //	c) oh eu te machuquei / que droga/ vou morrer / vou ficar morta daqui a pouco / quando a Caroline me ver ela vai nós vamos nos casar vou ficar tão bonita quando ficar morta/ vocês* sabem crianças / vou morrer então... piu piu acorda piu piu precisa levá-la ao hospital / chame os policiais / vamos venham / os policiais piu piu a moça que cuida da gente e que está morta / é verdade / venham/ obrigado guardas/ eles vão me colocar no hospital / tudo bem senhor de não (?) hospital / eu estou triste que todos os meus pássaros estão doentes, menos você que não está doente / /

Nos episódios vistos até agora, foi possível identificar mais ou menos (com dúvida sobre a identificação de *você(s)* pássaro(s), plural ou não) o tema em questão.

* N. T.: O pronome "vous" em francês pode referir-se a uma pessoa, de maneira mais formal, ou mais de uma. Nesse caso, não há como saber se a criança se refere a uma ou mais pessoas.

Aqui, ao contrário, com o tema da morte, a referência se funde: *o pássaro, eu, a moça que cuida da gente*; se misturam, igualmente, no que diz respeito ao(s) pássaro(s), a série "morto", "machucado", "doente", com a dos adultos que socorrem (?) "guardas", "policiais", "o tema do hospital"; tudo misturado com o tema do casamento na forma de *estar tão bonita quando eu estiver morta* em que o autor remete à leitura do livro *A Bela Adormecida no Bosque*, dos contos de Charles Perrault, em versão publicada em 1697. Na história do vendedor de algodão-doce, a associação e as mudanças de papel combinam bem com a trama narrativa, e, nesse caso, a sequência associativa se torna o único elemento organizador.

Uma observação final: lembramos a oposição apresentada por Freud (1905) entre o espírito "inofensivo" e o "espírito tendencioso". Mas o "espírito inofensivo" não se resume ao "jogo com as palavras". Nesse "espaço de representação" é possível jogar alternativamente com os diversos papéis, especialmente aqueles que não pertencem ao seu papel "real" de menina. Claro que não sei o que aqui seria a repetição, no sentido estrito, do que pode ter sido vivido ou, o que me parece mais provável, seria uma retomada-modificação de um real vivido ou culturalmente transmitido, uma "representação" em termos teatrais. É exatamente esse espaço de suspensão que se tornará o espaço, múltiplo, do "foro íntimo", onde podemos, por exemplo, nos preocupar, perguntar, rir do que dizemos seriamente ou do que ouvimos respeitosamente. E no caso do "chiste", a suspensão da seriedade é apenas temporária, e a rapidez é constitutiva. Aqui, no entanto, como no caso do que mais tarde poderá ser uma "obra literária", um romance em particular, a suspensão do sério, normalizado, único, substituído pela multiplicidade de vozes se apresenta como um "organizador dominante" permanente.

E, ainda, aqui o "autor" joga; e trata-se unicamente de um jogo de linguagem (é verdade que o que pode fazer o seu corpo não aparece para nós). Mais especificamente, o que esse texto me mostra é, primeiramente, a precocidade com a qual a criança entra no monólogo, mas, sobretudo, na liberdade associativa, a capacidade de retomar, à sua maneira, diferentes personagens (pode-se levantar a questão de saber se o leitor distante é ou não sempre capaz de identificar com certeza as "vozes" diferenciadas, ou melhor, se uma certa indecisão a respeito de "quem é quem" não contribui para o funcionamento do texto). Da mesma forma manifesta-se, igualmente importante, a possibilidade de mudar de um tema para outro. E de evocar em particular a violência e a morte, sem danos aparentes. Há, ao mesmo tempo, a relação de si consigo, a capacidade de retornar a seu próprio movimento de pensamento (ou de anunciá-lo). Há traços aqui que irão se modificar ao longo dos anos, mas que constituem, parece-me, aspectos que podem ser opostos, mas que são constitutivos do que podemos chamar de "pensamento".

Podemos também nos perguntar sobre a especificidade do estilo particular dessa criança nesse desenvolvimento comum. A essa pergunta eu não posso responder. E, o que é mais complicado, certamente esse monólogo solitário é gradualmente substituído por um monólogo interior. Mas será que este último herda todas as características do monólogo exterior? Ou será que não acontece aqui o que também caracteriza o desenho de crianças: a perda progressiva de uma capacidade de brincar que não é substituída de fato?

Em todo caso – sempre mais ou menos "próximo ao que diz Freud" –, parece-me que o que caracteriza esse espaço de suspensão é que o abandono temporário do "princípio de seriedade" se manifesta pela articulação do espaço de jogo e da "liberdade" associativa, quaisquer que sejam "as linhas mais acentuadas" dessa liberdade. Mesmo que os textos que consideraremos agora sejam, veremos adiante, mais ou menos fiéis a um tema em seu conteúdo e obedeçam, essencialmente, às imposições da linguagem escrita, vamos nos perguntar de que maneira se manifesta, nesses textos, ao menos, o livre jogo da ficção e da associação.

Antes de tudo, uma ressalva: com certeza, teria sido entediante e repetitivo comentar primeiro cada texto de cada criança. Por isso, preferimos apresentar algumas observações gerais antes de retornar aos textos individuais.

Produções escritas de crianças

Proposta 1: "Caim e Abel"

Para este primeiro texto a criança recebeu a seguinte instrução: "Você acabou de ouvir a história de Rômulo e Remo, a história de Caim e Abel na Bíblia e o poema de Victor Hugo. Agora é a sua vez de contar como os irmãos se tornaram inimigos".

Alain: Luis et Jamal	Alain: Luis e Jamal
Luis et Jamal étaient des frères et les meilleurs amis du monde. Un jour ils se fâchèrent à cause d'un agneau sacré qu'ils devaient partager équitablement. Luis emporta les trois quarts et Jamal n'eut qu'un quart. Furieux, il s'enfuit dans la forêt. En jurant qu'il se vengerait, il passa vingt jours et vingt nuits. Le lendemain, il vit Luis qui lui proposa de faire la paix, mais Jamal, rongé par la haine, sortit une dague et lui planta dans la tête. Sur le coup, Luis mourut.	Luis e Jamal eram irmãos e os melhores amigos do mundo. Um dia eles se desentenderam por causa de um cordeiro sagrado que eles deveriam dividir igualmente. Luis ganhou três quartos e Jamal ganhou apenas um quarto. Furioso, ele fugiu para a floresta. Jurando que iria se vingar, ele passou vinte dias e vinte noites. No dia seguinte, ele viu Luis, que lhe pediu para fazer as pazes, mas Jamal, consumido pelo ódio, pegou um punhal e o enfiou na cabeça dele. Luis morreu na hora.

Amahel: Alain et Mehdi: la note Alain ne voulut pas travailler et joua pendant que son frère Mehdi travaillait le COD. Le lendemain au contrôle, Alain et Mehdi croyaient qu'ils allaient avoir une bonne note. Mais Alain eut 0/20 et M 20/20. Alain, mécontent, tua Mehdi en disant qu'il avait triché, pris sa feuille pour la bonne note. Mais la déesse-maîtresse dit: Où est ton frère? Je sais pas dit Alain La maîtresse dit: – Ce n'est pas vrai, tu seras maudit pour les bonnes notes, et reprends ta feuille de 0/20	Amahel: Alain e Mehdi: a nota Alain não queria fazer o trabalho e brincava enquanto seu irmão Mehdi estudava COD. No dia seguinte na prova, Alain e Mehdi acreditavam que iriam receber uma boa nota. Mas Alain tirou 0 e M 10. Alain, insatisfeito, matou Mehdi dizendo que ele havia roubado, e pegado seu trabalho para receber uma boa nota. Mas a deusa-professora disse: Onde está o seu irmão? Não sei diz Alain. A professora diz: – Não é verdade, você será amaldiçoado por causa das boas notas, e pegue de volta sua folha de 0.
Camilla: C'est l'histoire de Laïus et Caïus Laïus était riche, tandis que Caïus était pauvre. Depuis plus de cent ans, Caïus demande à son frère de lui donner de l'argent mais Laïus refusa. Alors, Caïus avait promis qu'il se vengerait. Un jour, Laïus rencontra une belle femme. Il en tombe amoureux. Or, Caïus aussi était amoureux d'elle. Et la jeune femme épouse finalement Laïus. Alors, la jalousie envahit Caïus alors d'un geste brusque il tua Laïus alors la femme très bouleversée le tua de même.	Camilla: A história de Laio e Caio Laio era rico, enquanto Caio era pobre. Por mais de cem anos, Caio pede a seu irmão para lhe dar dinheiro, mas Laio se recusa. Então, Caio prometeu que iria se vingar. Um dia, Laio conhece uma bela mulher. Ele se apaixona. Mas Caio também estava apaixonado por ela. E a jovem finalmente se casa com Laio. Então, o ciúme invade Caio então em um movimento brusco ele mata Laio então a mulher muito transtornada o mata também.

Judith: Maud et Laurent Maud et Laurent étaient une sœur et un frère. Un jour leurs parents ont décidé de leur acheter chacun un animal, un oiseau et un beau chat qui s'appelait Mitsou. Maud eut l'oiseau et Laurent le chat et comme Maud adorait le chat elle était tellement énervée – et en plus Laurent se vantait – qu'elle le tua.	Judith: Maud e Laurent Maud e Laurent eram irmã e irmão. Um dia seus pais decidiram comprar um animal para cada um, um pássaro e um gato lindo chamado Mitsou. Maud ganhou o pássaro e Laurent o gato e como Maud adorava o gato ela ficou tão brava – e além disso Laurent se gabava – que ela o matou.
Madeleine: Lina et Laura Un jour, le père de Lina et Laura mourut laissant ses filles seules avec un cheval de trait. Il s'appelait Minostroe. Les filles se disputaient pour ce beau cheval, mais lui n'y comprenait rien. Alors, Laura une nuit décida de le tuer. Mais comme Dieu entendait tout ça, il n'était pas d'accord. Le lendemain matin, Laura avec un poignard se dirigeait vers l'écurie. Mais elle se demandait s'il ne fallait plutôt tuer Lina. Alors, elle se dirigea vers sa chambre. En entrant avec le poignard à la main, en regardant bien. Lina n'était plus là, ni le Minostroe. Lina était partie, car Dieu lui avait dit que Laura allait la tuer. Alors elle resta seule et mourut de faim, tandis que Lina, elle, était contente avec Minostroe, et lui aussi.	Madeleine: Lina e Laura Um dia, o pai de Lina e Laura morreu, deixando suas filhas sozinhas com um cavalo de carroça. Seu nome era Minostroe. As meninas brigavam pelo belo cavalo, mas ele não entendia nada. Então Laura, uma noite decidiu matá-lo. Mas como Deus ficou sabendo de tudo isso, ele não concordou. Na manhã seguinte, Laura com um punhal foi para o celeiro. Mas ela se perguntou se não era melhor matar Lina. Então, ela foi para o quarto dela. Ao entrar com o punhal na mão, olhou bem. Lina não estava mais lá, nem Minostroe. Lina tinha ido embora, porque Deus tinha lhe dito que Laura iria matá-la. Então ela ficou sozinha e morreu de fome, enquanto Lina estava feliz com Minostroe, e ele também.

Maud: Sonia et Apolline: histoire	Maud: Sonia e Apolline: história
Sonia est une jeune fille d'à peu près 18 ans. Elle vit à la campagne avec sa petite sœur Apolline qui a environ 15 ans. Leur mère est morte de vieillesse et leur père est mort pour avoir fait des vols. Un jour Apolline, qui est la plus jeune et la plus naïve, dit à sa sœur: "dis, si nous fuyions, nous n'aurions plus besoin de laver la maison et tout le tralala!". "Non, dit sa sœur, ce serait trop risqué et pas raisonnable!" Alors, soudain, Apolline éclate de rage et pour je ne sais quelle raison elle saisit un couteau et commence à menacer sa sœur avec. Sonia, prise de panique, essaye de s'éclipser, mais au lieu de sauver sa vie, elle énerve sa sœur, qui de rage plante le couteau dans le cœur de sa sœur et sans dire mot elle s'échappe à toutes jambes! Et voilà le résultat d'une si petite querelle!!! Maintenant, les villageois disent qu'elle venait du diable.	Sonia é uma jovem de cerca de 18 anos. Ela vive no campo com sua irmãzinha Apolline de cerca de 15 anos. Sua mãe morreu de velhice e seu pai morreu por fazer voos. Um dia Apolline, que é a mais jovem e ingênua, disse à sua irmã: "olha só, se nós fugíssemos, não teríamos mais necessidade de limpar a casa e todo o tralálá!" "Não, disse a sua irmã, seria muito arriscado e irracional!" Então, de repente, Apolline explode de raiva e eu não sei por que ela pega uma faca e começa a ameaçar a irmã. Sonia, em pânico, tenta escapar, mas em vez de salvar a vida dela, ela irrita a irmã, que de raiva enfia a faca no coração de sua irmã e sem dizer uma palavra ela foge correndo como louca! Eis aqui o resultado de uma briguinha!!! Agora, os moradores dizem que ela veio do diabo.

Mehdi: Jeff et Matt Il était une fois deux frères jumeaux nommés Jeff et Matt qui formaient la famille Hardy. Jeff était en guerre pleine guerre contre Le roi des idiots nommés Edge et Matt était en guerre contre le bouffon, Jack. Les deux frères mettaient leurs villes en jeu. Matt perdit sa ville et dut embrasser les pieds de Jack. Jeff était à deux doigts de remporter la guerre, mais Matt était jaloux et le frappa avec une barre en métal. Edge gagna donc la guerre. Pendant à peu près un an, les deux frères se battaient dans les guerres les plus extrêmes qui puissent exister. La guerre s'est terminée avec la victoire de Matt, faisant équipe avec CM Punk, qui tua Jeff en le jetant d'une falaise. Les frères sont devenus ennemis à cause de la jalousie de Matt. *Mehdi*	Mehdi: Jeff e Matt Era uma vez dois irmãos gêmeos chamados Jeff e Matt, que formavam a família Hardy. Jeff estava em Guerra contra o rei dos idiotas chamado Edge e Matt estava em guerra contra o bobo da corte, Jack. Os dois irmãos colocaram suas cidades em jogo. Matt perdeu sua cidade e teve que beijar os pés de Jack. Jeff estava quase vencendo a guerra, mas Matt estava com ciúmes e bateu nele com uma barra de metal. Então, Edge ganha a guerra. Por cerca de um ano, os dois irmãos lutaram nas guerras mais difíceis que pudessem existir. A guerra terminou com a vitória de Matt, em parceria com CM Punk, que matou Jeff jogando-o de um penhasco. Os irmãos se tornaram inimigos por causa do ciúme de Matt. *Mehdi*
Mohaned: Niels et Camilla Niels et Camilla se détestaient au point de se tuer. Un jour, Niels voulut faire des omelettes avec son papa. Le papa demanda à Niels d'aller chercher des œufs. Au retour, Niels trébucha sur une table et aussi sur Camilla. Les œufs tombèrent sur la tête de Camilla. Camilla n'était pas contente. Elle est allée aussi chercher des œufs pour les casser sur la tête de Niels. Camilla dehors pour faire des tartines de confiture et pour les manger. Mais Niels jouait au ballon. Le ballon est tombé dans la tartine. Elle n'était pas contente. Elle prit un couteau pour se tuer.	Mohaned: Niels e Camilla Niels e Camilla se odiavam a ponto de se matar. Um dia, Niels quis fazer omeletes com seu pai. O pai pediu para Niels pegar os ovos. Na volta, Niels tropeçou em uma mesa e também em Camilla. Os ovos caíram na cabeça da Camilla. Camilla não gostou. Ela também foi pegar ovos para quebrar na cabeça de Niels. Camilla vai para fora para fazer pães com geleia e comê-los. Mas Niels estava jogando bola. A bola caiu no pão. Ela não gostou. Ela pegou uma faca para se matar.

Em primeiro lugar, todos esses textos são narrativas, algo como a indicação de uma série de acontecimentos orientados entre um começo e um fim. Com relação à instrução dada, existe, basicamente, respeito à temática: há dois heróis, que são irmãos (ou irmãs), e um deles mata o outro (às vezes ambos morrem). Podemos perceber que a morte foi apresentada nos textos que servem como referência, embora não estivesse no enunciado da tarefa, que dizia apenas "tornaram-se inimigos". O que, em última análise, não implica a narrativa da morte propriamente dita. Por outro lado, a instrução nem sempre é respeitada: às vezes os irmãos (ou irmãs) são "inimigos" desde o início. Eventualmente, acrescenta-se um personagem extra que tem um *status* de "juiz" ou algo desse tipo.

Além disso, cada texto é inicialmente caracterizado pela época, ou antes pelo "cronotopo" em que a história se desenrola. Há uma característica central da "retomada criativa": a mistura de uma fonte cultural e sua transposição para "outro mundo". Observamos, ainda, que cada texto respeita o "campo de transposição" que é o seu. Parece-me que essa transposição também é a principal fonte do sentimento de prazer que eu sinto diante daquilo que eu não esperava. Certamente, o "leitor abstrato" ou "comum", como eu, vê a continuidade de cada texto, o que faz com que essas produções não sejam um grupo de palavras ou frases. "Nós" vemos que "o que segue" tem "relação" com o que precede. Mas "nós" não poderíamos prever a natureza da transposição nem, aliás, o fim a partir do começo, ou ainda a natureza do desenrolar. Generalizando (bastante? demais?), será que esse *status* de "conhecimento *a posteriori*" e não de "previsão" não caracterizaria a nossa relação com as coisas humanas, e não, por exemplo, com o movimento dos astros? De qualquer maneira, com várias dessas coisas.

E aqui encontramos, com relação às exigências da narrativa realista, a presença de um espaço de jogo, de um espaço de suspensão, em um primeiro momento, onde a morte pode ser evocada sem que haja grandes consequências (nos oito textos apresentados aqui e nos vinte e oito textos da aula inteira, as crianças raramente sentem a necessidade de expressar qualquer tipo de tristeza em relação às mortes em questão). Além disso, apenas uma minoria dos textos introduz, como no "mito de base", o tema da reparação, da punição dos culpados. Ou o tema desaparece ou, como no de Camilla, os dois heróis morrem.

Esses textos diferem, em primeiro lugar (sem que "primeiro" signifique uma ordem de importância), pela identidade dos participantes: meninos, em três dos quatro autores meninos; meninas, nos textos de duas meninas; meninos, nos de Camilla; menina e menino nos de uma menina e um menino. Claro, não tenho nenhum conhecimento sobre os irmãos reais de cada um. Mas há uma maneira de vincular o tema à área em que os autores fazem a sua transposição. Assim como é possível notar que, em Amahel o "mau" é chamado de Alain e o "bom" de Mehdi, enquanto o "mau" em Alain é chamado de Jamal. No entanto, não sei o que dizer sobre a aparição de "Minostroe", no texto de Madeleine.

Voltando a eles, é provável, em função, principalmente, da diversidade de referências culturais apresentadas, mas também da "espontaneidade" das crianças, que os textos estejam colocados em universos de referência diversificados. O de Alain é mítico ou distante (o que é "compartilhar um cordeiro sagrado?"). O texto de Camilla pode se referir à Antiguidade latina, com base nos nomes dos dois heróis, Laïus e Caïus (no texto original). Em todo caso, é o único movido pelo ciúme amoroso.

O texto de Mehdi me parece referir-se ao mundo dos quadrinhos. O texto de Judith se desenvolve, claramente, em um universo familiar contemporâneo comum. O de Maud também, como o de Mohaned, pode ser um pouco menos determinado.

Não está claro qual é o mundo no qual se passa a narrativa de Madeleine: contemporâneo ou distante? Ambos são possíveis. Em todo caso, Deus fala nele.

O texto de Mehdi é o mais difícil de seguir, assim como de identificar o domínio em que ocorre. Ele apresenta dois personagens complementares, *o rei dos idiotas chamado Edge* e *o bobo da corte, Jack*. Acredito que sejam personagens de desenhos animados. Seja como for, isso complica o enredo.

O de Mohaned é organizado, de forma inesperada, em torno de ovos, de pães com geleia. E é o único no qual uma dificuldade gramatical causa problemas: trata-se, como o início nos deixa entrever, da morte de Niels ou, como o *se* parece indicar, da Camilla? Esse é o único texto em que há uma dúvida narrativa-identitária.

Sobretudo, manifestam-se variações da temporalidade, dos tipos de dramatização: a depender do texto, o foco recai mais ou menos na repetição, na intensificação das causas do conflito, seja ou não o ponto de partida uma primeira posição de acordo. Mas, novamente, não há juízos de valor possíveis: "mais" não é "melhor". Assim, o texto de Judith é, provavelmente, o menor. Em suas dimensões. E também nos motivos que resultam na morte da vítima. No entanto, há o surgimento da "justificativa": *além disso Laurent se gabava* (algo de que gosto particularmente).

O texto de Maud se organiza em torno da diferença entre a "boa" irmã mais velha e a irmã mais nova "malvada", algo que se repete ao longo do texto.

Pareceu-me que os textos se distinguem particularmente pela importância dada ao uso de "considerações psicológicas" como modo de explicação dominante do assassinato. Eles estão presentes nos oito textos. Podem só aparecer na conclusão. Essa é a forma dominante. Assim, em Camilla temos *Então, o ciúme invade Caio então em um movimento brusco ele mata Laio, então a mulher muito transtornada o mata também.*

Mas eles podem assumir a forma de uma oposição marcada desde o início, como aquela entre as duas irmãs, em Maud. Além disso, apenas Amahel utiliza discurso indireto. Por outro lado, apenas o texto de Amahel e, menos explicitamente, o de Madeleine se organizam em torno do tema da punição-reparação. De qualquer forma, não podemos considerar que a presença ou ausência de tal tema pudesse permitir uma comparação avaliativa entre esses textos.

Somente o texto de Maud é caracterizado pela presença explícita do "ponto de vista" do narrador: *eu não sei por que ela pega uma faca e começa a ameaçar a irmã* e, sobretudo na conclusão *Eis aqui o resultado de uma briguinha!!!*, julgamento externo, reforçado de alguma forma pela voz do coro relatado: *Agora os moradores dizem que ela tinha um pacto com o diabo*. Existe uma afinidade que se impõe, mas sem que os dois aspectos estejam necessariamente ligados. Há, igualmente, uma forma de reparação em Madeleine, uma vez que é a malvada Laura que morre de fome, sem que, assim, a boa Lina precise matá-la.

Talvez tenha sido o texto de Amahel o que mais me seduziu, porque manifesta mais o que pode ser a "criatividade por mistura". Trata-se de dois estudantes, Alain, que joga, e Mehdi, que *estuda o COD*. Alain, *insatisfeito, matou Mehdi dizendo que ele havia roubado, e pegado seu trabalho para receber uma boa nota*. Mas há o fato inesperado (irrupção) de uma deusa-professora que reestabelece a ordem e pune Alain, que é amaldiçoado e no fim recebe 0.

Vemos o quanto essas considerações "analíticas" não captam o que caracteriza esses textos: a "fabricação" de um movimento pessoal sobre um tema comum. O que, na minha opinião, os aproxima fundamentalmente. Ao mesmo tempo, o detalhe de seus cronotopos e de suas caracterizações do "drama" os diferencia significativamente. E também, é claro, não podemos saber qual experiência "real" do ódio do irmão (da irmã) estaria subjacente aqui. Ou não se trata mais de algo como um potencial cultural de "imaginação afetiva" comum?

Proposta 2: "Imagine que você deve mudar de pele..."

O segundo texto do conjunto de textos escritos tem como instrução: "Imagine que você deve mudar de pele para crescer como a Tarasca.[4] Narre a experiência".

Alain: Je bouge dans tous les sens et j'arrive à sortir puis j'attends une semaine ou deux pour qu'une nouvelle enveloppe durcisse.	Alain: Eu me movo em todas as direções e consigo sair, então espero uma semana ou duas até que uma nova casca endureça.

Amahel: Je me retourne beaucoup de fois et je gigote dans tous les sens et j'enlève ma peau sans ma peau j'ai très froid. J'ai hâte que ma peau revienne et elle revient.	Amahel: Eu me viro muitas vezes e me contorço em todas as direções e eu tiro a minha pele sem a minha pele eu sinto muito frio. Fico ansioso para a minha pele voltar e ela volta.

Camille: J'imagine que tu mues pour grandir. Je perds ma peau et comme ça je vais en chercher une autre. Mais le problème c'est que ça change, ça me rend toute bizarre, par exemple: mes ongles sont tout durs et mon visage me brûle.	Camille: Imagino que se mude de pele para crescer. Eu perco a minha pele e por isso vou procurar uma outra. Mas o problema é que ela muda, ela me faz parecer muito estranha, por exemplo: minhas unhas estão muito duras e meu rosto queima.

Judith: Quand je mue je ne me sens pas très bien, comme si on m'enlevait de l'oxygène, alors je cherche où sortir et je fais un trou, ah aussi, quand on mue on change de couleur.	Judith: Quando eu mudo de pele eu não me sinto muito bem, como se me faltasse o oxigênio, agora eu procuro por onde sair e faço um buraco, ah sim, quando a gente muda a pele muda de cor.

Madeleine: Je me sens bizarre comme si on allait arracher une partie de mon cœur et que j'allais jamais la retrouver, et c'est vrai, jamais je ne la retrouverai. Mais je grandis.	Madeleine: Me sinto estranha como se fossem arrancar um pedaço do meu coração e que eu jamais iria conseguir recuperar, e é verdade, jamais a encontrarei. Mas eu cresço.

Maud: *Histoire inventée* Je voulais grandir donc je décidais d'enlever ma peau ensuite comme au bout de trois mois je n'avais pas grandi d'un centimètre je décidai de remettre ma peau et au bout de trois semaines je faisais quatre centimètres de plus.	Maud: *História inventada* Eu queria crescer então eu decidi retirar a minha pele logo como no decorrer de três meses eu não tinha crescido nem um centímetro decidi colocar a minha pele de volta e depois de três semanas eu estava quatro centímetros maior.

Mehdi: Au début je ne comprenais rien mais trois mois plus tard je n'avais plus de peau. Les trois jours suivants j'avais une nouvelle peau et je faisais trois têtes de plus.	Mehdi: No início eu não entendia nada mas três meses mais tarde eu não tinha mais pele. Três dias mais tarde eu tinha uma nova pele e estava três cabeças maior.

Mohaned: Un jour je marchais, je ne grandissais plus alors je muais et ça allait mieux.	Mohaned: Um dia eu estava caminhando, eu não crescia mais então eu mudei de pele e foi melhor.

As diferenças são visíveis entre esse conjunto de textos e o anterior, e as semelhanças dentro de cada grupo de textos levam às semelhanças entre os dois textos de cada autor. Primeiro, eles são de maneira geral mais curtos. Será que isso significa que o "foco no tema é menor"? Não acho que possamos ter certeza. Talvez seja mais porque a instrução aqui não remeta a uma narrativa, mas sim ao que cada um experimenta, e por isso as crianças não podem ter nenhum modelo discursivo tão disponível como o de uma história, como aquela em que a questão é matar o irmão.

Certamente, nesses últimos textos, trata-se da descrição de um processo. Tal como os anteriores, eles têm "relação com o tempo". Mas uma das diferenças entre os primeiros textos e os segundos é que os primeiros são orientados para o final, a morte de um dos protagonistas ou de ambos. Aqui, os textos podem ser organizados em torno do ponto de chegada, assim, o texto de Alain é dominado pela temporalidade de espera. O de Amahel também (*fiquei ansioso*), assim como o de Madeleine. Em Maud, trata-se mais de uma "vitória final". Em outros, a orientação para o final não é necessária, como nos de Camille ou Judith.

Além disso, alguns textos enfatizam o que é sentido. O texto de Amahel "projeta" (é essa a palavra certa?) nesse texto uma parte de experiência real ou imaginária, o frio, que "cabe bem" na experiência ficcional proposta pelo enunciado da tarefa. Certamente Alain sente uma mudança, mas nada muito inquietante. Mehdi observa que no início, "*não entendia nada*". Outros descrevem "exteriormente" o que está acontecendo, como Maud. Noto também que Amahel encontrou *sua* pele enquanto Camille *vai procurar uma outra*, o que quebra a tradição. Judith introduz uma mudança discursiva, indicando primeiro o que acontece com ela e, em seguida, parece se lembrar do que significa, para nós, a mudança de pele. É o movimento de Madeleine o mais complexo. Em primeiro lugar, para mim, com o aspecto ainda mais inesperado do que o *frio* evocado por Amahel na sucessão: *Me sinto estranha como se fossem arrancar um pedaço do meu coração e que eu jamais iria conseguir recuperar, e é verdade, jamais o encontrarei. Arrancar o coração* é uma expressão que de certo modo já está "cristalizada", mas esse não é o caso de *uma parte do meu coração*, nem da modulação por *como se*, ou a nova acentuação *e é verdade, jamais...*, com a "reformulação" de *Mas eu cresço,* de algum modo ao mesmo tempo seguro e melancólico. Parece-me que temos aí um exemplo de movimento discursivo imprevisível, que, em particular, não se enquadra na definição formal de um "gênero" assumido antes da constituição do texto. O texto de Madeleine entra em contraste com o de Maud, que se organiza em torno da ação de um "eu" todo poderoso, impulsionado pelo desejo de crescer, que a faz colocar de volta a sua velha pele, o que é, certamente, contrário à "doxa": *Eu queria crescer então eu decidi retirar a minha pele logo e mais ou menos três meses depois eu não tinha crescido nem um centímetro decidi colocar a minha pele de volta e depois de três semanas eu estava quatro centímetros maior.* É verdade que essa estranheza é anunciada no título, que precisa que se trata de uma *história inventada.*

Ainda assim, o que me chama a atenção é que os autores, às vezes, colocam mais ou menos seus textos em um universo discursivo sugerido pelo enunciado da tarefa, ao expressar posições individuais variáveis. Certamente a constância e a variação também se encontram no grupo anterior de textos. No primeiro grupo de textos são os valores de referência e a intriga que variam. Aqui, mais uma forma de sentir. Ou, podemos ainda dizer que, em ambos os grupos de textos, a oposição "bom"/"mau", ou um sistema de valores, é subjacente ao desenvolvimento dos textos. Mas, no primeiro caso, "sabe-se" que não se deve matar o irmão (ou irmã). No segundo grupo, as avaliações não são tão "pré-reguladas". As crianças diferem mais, apresentam, principalmente, o que a transformação pode ter de desagradável, introduzindo ou não uma conclusão eufórica. E então, nesse pequeno exemplo, podemos ver, parece-me, a dificuldade de querer reconstituir uma atitude, um "processo mental" do autor. Ou melhor, certamente as "atitudes avaliativas" estão presentes aqui, mas o que diz o autor só vale com certeza no espaço de suspensão do texto em questão. Assim como não podemos saber de que forma o final estava presente no início da narrativa, ainda que o retorno do fim ao começo faça realmente parte da leitura, do sentido do texto.

Algumas questões

Não vou tentar voltar à multiplicidade das perspectivas que se pode ter, parece-me, com relação a esses textos. Claro que poderíamos começar por perguntar para que serve uma teoria mais ou menos entediante face a esses textos, sem dúvida, mais "interessantes". Ainda mais, não vejo o que seria uma teoria verdadeiramente universal de todas as narrativas reais ou possíveis. De qualquer maneira, não se pode seguir uma ordem linear, tratando cada um dos problemas: perguntar-se logo no começo "o que é o tempo?". Qual a ligação entre o tempo dos relógios, o das estações e o do dia? E então se perguntar sobre a particularidade do tempo dos diferentes "sujeitos": o dos adultos sérios e o de cada criança, o do texto, de sua leitura, do sonho, da totalidade de uma vida ou dos acontecimentos que não passam.

Do mesmo modo, não acho que seja possível acessar "essências genéricas": a narrativa da criança, a palavra dessa criança. Tampouco as "essências concretas". A "natureza" de tal história específica. O que se tem é, antes:

a) generalidades, mas apenas prováveis, estatísticas, provisórias;
b) casos particulares que nos dão não as descrições das generalidades, mas figuras concretas que manifestam antes o surgimento de possibilidades inesperadas.

Enfim, parece-me que eventualmente constatamos evoluções, que não temos gêneses no sentido estrito. Com o problema do que se deve chamar de degradação da função narrativa em muitas crianças, assim como há um aumento da precisão do desenho, da virtuosidade manual, mas sem o investimento no que é desenhado. De qualquer modo, trata-se necessariamente de um desenvolvimento que deve chegar a um ponto definido de sucesso? Certamente não.

Parece-me que os diferentes grupos de textos (principalmente aqueles da criança de 4 anos) ilustram, cada um à sua maneira, a realidade do espaço de suspensão com um dos lugares do "pensamento" (não é o único: há, pelo menos, a seriedade do pensamento que segue seu projeto na ação). Eles nos fazem lembrar que, seja qual for o papel da cultura transmitida, há, no sonho, no devaneio e na brincadeira uma capacidade humana de estar "em outro lugar que não o real comum". O imaginário é inicialmente consubstancial ao íntimo. Ao mesmo tempo, este íntimo remete a um certo número de experiências cujas intensidade e forma poderão variar de acordo com cada um; mas, talvez, sobre as mesmas bases.

Assim, os textos dos "maiores" mostram também, já repetimos com certeza isso exaustivamente, a ausência de uma essência, de uma norma da "boa narrativa". Isso estaria relacionado à diversidade dos modos de experiência direta ou indireta, real ou transmitida, bem como à diversidade das ligações do discurso com a experiência; mas isso não pode ser encontrado em sua totalidade em um discurso unívoco sobre "a experiência e a linguagem".

Do mesmo modo, quando se pergunta o que é "a ficção", corre-se o risco de não ir muito adiante na resposta. Em que sentido a utopia é uma ficção? Em que sentido Hamlet ilustra melhor um jeito de ser humano que uma teoria, inscrita talvez, ao menos em termos de possibilidade, em cada um? Devemos obedecer mais a regras morais ou admirar mais exemplos reais ou míticos? O que aconteceu quando Freud retomou à sua maneira o "mito" de Édipo? Primeiro na reflexão sobre a sua própria vida e, em seguida, como paradigma da psicanálise. Porque uma narrativa supostamente realista só pode levar em conta aquilo que os heróis temem, esperam, representam para si, em resumo, o fato de que somos constituídos de irreal, ou ainda de "ficção". Existirá alguma ciência que elimine definitivamente qualquer história contada? Ou ainda: seria possível ter um discurso razoável sobre o que podem ou devem ser as relações entre narrativa e teoria? Podemos duvidar da existência, no caso, de uma boa dicotomia. Afinal, uma narrativa também pode ser uma reflexão ou uma maneira de questionar as coisas.

De qualquer forma, surge a questão de saber como a entrada na linguagem contribui para modificar o que se pode chamar de "experiência", como nossa ligação com o irreal ou o ausente. Em especial, modificar o inventário das experiências indiretas, daquelas transmitidas culturalmente, de modo bem geral, como o ódio de Caim em relação a Abel, e de modo mais específico, como a troca de pele da Tarasca ou a da metamorfose kafkiana.

Mas, de qualquer forma, cada um desses "escritores", com seu estilo próprio, soube transpor para o campo da escrita a capacidade de jogar à sua própria maneira com a experiência efetiva – a experiência imaginária sugerida no caso da mudança de pele e a experiência comum transmitida no caso dos "irmãos inimigos" (mais uma vez, qualquer que seja a possível origem pessoal do ódio fratricida).

Mas também não se trata de "essencializar" uma forma de ingenuidade infantil ou de criatividade absoluta. Esses textos não foram produzidos *ex nihilo*, mas a partir de outros textos lidos para as crianças e que, de modo diverso, ecoam neles. Há, portanto, um diálogo entre o que as crianças leram (ou que foi lido para elas), o que elas escreveram e o nosso modo de leitura. Mais do que considerar apenas o "estilo" dos textos, seria necessário, sobretudo, acrescentar, em primeiro lugar, o que se poderia chamar de estilo de assimilação das crianças (o que se produz neles a partir dos textos que receberam) e nosso estilo de recepção desses textos de crianças, com a ação, sobre nós, daquilo que não poderíamos ter produzido. É preciso, nesse momento, voltar ao papel da linguagem ou, mais especificamente, a certos modos de existência da linguagem. Claro que percebemos intensamente o modo de presença do corpo dos outros. Mas me parece que a linguagem permite criar entre nós um outro modo de relação em nossa comunidade-diferença. Em especial, na capacidade de tornar presente para nós aquilo que não vivenciamos diretamente. Portanto, o que queremos apresentar aqui são alguns apontamentos originados da narrativa, sobre as relações entre "experiência" e "linguagem". Com duas relações opostas: a linguagem como aquilo que nos permite ter experiências indiretas comuns e, inversamente, a resistência das experiências à possibilidade de serem "verdadeiramente ditas". Resistência que implica também que a recepção do texto passa por outra coisa além da compreensão "linguística". Mas o que dizer então desse outro aspecto da compreensão? Uma perspectiva, se não uma solução, seria de supor que haveria em todas as pessoas certo número de "experiências primordiais comuns". Mas, então, qual seria a ligação entre essas hipotéticas "experiências primordiais" e a totalidade diversificada das experiências de cada um? Além disso, a própria possibilidade de captar o que podem ter sido essas experiências primordiais ultrapassa o âmbito deste texto e, sobretudo, a minha competência. Dito isso, parece-me que não se trata de nenhuma aberração supor que essas experiências tenham uma base comum. Assim, temos a oposição entre o regular e o irruptivo, entre o que vai ao encontro dos nossos desejos e o que não vai, a existência de encadeamentos causais e/ou intencionais (a esse respeito retomo Bruner (1996), modificando um pouco, "para tentar cercar o fenômeno "literário"). O mesmo ocorre com a falta que se sente, a dependência dos outros, que nos ajuda ou nos constrange. Além disso, é possível levantar a hipótese de que, devido ao estado prematuro da criança e, mais precisamente, à impossibilidade de agir por si mesma em seu mundo, mas principalmente por meio do chamado, primeiramente do grito, é inevitável que haja violência sentida, angústia, nessas primeiras experiências. Ainda que elas alternem com experiências de calma, de satisfação ou, por que não, do prazer de existir (sem que se possa julgar antecipadamente quais deixam sua marca, de quais se pode dizer, para usar uma metáfora biológica, que serão digeridas, enquanto outras resistirão, nem, sobretudo, podemos julgar antecipadamente o que será o futuro daquelas que subsistirão e vão se modificar ao longo da vida). A partir disso, pode-se acrescentar experiências relativamente comuns à humanidade atual, como a da cidade, dos progressos tecnológicos ou, pelo contrário, da ameaça de uma autodestruição da humanidade.

De qualquer maneira, a relação hipotética de base comum não impede que se deva considerar nossa capacidade, mesmo que ela não seja infinita, de nos colocar em relação com experiências, reais ou fictícias, que não foram nem serão as nossas e "compreendê-las" (qualquer que seja o sentido da palavra). Será que isso ficaria mais claro se falássemos de "imaginação"?

Considerações como essas estão evidentemente abertas. Talvez seja possível voltar a temas um pouco mais concretos a partir do questionamento sobre o nosso diálogo com os textos.

Alguns aspectos da "relação com o texto"

Permito-me, aqui, fazer algumas reflexões indubitavelmente ainda (demasiado?) genéricas. De modo certamente artificial, distingo nove delas.

a) Inicialmente, a impossibilidade de partir das unidades da língua para chegar ao texto. As unidades linguísticas (palavras, enunciados etc.) se caracterizam pela modificação de seu sentido ao longo do texto, quer se trate de sua referência ou da especificidade de seus efeitos de sentido.
b) Em seguida, há algo que assegura a continuidade do texto, que encontramos, parece-me, em todos os textos considerados aqui: que se trate da unidade temática, dos tipos de retomada dos nomes e pronomes, as sucessões esperadas; praticamente tudo aquilo que não foi analisado neste capítulo.
c) Mas, acima de tudo, nossa ligação com um texto e, mais especificamente, com uma narrativa, vai se articular com a presença do conjunto constituído pela totalidade do texto e pelo universo que se desenha nesse cenário, e também com a irrupção de elementos mais locais cujo aparecimento não era previsível. Mais precisamente, em cada texto percebemos "movimentos". O que poderia ser também um objeto de múltiplas questões. Isso porque, afinal de contas, o que nos permite perceber "movimentos" em um texto escrito, que é, a princípio, uma sucessão de formas no papel?

d) De todo modo, nem o conjunto nem os movimentos locais dizem respeito à língua no sentido estrito, mas a tudo aquilo que, do mundo, nos é proposto a partir da linguagem. Esse ponto poderia/deveria ser bem mais desenvolvido. Será que sabemos qual é o modo de presença dessa totalidade e desses movimentos? Só se pode dizer que essa relação com o mundo não é cognitiva ou afetiva. Assim como as crianças e os animais, recebemos o mundo como familiar ou estranho, acolhedor ou ameaçador. Sabe-se que é preciso dizer que percebemos o sentido do texto, mas será que nós o compreendemos, será que o reconstituímos, será que o sentimos? Será possível querer explicitar aqui o que podem ser, em geral, as ligações entre "pensar" e "sentir", tal como aquela, correlativa, entre "fatos" e "valores"? Existe alguma ciência que poderia nos dizer a verdade a respeito dessas questões? Sobre esse último ponto, parece-me necessário partir da constatação de que, para qualquer ser vivo, o mundo não se apresenta logo como um espetáculo, e sim como algo em que nos orientamos: do conhecido, do desconhecido, do que é bom para mim, do que devo evitar. Pode-se talvez dizer que não há "experiências" sem "valores incorporados". Naturalmente, para os seres humanos, é mais complicado. Desse modo, a criança será submetida a variados conflitos entre aquilo que sente e as palavras dos pais (ou, em geral, dos adultos). De qualquer modo, nós não vivemos em um mundo em que os fatos ficam de um lado e os valores de outro, o que suscita a questão, ainda mais complicada, de saber o que nos impulsiona, qual o nosso "interesse" a respeito da experiência. Mais particularmente, pode-se perguntar o que nos impele a relatar experiências ou recebê-las. Quais são nossas segundas "paixões", não a respeito dos objetos reais, mas desse "mundo representado"? E quem está em melhor posição para emitir sua opinião? Novamente, podemos nos contentar em fazer referência aos textos presentes e voltar a atenção ao que eu percebo (nós percebemos?) como paixão das crianças e ao que é a paixão do leitor (a minha, pelo menos, mas espero que seja a mesma dos outros leitores desses textos). Parece-me que nossa "paixão" (como diante de uma representação teatral ou um filme) é sustentada pelo movimento dos textos (sobretudo da sua leitura), seu ritmo tão inteligível quanto imprevisível, e também a impossibilidade (já mencionada) que se apresentaria a nós se fôssemos produzir textos do mesmo tipo.

e) Em seguida, existe a possibilidade de retornos reflexivos, de uma compreensão responsiva. Tudo isso se apresenta de formas variadas o suficiente para que possamos nos contentar em falar de um "prazer do texto". De qualquer maneira, assim como, de certa forma, o corpo do outro nos mostra sua maneira de ser, muito além de suas "emoções", parece-me, do mesmo modo, que compreendemos os movimentos realizados no espaço de suspensão das narrativas, sem que haja a necessidade de se perguntar se são "realmente sentidos" pelas crianças que as contam. Talvez aquilo que não aparece na linguagem cotidiana surja nessas histórias, um pouco como pode vir à tona, na cena em que se interpreta Hamlet, outra ligação entre o real e o irreal.

f) O contato com um texto nunca é uma "explicação". Diante de uma narrativa infantil, ou qualquer outra obra, eu não tenho nenhum controle da razão de tudo ser feito de tal modo, e não de outro. Certamente, o texto pode ser "contextualizado", pois é possível remeter às instruções das atividades, às leituras preliminares. Isso ajuda a esclarecer, mas não nos permite deduzir por que o texto é escrito desse modo.

g) Da mesma forma, compreendo apenas parcialmente o motivo de me referir ao texto dessa forma, e não de outra. De qualquer modo, existe a possibilidade de mudar o ponto de vista, de olhar de outra forma, de uma reflexão sem fim. É possível considerar o próprio texto como uma "reflexão". Então, cada um pode reconsiderar os limites da sua própria leitura-reflexão.

h) Ainda é possível se perguntar em que medida a leitura desses textos vai além do divertimento. Quer se trate desses textos ou de algum romance, não estaremos antes, pela forma específica da sua linguagem, em condições de nos colocarmos em relação com uma experiência que não é nem pode ser a nossa? Isso não depende da "ciência", da "estética" ou da "moral" como domínios supostamente separados. Mais especificamente, tais textos nos mostram maneiras diferentes de ser, de nos relacionarmos com o mundo ou, como se poderia dizer, que nada têm de pueris (não no sentido em que não se poderia reconhecer que se trata de textos de crianças, mas no sentido de desqualificar o que eles nos indicam a respeito de uma maneira humana de existir). Eles fazem parte de uma "existência humana possível".

i) Eu acrescentaria que, se está fora de questão ter preocupações diretamente pedagógicas, resta a possibilidade de se pensar sobre os efeitos das diferentes tarefas. Afinal, não seria óbvio que cada um dos temas introduzidos tivesse um eco entre as crianças-escritoras. E algumas formas de ecos simultaneamente diferentes em cada grupo e, depois, para cada um; o que deixa aberta a questão do que seriam capazes de produzir outras instruções e, consequentemente, a diversidade dos "gêneros" de textos e dos "gêneros" de leituras.

Eu não gostaria de entrar, com o propósito de finalizar esta conclusão, em um discurso que buscasse avaliar as respectivas vantagens da "teoria" e da "narrativa", ainda mais depois de ter alertado para os perigos da falsa essencialização que o uso desses termos pode causar. Uma narrativa, como qualquer outro texto, nos leva a pensar para além do seu conteúdo explícito, o que combina com outro elemento: uma vez que as narrativas "representam" um "estado das coisas" para nós, só raramente estamos em condições de comparar o dito e o "original". O "real" fora do texto não está visível para nós, mas apenas indicado lateralmente através do dizer, de acordo com regimes não previsíveis, mesmo que seja sobre a "base" do "mundo vivido", à qual pode se ligar, de alguma maneira, o imaginário. É retornando a essa "base", que se pode tentar voltar a atenção para aquilo que diz respeito à "passagem do tempo" e para a maneira como o presente, o ausente, o possível ou o impossível são, para nós, de alguma forma presentes. Contudo, parece-me que não existe, no caso, possibilidade de um saber conceitual universal, mas antes um misto de experiência, perguntas, tentativas de "compreensão responsiva". É justamente por isso que precisamos evocar aqui dois aspectos distintos do dialogismo. No caso do próprio autor, o diálogo entre a heterogeneidade do que ele pode dizer e a daquilo que lhe permite "tomar a palavra". Mas, por outro lado, o leitor não tem acesso a essa heterogeneidade, apenas a um texto unificado. Um texto com o qual ele entra em diálogo, sem jamais poder coincidir com o autor. Nesse caso, o diálogo se faz de proximidades e distâncias. Proximidades e distâncias que variam de leitor para leitor. A multiplicidade das narrativas ilustra também a impossibilidade de se ter acesso a um saber definitivo. Da mesma maneira que não podemos representar para nós esses textos infantis como modelos de estágios na via da ascensão ao desejável estatuto de "adulto racional".

E então, para terminar, permanecem outras questões: será que sabemos por que sentimos (por vezes) prazer e interesse pelas histórias contadas por crianças? E por que pensamos que é necessário contar histórias às crianças, que é necessário que elas leiam e aprendam a contá-las? Também podemos nos questionar: afinal, por que a "literatura"? E teríamos grandes dificuldades para dar uma resposta séria à diversidade de formas de literatura e de leitura. Ainda mais porque, em geral, nas pedagogias, o papel da narrativa parece diminuir em favor de atividades mais "sérias", em favor da aquisição de "verdadeiros saberes". Sem que se saiba se há uma evolução que seja propriamente dita das crianças: talvez consigam mais pudor ou menos espontaneidade em suas produções? Ou pode ser que outras demandas sociais façam com que sua capacidade de escrever textos desse gênero tenda a entrar em declínio.

Uma última generalidade: seria possível propor, a fim de tentar esclarecer essa especificidade das narrativas, que cada um de nós se caracteriza mais por seus outros próximos ou distantes do que por uma hipotética "identidade"? E que é nas narrativas, de maneira especial, que se manifesta essa especificidade de nossos outros? Em especial, que as crianças são, para nós, "outros" específicos? Que elas nos deixam mais particularmente sensíveis à heterogeneidade-comunidade que nos caracteriza, à relação de familiaridade e de surpresa conjuntas que temos diante dos outros. Parece-me que, na leitura desses textos, provamos que se trata de nós, do *de te fabula narratur*[5] segundo a fórmula tradicional, o que nos obriga a não colocar as narrativas no âmbito particular, ficando o texto teórico como único acesso ao comum.

Enfim, para terminar, é possível assegurar legitimidade daquele que escreve estas linhas? Certamente não. Posso apenas constatar que este texto não me parece pertencer a uma disciplina constituída. Mas isso é necessariamente um defeito? De qualquer modo, isso aumenta a contingência forçada do que é proposto neste capítulo, inicialmente em função do que o autor (bem ou mal) leu e, principalmente, não leu, e, portanto, a possibilidade de seguir outras vias de abordagem. Já insistimos no fato de uma leitura ser um diálogo. Mas aqui surge outra questão: que diálogo há entre a leitura de um dado leitor e a leitura de outros leitores? O próprio autor não é, evidentemente, quem pode dar uma resposta a isso.

Notas

1 Este capítulo foi traduzido por Pietra Acunha Pereira e Paulo Santos, e sua revisão técnica foi feita por Adail Sobral, Alessandra Del Ré e Luciane de Paula.

2 Esse texto foi extraído de uma dissertação de fonoaudiologia, escrita por Martine Jean, a quem agradeço.

3 As barras // indicam pausa.

4 A Tarasca é uma dragão, uma criatura mitológica de corpo monstruoso, do folclore provençal, que destruía tudo por onde passava.

5 De ti fala a fábula.

Bibliografia

Bruner, J. *L'éducation, entrée dans la culture*. Paris: Retz, 1996.

_______. Pour tenter de cerner le phénomène "littéraire". *Cultures et modes de pensée, L'esprit humain dans ses œuvres*. Actual Minds Possible Worlds (1986). Paris: Retz, 2000, pp. 17-26.

François, F. *Interprétation et dialogue chez des enfants et quelques autres*. Lyon: E.N.S. éditions, 2005.

Freud, S. *Le mot d'esprit et ses rapports avec l'inconscient*. Paris: Gallimard, 1905.

_______. La création littéraire et le rêve éveillé. *Essais de psychanalyse appliquée*. Paris: Gallimard, 1910.

Laing, R. D. *Soi et les autres*. Paris: Gallimard, 1971.

Merleau-Ponty, M. La perception d'autrui et le dialogue. *La prose du monde*. Paris: Gallimard, 1969, pp. 182-203.

Vygotski, L. *Psychologie de l'art*. Paris: La dispute, 2005.

Weinrich, H. *Le Temps*. Paris: Le Seuil, 1973.

Weir, R. H. *Language in the Crib*. La Haye: Mouton and Co, 1962.

Os autores

Alessandra Del Ré

Docente do Departamento de Linguística da Faculdade de Ciências e Letras, Unesp, *campus* de Araraquara. Mestre e doutora em Linguística pela USP. Desenvolveu uma pesquisa de Pós-Doutorado na Université Paris X/MoDyCo/COLAJE. Coordenadora do NALingua (CNPq) – Núcleo de Estudos em Aquisição da Linguagem – e do GEALin – Grupo de Estudos em Aquisição da Linguagem/Unesp-FCLAr, nos quais desenvolve pesquisas sobre humor infantil, argumentação, referência, todos eles dentro de uma perspectiva discursiva e dialógica. Organizadora do livro *Aquisição da Linguagem: uma abordagem psicolinguística.*

Alessandra Jacqueline Vieira

Doutoranda do Programa de Pós-Graduação em Linguística e Língua Portuguesa da Faculdade de Ciências e Letras, Unesp, *campus* de Araraquara. É mestre em Linguística e Língua Portuguesa pela mesma instituição. Formada em Letras (bacharelado e licenciatura), com habilitação em Italiano e Espanhol. Tem trabalhos sobre Aquisição da Linguagem oral infantil, especificamente no que se refere à argumentação e à explicação na linguagem da criança. Membro do grupo GEALin(Unesp)/NALingua (CNPq).

Aliyah Morgenstern

Professora livre-docente na Université Sorbonne Nouvelle-Paris 3 e ex-aluna da École Normale Supérieure Fontenay–St Cloud. Desde o início de suas pesquisas centrou-se na análise contrastiva de línguas. Seus projetos de pesquisa, financiados pela Agência Nacional da Pesquisa (ANR), pelo Centre National de Recherche Scientifique (CNRS) e pelo TGE Adonis, permitiram-lhe constituir uma equipe de pesquisadores que foi responsável pela elaboração de um *corpus* composto por mais de um milhão de palavras e 400 horas de gravações de interações linguageiras. Eles se dedicam ao estudo da aquisição da linguagem com o objetivo de desvendar a emergência das primeiras palavras e a entrada da criança na língua, na raiz da atividade do linguista. Publicou dois livros, mais de 60 artigos científicos, além de ter realizado documentários.

Amanda de Oliveira Silva

Mestre pelo Programa de Pós-Graduação em Linguística e Língua Portuguesa da Faculdade de Ciências e Letras, Unesp, *campus* de Araraquara. Formada em Letras (licenciatura e bacharelado) pela mesma instituição em Português e Inglês. Pesquisa sobre questões de aquisição/aprendizagem de LE por crianças. Membro do grupo GEALin (Unesp)/NALingua (CNPq).

Anne Salazar-Orvig

Professora de Linguística (Aquisição da Linguagem) na Université de Sorbonne Nouvelle. Desenvolve pesquisas dentro de uma perspectiva dialógica no estudo do discurso, do diálogo e do desenvolvimento pragmático em crianças. Coordena um projeto sobre a aquisição de expressões referenciais e é colíder, com Geneviève de Weck, de um projeto sobre interações mãe-criança no contexto de assimetrias na linguagem. Foi coorganizadora de várias edições de revistas (*CALap*, *Tranel*, *Pragmática* e *Diário de Pragmática*) e livros sobre a linguagem da criança. Seu trabalho sobre a aquisição de expressões referenciais foi publicado em *Langages*, *Tranel*, *First Language*, *Journal of Pragmatics*. Ela foi chefe do Institut de Linguistique et Phonétique Generale et Apliquée, de 2005-2008 e vice-diretora da Université Sorbonne Nouvelle de 2008 a 2012.

Catherine Boré

Professora emérita da Universidade de Cergy-Pontoise, associada ao Laboratório Escola Mutações Aprendizagem (EMA). Em seu trabalho de doutorado analisou as escolhas enunciativas observadas em rascunhos de alunos. Seus estudos centram-se sobre o discurso reportado e nas formas de representação do discurso do outro nos escritos de alunos. É coorganizadora, junto com Eduardo Calil, do livro *L'École, L'Écriture et la Création* (Academia/L'Harmattan). Desde 2012, desenvolve estudos comparativos entre processos de escrituras colaborativas de alunos brasileiros e franceses.

Christelle Dodane

Docente do Departamento de Ciências da Linguagem, na Université Paul Valéry Montpellier 3, do Programa da Pós-graduação em Ciências da Linguagem, com formação em fonética pela Université de Franche-Comté. Realiza pesquisas na área de Aquisição da Linguagem, Fonética, Prosódia. Atua na Unesp de Araraquara como professora-visitante (financiamentos Capes e Chaires Françaises dans l'Etat de São Paulo) para realizar uma pesquisa sobre o papel da prosódia na aquisição da primeira sintaxe na criança, além do desenvolvimento do riso e do humor na criança.

Cibele Krause-Lemke

Docente do Departamento de Letras e do Programa de Pós-Graduação em Educação da Universidade Estadual do Centro-Oeste – Unicentro, na linha de pesquisa Educação, Cultura e Diversidade. Doutora em Educação pela USP. Lidera o grupo de pesquisa Língua, Imigração e Identidade. Atualmente, desenvolve projeto de pesquisa na área de política linguística e atua nos seguintes temas: prática pedagógica, ensino em contextos multilíngues e formação de professores de línguas.

Eduardo Calil

Professor-associado da Universidade Federal de Alagoas (UFAL), coordenador do Laboratório do Manuscrito Escolar (LAME), pesquisador associado ao CNPq e ao Instituto de Textos e Manuscritos Modernos (ITEM/Paris). Autor de livros e artigos sobre manuscritos escolares e processos de escritura, nos quais destaca a importância da criação textual e da rasura oral no trabalho colaborativo entre alunos recém-alfabetizados. Atualmente é responsável pelo desenvolvimento do projeto *InterWriting*, que envolve pesquisadores brasileiros, franceses, portugueses e espanhóis.

Fabrice Hirsch

Doutor pela Universidade de Strasbourg (Unité de recherche LiLPa), e docente na área de Fonética, Fonologia e Análise da Língua Oral, no Laboratório Praxiling UMR 5267 CNRS de Montpellier. Suas pesquisas abordam a fala patológica, especificamente a gagueira. Além disso, se interessa igualmente pela descrição do discurso político e pela produção da fala não patológica.

Frédéric François

Nascido em 1935, professor emérito em Ciências da Linguagem da Université René Descartes-Paris V, publicou muitos livros sobre o diálogo e a narrativa na criança, como *Interprétation et dialogue chez des enfants et quelques autres*, *Enfants et récits – Mises en mots et "reste"*, entre outros. Sua formação em Psicologia, Filosofia e Linguística, com ênfase nos estudos em Aquisição da Linguagem, lhe permitiu trazer para os estudos sobre a linguagem da criança um novo e rico olhar, tendo formado grande parte dos estudiosos que hoje são do campo da Aquisição, sobretudo na França, sendo uma das importantes referências na área.

Heitor Quimello

Graduando do curso de Letras da Unesp, *campus* de Araraquara. É licenciado em Música pela USP, *campus* de Ribeirão Preto. Atualmente, desenvolve pesquisa de iniciação científica na área de Aquisição da Linguagem, estudando a ironia na fala da criança. Membro do grupo GEALin(Unesp)/NALingua (CNPq).

Jérémi Sauvage

Professor da área de Fonética, Aquisição e Didática de Línguas na Université Paul-Valéry – Montpellier 3 e membro do Laboratório Praxiling UMR 5267 CNRS. Estuda a emergência e o desenvolvimento fonético-fonológico na criança, as dinâmicas da aquisição da linguagem e a didática das línguas, com foco nos processos psicossociais mobilizados nos mecanismos de apropriação.

Kariny Amorim

Mestre em Educação pelo Programa de Pós-Graduação da Universidade Federal de Alagoas (UFAL), integrante do Laboratório do Manuscrito Escolar (LAME) e coordenadora pedagógica do Senai, no departamento regional de Alagoas.

Márcia Romero

Docente do Departamento de Educação e do núcleo temático "Linguagem e Cognição" do Programa de Pós-Graduação em Educação e Saúde na Infância e na Adolescência da Universidade Federal de São Paulo (Unifesp). Doutora em Letras pela USP. Vice-coordenadora do NALingua (CNPq) – Núcleo de Estudos em Aquisição da Linguagem, no qual desenvolve pesquisas no âmbito da Linguística da Enunciação (Teoria das Operações Enunciativas).

Marina Célia Mendonça

Docente do Departamento de Linguística da Faculdade de Ciências e Letras, e do Programa de Pós-Graduação em Linguística e Língua Portuguesa da Unesp, *campus* de Araraquara. Mestre e doutora em Linguística pela Unicamp (Campinas-SP). No Grupo Slovo, desenvolve pesquisa centrada nos estudos bakhtinianos, em especial nas relações entre ciência, mídia e ensino/aprendizagem.

Melissa Barkat-Defradas

Pesquisadora do CNRS e do Laboratório Praxiling UMR 5267 CNRS da Université de Montpellier. Realiza pesquisas em Ciências da Linguagem em uma perspectiva transdisciplinar, fazendo convergir diferentes olhares sobre a linguística.

Natalia Grecco

Doutoranda do Programa de Pós-Graduação em Linguística e Língua Portuguesa da Faculdade de Ciências e Letras, Unesp, *campus* de Araraquara. É mestre em Linguística e Língua Portuguesa pela mesma instituição, onde também cursou licenciatura e bacharelado em Português e Espanhol. Pesquisa sobre questões de aquisição da escrita. Membro do grupo GEALin (Unesp)/NALingua (CNPq).

Patrícia Falasca

Doutoranda do Programa de Pós-Graduação em Linguística e Língua Portuguesa da Faculdade de Ciências e Letras, Unesp, *campus* de Araraquara, e mestre por esse mesmo programa. Formada em Letras (FCLAr), faz pesquisas na área de Aquisição/Aprendizagem de Língua Estrangeira em ambiente escolar. Membro do grupo GEALin (Unesp)/NALingua (CNPq).

Paula Bullio

Doutoranda do Programa de Pós-Graduação em Linguística da Faculdade de Ciências e Letras, Unesp, *campus* de Araraquara. Cursou licenciatura em Português e Inglês na Universidade Federal de São Carlos (UFSCar) e é mestre pela Unesp. Realiza pesquisas na área de bilinguismo e aquisição da referência. Membro do grupo GEALin(Unesp)/NALingua (CNPq).

Rafaela Giacomin Bueno

Doutoranda do Programa de Pós-Graduação em Linguística e Língua Portuguesa da Faculdade de Ciências e Letras, Unesp, *campus* de Araraquara. É mestre em Linguística e Língua Portuguesa pela mesma instituição, onde também cursou licenciatura e bacharelado em Português, Espanhol e Inglês. Pesquisa sobre questões de aquisição/aprendizagem de língua espanhola. Membro do grupo GEALin(Unesp)/NALingua (CNPq).

Rosângela Nogarini Hilário

Doutora em Linguística e Língua Portuguesa pela Unesp, *campus* de Araraquara. Possui graduação em Pedagogia pela mesma instituição. Pesquisadora na área de Aquisição da Linguagem, com ênfase na aquisição do plural em crianças monolíngues e bilíngues. Membro do grupo GEALin(Unesp)/NALingua (CNPq).

Selma Leitão

Doutora pela University of Cambridge (Inglaterra) com pós-doutorado pela Clark University (EUA). Docente da Pós-Graduação em Psicologia Cognitiva na UFPE, onde fundou e coordena o Núcleo de Pesquisa da Argumentação (NupArg/CNPq). Cofundadora e cocoordenadora do GT/Argumentação e explicação: modos de construção/constituição do conhecimento da Associação Nacional de Pesquisa e Pós-Graduação em Psicologia (Anpepp). Seus interesses de pesquisa focalizam o papel da argumentação na construção do conhecimento; relações entre argumentação e desenvolvimento do pensamento crítico-reflexivo; aquisição do discurso argumentativo na linguagem oral e na escrita.

A LINGUAGEM DA CRIANÇA
um olhar bakhtiniano

Alessandra Del Ré, Luciane de Paula e *Marina Célia Mendonça (orgs.)*

A Aquisição da Linguagem pode ser abordada por diferentes óticas. Neste livro, os autores reunidos demonstram, sob vários ângulos, como o olhar bakhtiniano pode auxiliar no entendimento sobre o processo de aquisição da fala das crianças.

Interação, diálogo, dialógico, gênero, alteridade são noções fundamentais nesta obra, cujo foco é o misterioso universo da linguagem da criança. Esse mistério tem ainda muito a ser desvendado, entretanto as reflexões aqui empreendidas trazem algumas respostas – não apenas aos estudiosos da área, mas também a todas as pessoas que se interessam pela linguagem: educadores, psicólogos, fonoaudiólogos e, claro, os pais.

GRÁFICA PAYM
Tel. (11) 4392-3344
paym@terra.com.br